Rolf Arnold, Antje Krämer-Stürzl,
Horst Siebert

Dozenten-leitfaden

Erwachsenenpädagogische Grundlagen für die berufliche Weiterbildung

2. überarbeitete Auflage

> TRAIN THE TRAINER <

Cornelsen

Verlagsredaktion:
Erich Schmidt-Dransfeld
Layout und technische Umsetzung:
Verena Hinze, Essen
Umschlaggestaltung:
Claudia Adam, Darmstadt
Titelfoto:
© gettyimages, Tom Merton

Informationen über Cornelsen Fachbücher und Zusatzangebote:
www.cornelsen.de/berufskompetenz

2. Auflage

Druck: CS Druck CornelsenStürtz, Berlin

ISBN 978-3-589-24004-3

Inhalt gedruckt auf säurefreiem Papier aus nachhaltiger Forstwirtschaft.

Vorwort

Der Trend zur Weiterbildung bleibt trotz ökonomischer Unsicherheiten im Markt kontinuierlich bestehen, wie Sie im Text dieses Buches werden nachlesen können. Die Bandbreite der Angebote ist bekanntlich groß: Sie reicht von Allgemeinbildung und Sprachen lernen über konkret-fachliche, berufliche Fortbildung bis zu Arbeitstechniken, sozialen und Führungsfähigkeiten, zu Selbstkompetenz und Selbstveränderung.

Sie haben als Dozent oder Dozentin Ihre Aufgabe vermutlich als Fachmann/-frau für einen der hier angesprochenen Inhaltsbereiche übernommen. Häufig verfügen Dozenten im Erwachsenen- und Weiterbildungsbereich jedoch nicht über eine pädagogische Vorbildung, sondern üben ihre Tätigkeit auf Grund von Erfahrungen aus. Dies hinterlässt bei dem einen oder anderen ein Unsicherheitsgefühl: Liege ich „richtig", wenn ich so oder so agiere?

Das Anliegen unseres Buches ist es deshalb, Ihnen eine knappe und praxisnahe Einführung in die übergreifenden, erwachsenenpädagogischen Grundlagen zu bieten und Ihnen einen konkreten Leitfaden für die Planung und Durchführung Ihrer Bildungsveranstaltungen an die Hand zu geben. Je nach Kapitel finden Sie dazu Checklisten oder Anregungen für eine Reflexion Ihrer Praxis vor.

Wir wenden uns gleichermaßen an Anfänger und Fortgeschrittene im Geschäft der Weiterbildung. Auch wenn Sie zum Beispiel als Trainer für Managementqualifikationen pädagogisch vorgebildet sind, so hoffen wir doch, Ihnen in diesem Buch erstens Neues durch den Überblick in die pädagogische Diskussion und zweitens eine bisher auf dem Buchmarkt noch kaum anzutreffende Zusammenstellung von Aspekten des Weiterbildungsmanagements bieten zu können.

Insbesondere berufliche Fortbildung wird immer stärker als Aufgabe der Personalentwicklung begriffen. In der Folge professionalisiert sich der Bereich auf eine neue Weise: Weiterbildung wird immer passgenauer geplant und auch ökonomisiert. Wir schlagen deshalb den Bogen von der Lerntheorie über Didaktik-Methodik bis zum Weiterbildungsmanagement.

Dabei ergibt sich für das Buch eine netzartige Struktur in drei Teilen, die wir in einem Benutzungsfahrplan (Seiten 7 bis 9) darstellen.

Wir hoffen auf regen Gebrauch des Buches und dass es einen Beitrag zur kontinuierlichen Verbesserung der Weiterbildungspraxis liefern möge. Für Kritik und Anregungen sind die Verfasser und der Verlag dankbar.

Inhalt

Benutzungsfahrplan für dieses Buch

Lernprozesse für und mit Erwachsenen unter vielfältigen Aspekten optimal gestalten helfen – das ist das Kernanliegen dieses Buches. Der Begriff „Dozent/in" im Titel steht dabei vertretend für eine Anzahl von Tätigkeiten (vgl. Kap. 1.6):

- Animateur (in Freizeit oder Sozialpädagogik),
- Bildungsmanager,
- Coach,
- Curriculumentwickler,
- Facilitator,
- Kursleiter,
- Moderator,
- Referent,
- Trainer.

Die Liste verweist zum einen auf die Bandbreite der Tätigkeiten von Planung bis Durchführung, zum anderen auf unterschiedliche Zielanforderungen und Gestaltungsbedingungen.

Das Buch fasst zusammen, was auf heutigem Stand der Erwachsenen- und Weiterbildungspädagogik in einem Praxisleitfaden als übergreifende Grundlage angesehen werden kann.

Dazu ist das Buch in drei Teile gegliedert, deren Fragestellung im Prinzip der historischen Entwicklung der Disziplin der Erwachsenen- und Weiterbildung folgen – aber natürlich jeweils heutigem Stand der Diskussion.

- → Teil I geht auf den aktuellen **Bildungsbegriff** ein, stellt den erwachsenen **Lerner** in den Mittelpunkt und fragt, was er als **Persönlichkeit** braucht und wie mit ihm umzugehen sei. Normatives, die Motivation, der konkrete Lernprozess, die Gruppendynamik, die Beziehung Lehrende/Lernende werden spezifisch für die Lernprozesse der Erwachsenenbildung behandelt.
- → Teil II zur Didaktik und Methodik behandelt das notwendige **Instrumentarium** – wiederum konkret auf die Arbeit mit Erwachsenen bezogen. Der Blickwinkel wechselt zur Frage, was der Dozent/die Dozentin – verhaltenswissenschaftlich fundiert – tun sollte.
- → Teil III versteht (berufliche) Weiterbildung als integrativen Bestandteil in einem **Managementprozess** – und dies unter zwei Blickwinkeln:
  - ▸ Management muss sich um **Qualifikation** von Mitarbeitern kümmern, Weiterbildung ist Aufgabe der Managementfunktion der Personalentwicklung.
  - ▸ Weiterbildung bedarf ihrerseits eines Managements und die optimale Prozessgestaltung kann oder muss sich moderner **Managementtechniken** bedienen.

Die Teile behandeln deshalb einige Themen mehrfach und fokussieren sie jeweils unter anderem Blickwinkel. Zur Veranschaulichung seien zwei Aspekte herausgegriffen:

→ **Wie ermittelt man Bildungsinhalte?**
Teil I setzt sich damit z.B. unter den Aspekten Allgemeinbildung und gesellschaftliche Anforderungen an Kompetenz auseinander („Folgenwissen“ als Schlüsselqualifikation in der Informationsgesellschaft). Teil II erläutert den Blickwinkel der Curriculumentwicklung und führt konkret vor, wie Lerneinheiten geplant werden können. Teil III beschreibt die Bildungsbedarfsanalyse für einzelne Zielgruppen.

→ **Was bedeuten Erfolgskontrollen?**
In Teil II geht es um Bewertung und Ergebnissicherung individueller Lernergebnisse (als Phase einer Lerneinheit), in Teil III hingegen um die Evaluation der Bildungsmaßnahme.

Das Buch bietet Ihnen als Benutzer/in also eine netzartige Struktur an. Als Benutzungshilfe ist auf der gegenüberliegenden Seite eine Matrix für die wesentlichen der behandelten Fragestellungen abgedruckt. Weiteren Zugriff bietet natürlich auch das Stichwortverzeichnis.

Fragestellung	Teil I: Erwachsenenlernen	Teil II: Didaktik und Methodik	Teil III: Management
Ziele und Inhalte ermitteln und formulieren	Kap. 1 Bildung, Kompetenz Kap. 3 Zielgruppenorientierung	Kap. 6 Lernziele, -inhalte, Curriculum	Kap. 14 Prozessorientierung Kap. 15 Trends Kap. 17.1 Zielsetzung
Bildungsmaßnahmen planen			Kap. 16 Anforderung seitens Management Kap. 17.1 – 17.3, 17.5, 17.7 Planungsinstrument aus dem Management, Bedarfsanalyse, Information
Unterrichtsablauf planen		Kap. 7 Einzelne Lerneinheiten Kap. 8 Didaktische Reduktion Kap. 9 Methoden, Sozialformen, Medien Kap. 10 Moderation	
Lernen gestalten	Kap. 2 Selbstverantwortliches Lernen Kap. 4 Lernfähigkeit, -strategie	Kap. 11 Erwachsengerechte und nachhaltige Weiterbildung als Qualität Kap. 12 Lernen am Arbeitsplatz	Kap. 15 Trends Kap. 17.4 Bildungs- und Lernberatung
In der Gruppe agieren	Kap. 5 Typische Situationen	Kap. 13 Rolle der Lehrenden	
Bewerten			Kap. 17.6 Transfer- und Erfolgskontrolle

Teil I

Erwachsenenlernen – Grundlagen der Aus- und Weiterbildung Erwachsener

1 Lernen, lernen – und kein Ende?

1.1 Homo discens – der lernende Mensch

Die Gattungsgeschichte des Menschen lässt sich als kollektive Lerngeschichte beschreiben.

Der Mensch hat gelernt,

- *sich an veränderte Umweltbedingungen anzupassen*
- *sich zu ernähren und zu kleiden*
- *Tiere und Pflanzen zu züchten*
- *Naturgesetze zu erkennen und sich nutzbar zu machen*
- *Häuser und Brücken zu bauen*
- *Entfernungen zu überwinden*
- *das Zusammenleben mit anderen zu regeln*
- *Städte und Staaten zu gründen*
- *weltweit zu kommunizieren*
- *zu musizieren, zu malen, Theater zu spielen*

Nicht alle Lernprojekte waren erfolgreich, nicht alle Lernleistungen waren ein Segen für die Menschheit. Ein Großteil der Lernenergie wurde dazu verwendet, die Natur und benachbarte Völker zu unterdrücken und auszubeuten: Es gibt kaum eine Erkenntnis- und Lernleistung ohne Schattenseiten, ohne absehbare oder unkalkulierbare negative Folgen und Nebenwirkungen.

Jedes neue Medikament kann schädlich sein.
Jeder Geschwindigkeitsrekord ist gefährlich.
Die Beherrschung neuer Kommunikationstechniken steigert die Überlegenheit über andere.
Ökologisches Katastrophenwissen macht depressiv.
Permanente Gesundheitsbildung fördert die Aufmerksamkeit für Krankheitssymptome und macht – im Extremfall – krank.
Interkulturelles Managementwissen verbessert die Chancen, wirtschaftliche Interessen im Ausland durchzusetzen.

Lernen ist also lebensdienlich, ja sogar überlebensnotwendig, aber Lernen ist häufig ambivalent, mehrdeutig, mit Risiken und Gefahren für sich und andere verbunden. Nicht zufällig gelten die „Einfältigen“ in der Kulturgeschichte meist als die Gutmütigen, Treuherzigen, Harmlosen. Übermäßige Lernfähigkeit ist eine Schlüsselkompetenz der Moderne, aber nicht unbedingt eine Tugend.

Deshalb hat die **Aufklärungsphilosophie** den Lernbegriff an den **Vernunftbegriff** gekoppelt. Der Lernbegriff ist inhaltsneutral, der Vernunftbegriff enthält eine ethische Dimension. Vernünftig ist das, was nicht nur mir, sondern auch anderen zugutekommt, was dem Gemeinwohl dient, was sich als human-, sozial- und umweltverträglich erweist, was „zukunftsfähig“ ist.

Dieser Vernunftbegriff wird mit dem Konzept der **„sustainable development“** verknüpft. Sustainability heißt Nachhaltigkeit und beinhaltet ein verantwortliches, pflegliches Handeln in Politik, Wirtschaft, Schule, aber auch im privaten Alltag. Das Prinzip der Nachhaltigkeit bezieht sich auf den Verbrauch natürlicher Ressourcen, auf die Grenzen der Belastbarkeit unserer Umwelt, aber auch auf die Wertschätzung „friedlicher“ Traditionen und außereuropäischer Kulturen und Lebensstile.

Für die Symbiose von Lernen und Vernunft gibt es in der deutschen Geistesgeschichte ein ehrwürdiges Konzept, nämlich das der **Bildung**. Bildung ist weniger ein Besitz oder eine messbare Kompetenz, als vielmehr eine Haltung, ein Habitus, der um eine Verbindung von Lernen und verantwortlichem Denken und Handeln bemüht ist.

Bildung ist eine Haltung, die sich der Grenzen menschlichen Erkennens, der Risiken menschlicher Entscheidungen, der „Unverfügbarkeit“ von Welt bewusst ist.

In diesem Sinn plädieren wir dafür, nicht nur das Lernen, sondern auch Bildung zu fördern. Institutionalisierte Erwachsenenbildung ist nicht nur eine Lernorganisation großen Ausmaßes, sondern auch Bildungsarbeit im ursprünglichen Sinne des Wortes. Zu Recht ist viel von einer Lern- und Wissensgesellschaft die Rede, aber Lernen und Wissen sind kein Selbstzweck, sondern müssen durch vernünftige Zwecke legitimiert werden. Insofern ist das Programm einer Bildungsgesellschaft weiterhin aktuell und modern.

„Sapere aude“ – habe Mut, dich deines eigenen Verstandes zu bedienen. Dieses aufklärerische Motto I. Kants hat nichts an Gültigkeit verloren.

1.2 Lebensgeschichten und Lernbiografien

Auch die individuellen Lebensgeschichten sind Lerngeschichten. Von der Wiege bis zur Bahre lernen wir uns zu orientieren, uns durchzusetzen, erfolgreich zu handeln. So wird Leben und Lernen gelegentlich sogar synonym verwendet. Wer lernbehindert ist, ist in vielfacher Hinsicht auch lebensbenachteiligt.

Der Mensch gilt als „instinktungesichertes Wesen“ (Gehlen). Er ist genetisch weniger festgelegt, weniger programmiert als andere Lebewesen. Doch diese unzureichende Ausstattung mit Verhaltensprogrammen ist nicht nur ein Defizit, sondern zugleich die Chance für eine permanente Anpassung, Neuorientierung, Freiheit und damit auch Verantwortung.

Lernen ist einerseits ein lebenslanger Prozess der Sozialisation (d.h. Vergesellschaftung) und Enkulturation, andererseits ein kontinuierlicher Prozess der Individuation und Identitätsfindung. Wir lernen zeit unseres Lebens, mit dem Strom und gegen den Strom zu schwimmen. Wir lernen Anpassung und Widerstand, wir lernen, uns für den Arbeitsmarkt zu qualifizieren, und wir lernen, unseren Horizont zu erweitern und unsere Interessen zu verwirklichen. Lernen ist eine existenzielle Notwendigkeit, aber auch ein intrinsisches Bedürfnis.

„Neugier" ist gleichsam ein anthropologisches Wesensmerkmal. Ohne Neugier säße der Mensch – metaphorisch gesprochen – immer noch in seiner Höhle.

Der Mensch kann nicht nicht lernen.

Erklärungsbedürftig ist häufig nicht das Lernen, sondern das Nichtlernen und das Verlernen. Im Lauf unseres Lebens haben wir vieles gelernt, was sich später als fragwürdig und auch disfunktional erweist. Das betrifft sowohl Wissensinhalte als auch Verhaltensprogramme. Wir Älteren erinnern uns noch an das „Curriculum" des Nationalsozialismus oder auch des „Kalten Krieges" in den 1950er-Jahren. Auch die übertriebene Anpassungs-, Ordnungs- und Disziplinierungserziehung früherer Zeiten hat viel Schaden bewirkt, ebenso wie eine naive antiautoritäre Erziehung nach der 68er-Bewegung. Auch die Bürger/innen der DDR haben nach der Wende viele Lebensweisheiten verlernt und verlernen müssen.

Biografieforschung, biografisches Lernen, narrative Methoden gehören seit einigen Jahren zum Mainstream der (Erwachsenen-)Pädagogik. Jede Lernmaßnahme, jede Kursteilnahme hat eine lernbiografische Geschichte. Jede Lernaktivität Erwachsener ist ein Anschlusslernen, ein Umlernen, ein Verlernen. Viele Umlernaufforderungen sind mit Kränkungen, Entmündigungen, Entfremdungen verbunden.

Ein harmloses Beispiel:
Ich fühlte mich zeitlebens kompetent für Orthografie und Zeichensetzung. In der Quarta hatte ich einen Deutschlehrer, der mit einer Kriegsverletzung (Armamputation) aus der Gefangenschaft entlassen worden war, den ich verehrte, der uns die Zeichensetzung vermittelte, durch den ich den Sinn der Zeichensetzung nicht nur lernte, sondern begriff.

Die Rechtschreibreform hat bei mir ein Gefühl der Enteignung und des Kompetenzverlustes hervorgerufen. Es ist für mich keine Schwierigkeit, die neuen Rechtschreibregeln zu erlernen. Aber für mich hat die alte Regel Sinn, den erweiterten Infinitiv durch ein Komma zu trennen.

Es sei an dieser Stelle nur angedeutet: Lernen ist untrennbar mit Identität verbunden. Kognitionen und Emotionen sind eng verknüpft; auch Lernwiderstände können biografisch begründet und sinnvoll sein.

Es lohnt sich, die eigene **Lernbiografie** zu rekonstruieren.

- Welcher Lerntyp bin ich?
  (Eher theoretisch-analytisch, eher assoziativ, eher praktisch, eher kommunikativ, eher naturwissenschaftlich oder eher hermeneutisch-interpretativ ...)
- Wer oder was hat meinen Lernstil geprägt?
  (Eltern, Lehrer, Freunde; berufliche Aufgaben oder private Interessen ...)
- Wann und wie sind meine Interessen und meine „generativen Themen“ entstanden?
  (Kritische Lebensereignisse, neue Bezugspersonen, gesellschaftliche Schlüsselsituationen, Schulunterricht ...)
- Welches sind meine Lernstärken und Lernschwächen?
  (gliedern, strukturieren, abstrahieren, Kreativität, soziale Empathie, technisch-praktisches Gespür, Rhetorik, Humor, beobachten und zuhören ...)
- Welche Lerntechniken habe ich mir angeeignet?
  (E-learning, Lernzeiten, Lernumgebung; Wissen beschaffen, verarbeiten, bewerten; Gedächtnishilfen ...)

Solche **Lernstile** – incl. Lernvermeidungsstrategien – sind biografisch gewachsen und in soziokulturelle Kontexte eingebettet. Früher wurden Bildungsbiografien meist als kontinuierliche Prozesse der Höherentwicklung dargestellt – man denke nur an die klassischen Bildungsromane. Im Lauf des Lebens wurde immer mehr Wissen erworben und zu Lebenserfahrungen verdichtet, sodass – wer immer strebend sich bemühte – einen ehrwürdigen Zustand der Altersweisheit erreichte.

Heute verlaufen Lern- und Lebensgeschichten diskontinuierlich, mit Höhen und Tiefen, wobei immer schwieriger zu entscheiden ist, ob es „bergauf“ oder „bergab“ geht, ob man „Fortschritte“ oder „Rückschritte“ macht. Oft lässt sich erst rückblickend entscheiden, ob sich eine Lernanstrengung gelohnt hat oder nicht, ob sie erfolgreich oder erfolglos war.

Lernbiografien verlaufen mehrdimensional und ungleichzeitig. Lernintensive berufliche Entwicklungsphasen können von einer Rückentwicklung sozialer und kultureller Interessen begleitet sein.

Die biografischen Lernverläufe sind nicht nur von individuellen Motivationen und Bemühungen abhängig, sondern auch von dem sozialen, technologischen, ökonomischen Wandel, aber auch von den wechselnden Moden moderner Informationsgesellschaften. Schnelllebigkeit und Instabilität sind Wesensmerkmale unserer Epoche. Nichts veraltet so schnell wie die Innovation. Die Älteren unter uns können zahlreiche Beispiele für die Veralterung und Entwertung von Wissensbeständen und Kompetenzen nennen.

Zum Beispiel

- In der Nachkriegszeit war es lebenswichtig, Obst und Gemüse „einkochen" zu können, um zu „überwintern".
- Eine wichtige Kulturtechnik für viele Berufe und Studien war das „Stenografieren".
- Im Mathematikunterricht galt „Mengenlehre" als Nonplusultra. Die Mengenlehre wurde genauso schnell abgeschafft wie sie eingeführt worden war.
- Die „Völkerfreundschaft" sollte durch die Weltsprache „Esperanto" gefördert werden.
- Eine Grundlage der Allgemeinbildung war das Auswendiglernen von Gedichten.

In dem pädagogischen **Generationenverhältnis** wurde der Kompetenz- und Erfahrungsvorsprung der Älteren zunehmend relativiert. Die junge Generation mit ihrem modernen technologischen Wissen galt – insbesondere auf dem Arbeitsmarkt – als überlegen.

Vor allem im Bereich der Informations- und Kommunikationsmedien ist der Kompetenzvorsprung der Jungen heute unübersehbar.

Auch in der ökologischen Lebensführung sind junge Menschen aufgrund ihrer Kenntnisse und Werte oft Trendsetter und „opinion leader" in den Familien. In Migranten- und Aussiedlerfamilien ist es die Jugend, die sich das moderne Alltagswissen und die Lebensstile ihrer neuen Heimat aneignet, während die Eltern und Großeltern die traditionellen Werte und Gewohnheiten konservieren.

Die Liste dieser Beispiele lässt sich beliebig verlängern. Dennoch ist die These einer generellen Kompetenzüberlegenheit der jungen Generation zu undifferenziert. Ein Wandel der Wahrnehmung scheint sich insbesondere in Großunternehmen zu vollziehen, die bisher durch Entlassungen und Vorruhestandsregelungen eher die Defizitthese der älteren Arbeitnehmer zementiert haben. Inzwischen mehren sich die Hinweise, dass es unökonomisch ist, auf das betriebliche Knowhow, auf die betrieblichen Milieukenntnisse, auf die Berufserfahrungen und Motivationen der Älteren ohne Weiteres zu verzichten.

„Auch aus betrieblicher Sicht reicht deshalb die bisher geübte Praxis einer immer früheren Entberuflichung und pauschalen Ausgrenzung Älterer und deren Ersetzung durch auf dem externen Arbeitsmarkt rekrutierte Jüngere nicht mehr aus, um die institutionelle Erneuerungsfähigkeit zu erhalten ... Nötig ist ... die Entwicklung altersintegrierter Personalentwicklungsmodelle, die das Erfahrungswissen gezielt mit dem Innovationswissen Jüngerer kombinieren können.“ (Sylvia Kade in: REPORT 42, 1998, S. 156 f.)

Ziehen wir eine vorläufige Zwischenbilanz:

Alle pauschalen Verlaufskurven und Phasenmodelle einer altersabhängigen Lern- und Kompetenzentwicklung sind problematisch. Die biografischen Lernverläufe sind individualisiert, uneinheitlich, mehrdimensional. Eine generelle Bewertung ist schon deshalb schwierig, weil Kompetenzen, die als unzeitgemäß und überholt galten, plötzlich wieder modern werden – man denke nur an ökologische Lebensstile. Auch wenn es fragwürdig ist, von „der Jugend" und „dem Alter" zu sprechen, so gibt es doch kollektive generationsspezifische Wissensbestände und Erfahrungen, die bewahrt und für ein intergenerationelles Lernen nutzbar gemacht werden sollten.

1.3 Lernen Erwachsene anders?

Folgt man dem Schweizer Kognitionswissenschaftler Jean Piaget, so ist die neurobiologische und psychologische Entwicklung des menschlichen Erkenntnissystems im Jugendalter abgeschlossen. In dieser Lebensphase wird die Fähigkeit zum begrifflich-theoretischen Denken ausgeprägt. Im weiteren Verlauf des Lebens finden keine strukturellen Veränderungen unseres Nervensystems mehr statt. Doch dies ist nur die halbe Antwort.

Selbstverständlich verändern sich die Lernanforderungen, die Lernsituationen, die Lernmotive, auch die Lernstile und Lerntechniken. Um eine technische Metapher zu verwenden: Die **Hardware** des Lernens verändert sich qualitativ nicht mehr (es sei denn durch Krankheiten oder einen Unfall), wohl aber die **Software**.

Dabei ist es nicht allein das biologische Alter, das sich auf das Lernverhalten auswirkt, sondern maßgeblich sind die Identität, das soziokulturelle Umfeld, der Beruf, die kritischen Lebensereignisse ... Im Lauf des Lebens stellen sich unterschiedliche „Entwicklungsaufgaben“ – in der Familie, im Beruf, in der Gesellschaft, die durch Lernen bewältigt werden müssen. Lernaktivitäten sind deshalb im Alter eher situationsbezogen und verwendungsorientiert, während das schulische Lernen eher „allgemein bildend“ ist.

Einige Ergebnisse der entwicklungspsychologischen Lernforschung lassen sich thesenartig resümieren:

1.	Die Individualisierungsthese gilt auch für Lernbiografien. Die individuellen Unterschiede innerhalb einer Altersgruppe sind meist größer als die Unterschiede zwischen zwei Altersgruppen aus einem Milieu.
2.	Die Individualisierungen, d.h. die Unterschiede der Lernstile und Lerninteressen, nehmen im höheren Alter noch zu.
3.	Das biologische Alter ist selten die primäre Ursache für Lerndefizite, sondern Faktoren, die altersabhängig sind, z.B. Krankheit, Verlust beruflicher und familiärer Rollen und Lernaufgaben.
4.	Wichtige Faktoren für den Erhalt der Lernfähigkeit sind kontinuierliche Übung („Lerntraining") und Motivation („Lerninteresse").
5.	Relativ altersstabil ist die kristallisierte Intelligenz, d.h. die Wissensinhalte und Fertigkeiten, die zur Lösung gewohnter Aufgaben erforderlich sind. Diese Fähigkeit wird auch als „Pragmatik der Intelligenz" bezeichnet.
6.	Dagegen nimmt die fluide Intelligenz im Alter ab, d.h. die Fähigkeit, neue Situationen und Aufgaben zu bewältigen, sich kognitiv und emotional umzustellen. Diese eher inhaltsneutrale Flexibilität wird auch als „Mechanik der Intelligenz" bezeichnet.
7.	Die wichtigsten Ergebnisse der Gedächtnisforschung sind: „Die Kapazität des Arbeitsgedächtnisses nimmt im Alter ab, die Lernprozesse sind störanfällig, kurzfristig Gelerntes kann schlechter erinnert werden, im Gegensatz dazu sind früher gelernte Inhalte gut abrufbar. Das semantische Gedächtnis arbeitet schlechter als das episodische Gedächtnis ... Zusätzlich sind größere Schwierigkeiten bei der Enkodierung der Information erkennbar, die Informationsverarbeitung geht langsamer vor sich." (Kruse/Rudinger 1997, S. 58 f.)
8.	Generell verringert sich das Lerntempo im Alter. Unter Zeitdruck liefern Ältere meist schlechtere Testergebnisse als Jüngere. Für diesen Zeitfaktor gibt es sozialisatorische Erklärungen (Ältere scheuen sich, Fehler zu machen), aber auch neurologische Erklärungen.
9.	Ältere verfügen über weniger Lerntechniken als Jüngere (die im Durchschnitt eine längere und „bessere" Schulbildung erlebt haben und die auch Prüfungs- und Testsituationen gewohnt sind.)
10.	Ältere haben vielfältige Erfahrungen gemacht und ein Lebenswissen erworben, das es ihnen erleichtert, zwischen wichtigen und unwichtigen Informationen zu unterscheiden und neues Wissen in ihre Wissensnetze zu integrieren.
11.	Neuere Untersuchungen machen auf berufliche „Stärken" älterer Arbeitnehmer aufmerksam, z.B. planendes Denken, synthetisches Denken (= unterschiedliche Informationen integrieren). Diese Stärken kommen bei einigen Arbeitsaufgaben mehr, bei anderen weniger zur Geltung.

12.	Vielfach ist festzustellen, „dass physische Fähigkeiten und Anpassungsfähigkeit (nämlich neue Konzepte begreifen, schnelles Lernen, Veränderungen durchführen, neue Technologien akzeptieren, Interesse an Training) beim älteren Arbeitnehmer abnehmen, während die allgemeine Arbeitseffektivität (Verlässlichkeit, Fleiß, Pflichtbewusstsein. Effektivität, Reflektiertheit, interpersonelle Fähigkeiten, Teamfähigkeit u.a.) zunehmen." (Dittmann/Kohli u.a. 1997, S. 221)

Generell lassen sich altersbedingte „Gewinne" und „Verluste" der Lernfähigkeit registrieren.

Eine besondere „Alterskompetenz" ist es dabei, die Stärken zu optimieren und die Schwächen zu kompensieren.

Eine wichtige Lernaufgabe ist es deshalb, die eigenen Stärken zu erkennen und Kompensationstechniken für die Schwächen zu erproben.

1.4 Lernen – ein Verlegenheitsbegriff?

Stellen Sie sich bitte folgende Frage:
Gab es in der letzten Zeit eine Situation, in der Sie etwas Besonderes gelernt haben?

Die Antworten, die wir (von Teilnehmern) auf diese Frage erhalten haben, waren sehr unterschiedlich, z.B.

- *Ich habe die Wehrmachtsausstellung besucht, und mir ist unerklärlich, wie diese Gräueltaten möglich waren.*
- *Ich habe von meiner Tante ein Kochrezept erhalten und mit Erfolg ausprobiert.*
- *Mir ist klar geworden, wann und warum ich auf meinen Freund gereizt reagiere.*
- *Ich habe einen Text von Luhmann gelesen und glaube, ihn verstanden zu haben.*
- *Mein Sohn hat mir gezeigt, wie ich meinen PC zu bedienen habe.*
- *Ich habe in der Volkshochschule an einem Yoga-Kurs teilgenommen.*
- *Ich habe ein spannendes Buch über Frauensprache und weibliche Denkstile gelesen.*

Auf die Vielfalt der Lernthemen verweist auch Bertolt Brecht in den „Flüchtlingsgesprächen". Der Arbeiter Kalle schildert dem Physiker Ziffel seine Erfahrungen in der Erwachsenenbildung:

„Ich bin auf die Volkshochschule gegangen. Ich hab geschwankt, was ich lernen soll: Walther von der Vogelweide oder Chemie oder die Pflanzenwelt der Steinzeit. Praktisch gesehen war's gleich, verwenden hätt' ich keins können."

Lernaktivitäten lassen sich wie folgt strukturieren:	
Lernziele	**Lernthemen**
Lernsituationen	**Lernarten**

Lernziele verweisen auf Fähigkeiten, die erworben werden sollen oder erworben werden wollen, z.B.:

- etwas besser wissen
- Zusammenhänge und Hintergründe erkennen
- mit sich selber umgehen (personale Kompetenz)
- sich mit anderen verständigen (soziale Kompetenz)
- Problemlösestrategien beherrschen
- instrumentelle Fertigkeiten aneignen

Lernziele sind eng mit Lernmotiven verknüpft:
Ich nehme an einem Rhetorikseminar teil, weil ich mich in Gesprächen oft unsicher fühle. Oder: Ich nehme an einem EDV-Kurs teil, um meine beruflichen Chancen zu verbessern.

Lernziele, Teilnahmemotive, Erwartungen, Anspruchniveaus der Kursteilnehmer/innen sind meist keineswegs eindeutig und einheitlich. Es ist Aufgabe des Dozenten, hier eine Abstimmung vorzunehmen.

Ein Beispiel

Vor längerer Zeit haben wir in einer Volkshochschule ein Seminar über „Protestsongs", d.h. über politische Chansons und gesellschaftskritische Lieder, durchgeführt. Erst im Verlauf des Seminars wurde deutlich, wie unterschiedlich die Lernmotive und Lernziele waren: Eine Mutter wollte mehr darüber wissen, wofür ihr Sohn sich interessierte. Eine Gymnasiallehrerin erwartete Anregungen für ihren Literaturunterricht. Ein Lehrling wollte Liedertexte schreiben lernen. Zwei Mädchen wollten Chansons hören ...
Erst als wir in der Gruppe über diese Interessen sprachen, konnten wir uns auf ein gemeinsames Seminarkonzept einigen, das zwar nicht allen Wünschen, aber doch vielen Erwartungen gerecht wurde.

Die **Lernthemen** beziehen sich auf unterschiedliche Wissensbestände, z.B.:

- wissenschaftliches Wissen
- Erfahrungswissen der Teilnehmer
- berufliches Praxiswissen
- musisch-kulturelle Methoden
- philosophisches Reflexionswissen

Wissensvermittlung ist in der Regel kein Selbstzweck, sondern bezogen auf Lernziele, erwünschte Fähigkeiten, Verwendungssituationen ...

Fachleute neigen dazu, aus der Fülle ihres Wissens zu schöpfen und mehr mitzuteilen, als die Teilnehmer/innen wissen wollen, für ihre Ziele benötigen, verkraften können. Pädagog/innen sind in der Lage, Stofffülle zu reduzieren, sich auf Wesentliches zu beschränken.

Bei empirischen Untersuchungen haben wir festgestellt, dass umso weniger gelernt wurde, je mehr Wissen dargeboten wurde. Mit anderen Worten: weniger ist oft mehr.

Die **Lernarten** verweisen auf Lerntheorien. Unterscheiden lassen sich insbesondere

- Imitationslernen durch Beobachtung
- Reiz-Reaktions-Lernen
- Verstärkungslernen
- Informationsverarbeitung
- Aufbau kognitiver Strukturen
- Lernen durch Versuch und Irrtum
- Reflexion von Erfahrungen
- Korrektur von Deutungsmustern
- Überprüfung von Hypothesen
- Einsicht in logische Zusammenhänge

Die verschiedenen Unterrichtsmethoden unterstützen je verschiedene Lernarten.

Unterrichtsmethoden und Lernarten

Metaplan	→	begriffliches, ordnendes, strukturierendes Lernen
Kognitive Landkarte (Mindmap)	→	Differenzierung kognitiver Strukturen
Brainstorming	→	kreatives, assoziatives Lernen
Planspiel	→	Überprüfung von Hypothesen
Rollenspiel	→	Korrektur von Deutungsmustern, Perspektivenwechsel
Bildmeditation	→	Reflexion von Erfahrungen
Leittexte	→	learning by doing
Kleingruppen	→	Kommunikative Kompetenz
Narrative Methoden	→	Identitätslernen

Lernsituationen verweisen auf Lernkontexte, Lernumgebungen. Diese Lernsituationen sind mehr oder weniger organisiert und institutionalisiert, z.B.:

- schulische, curricular festgelegte Lehrgänge
- offene, selbstbestimmte Studienzirkel

Lernsituationen finden sich aber auch außerhalb von Bildungseinrichtungen, z. B.:

- bei der Einführung neuer Technologien oder Produkte am Arbeitsplatz
- bei einem Schulwechsel des Kindes in der Familie
- bei der Anschaffung moderner Haushaltsgeräte
- im Urlaub in einem fremden Land
- in kritischen Lebensphasen (z.B. Krankheit, Arbeitslosigkeit, Wohnortwechsel, Unfall)
- bei einer neuen Freundschaft.

Lernen ist ein vielschillernder, vieldeutiger Begriff. Es gibt nicht einen „richtigen" Lernbegriff.

Die Vielzahl der Lerntheorien und Lerndefinitionen verweist auf die Fülle der Aufgaben und Interessen, die wir im Lauf des Lebens „lernend" bewältigen. Auch neurophysiologisch lässt sich Lernen nicht eindeutig verorten. In unserem Gehirn lässt sich kein „Zentrum" für Lernen – ähnlich wie z.B. für das visuelle Gedächtnis – lokalisieren. Alle bewussten Sinneswahrnehmungen, Kognitionen, körperlichen Übungen sind zugleich auch Lernprozesse.

Der Kybernetiker und Konstruktivist Heinz von Foerster antwortet auf die Frage „Was ist Lernen wirklich?":

„Wir haben nicht die geringsten Vorstellungen darüber, was in uns vorgeht, wenn wir sagen, wir hätten etwas gelernt." (v. Foerster, 1993, S. 128). Er bezeichnet Lernen deshalb als allgemeines **„Erklärungsprinzip"** für Leistungen der Problemlösung, der Selbst- und Fremdbeobachtung. Allgemein ist Lernen – mit Heinz von Foerster – **eine Erweiterung menschlicher Möglichkeiten.**

Gerade weil der Lernbegriff so uneindeutig ist, lohnt es sich, immer wieder neu über ihn nachzudenken. Lernen ist und bleibt ein Geheimnis – aber nur Geheimnisse regen unsere Fantasie an.

1.5 Die Lerninhalte: Delphi '98

Dass Erwachsene angesichts der Dynamik unserer Wissensgesellschaft kontinuierlich lernen sollten, ist relativ unstrittig.
Wozu Erwachsene lernen sollten, ist ebenfalls kein Streitpunkt: um beruflich leistungsfähig zu bleiben, um demokratische Rechte und Pflichten wahrnehmen zu können, um den geistigen Horizont zu erweitern ...
Wie Erwachsene lernen sollten, ist auch prinzipiell konsensfähig: möglichst selbstgesteuert, aktiv, kreativ, ganzheitlich ...

Umstritten ist vor allem, **was** Erwachsene lernen sollen.
Diese Frage nach den Lerninhalten lässt sich am ehesten beantworten, wenn es um eine Spezialbildung geht, d.h. um spezielle Qualifikationen für konkrete Verwendungssituationen (z.B. Führerschein, Wirtschaftsenglisch, Einkommenssteuererklärung ...).

Was aber muss man wissen und können, um als „Normalbürger" „auf der Höhe der Zeit" zu sein, um über wichtige gesellschaftliche Themen „mitreden" zu können, um typische Alltagsaufgaben und „kritische Lebensereignisse" kompetent bewältigen zu können?

In der Geschichte der Pädagogik ist für diese Fähigkeit der Begriff Allgemeinbildung (W. v. Humboldt: „allgemeine Menschenbildung") verwendet worden. Dieser Begriff wird heute nicht mehr als Gegensatz zur Berufsbildung definiert, sondern eher als Grundlage und Orientierungsrahmen für (berufliche und andere) Spezialbildungen.

Allgemeinbildung beinhaltet allgemeine, verallgemeinerbare Wissensinhalte, das, was verschiedenen Aufgaben gemeinsam ist, Herausforderungen, mit denen wir alle (oder die meisten von uns) konfrontiert sind. Auch der humanistische Bildungsbegriff verweist auf einen „Generalisten" als „Spezialisten für das Allgemeine".

Doch wie ein Curriculum für Allgemeinbildung entwickeln?

- W. v. Humboldt plädiert für eine allgemeine „Kräftebildung“ (ästhetische, soziale, technische Fähigkeiten).
- Das humanistische Gymnasium vermittelt einen Kanon an klassischen Fächern und eine Propädeutik der Wissenschaftsdisziplinen.
- Die Grundschule setzt Allgemeinbildung mit Elementarbildung, d.h. mit der Vermittlung moderner Kulturtechniken, gleich.
- W. Klafki definiert Allgemeinbildung als kategoriale Einsicht in die epochalen Schlüsselprobleme unserer Gesellschaft.
- Volkshochschulen bemühen sich um eine Verständigung über lokale/regionale Grund- und Mindestangebote. (Welche Themen gehören zum Standardangebot, das überall zugänglich sein sollte?)

Insgesamt verläuft die Diskussion weiterhin kontrovers und unübersichtlich.

Offen ist auch die Frage:
Wer ist überhaupt kompetent und befugt zu entscheiden, was zu einer Allgemeinbildung gehört oder nicht? Wissenschaftler/innen? Politiker/innen? Pädagogen/innen? „Normalbürger/innen“? Lässt sich eine solche Frage nur normativ oder auch empirisch klären?

Einen bemerkenswerten Versuch, den Inhalt der (Allgemein-)Bildung empirisch zu ermitteln, haben Willy Strzelewicz, Wolfgang Schulenberg und Hans-Dietrich Raapke in den 1950er-Jahren unternommen. Sie führten eine repräsentative, mehrstufige bildungssoziologische Untersuchung über „Bildung und gesellschaftliches Bewusstsein“ durch. Eine Schlüsselfrage lautete: „Kennen Sie einen Menschen, von dem Sie sagen können, dass er gebildet ist?“ 73 Prozent der Befragten bejahten diese Frage. Auf die Zusatzfrage „Warum halten Sie ihn für gebildet?“ wurden folgende Bildungsvorstellungen genannt:

- Wissen und Kenntnisse 38 %
- Umgang und Benehmen 38 %
- Charakter 34 %
- Schulbildung 18 %
- geistige Aufgeschlossenheit 19 %
- Vorbild, imponierende Persönlichkeit 8 %
- ...

(Strzelewicz u.a. 1966, S. 95)

Es wäre interessant, eine solche Befragung heute zu wiederholen. Tendenziell dominierte damals die Auffassung: Bildung besteht aus einer Kombination von Wissen, Können und „Charakter“. Doch was muss man konkret heutzutage wissen und können? Beispielsweise: Welche Aufgaben der Bundesrat hat? Wie ein Kernkraftwerk funktioniert? Wie man seine Steuervorteile nutzt? S. Freuds Sexualtheorie? Wann wurde Penicillin erfunden? ...

1998 ist vom damaligen Bundesministerium für Bildung (bmb+f) das Ergebnis einer **Delphi-Befragung** veröffentlicht worden.

Delphi-Befragung: „Potenziale und Dimensionen der Wissensgesellschaft, – Auswirkungen auf Bildungsprozess und Bildungsstrukturen".

Die Delphi-Befragung ist eine sozialwissenschaftliche Methode der Zukunftsforschung. Expert/innen werden mehrfach zu einer Thematik befragt, wobei ihnen die Antworten der anderen Befragten mitgeteilt werden, sodass sie ihre Position zunehmend differenzieren und präzisieren können. Durchgeführt wurden ein **Wissens-Delphi** und ein **Bildungs-Delphi**.

Der Wissens-Delphi sollte ermitteln:
Wie entwickeln sich die Wissenschaften unserer Wissensgesellschaft in der Zukunft? Welches sind die „hot topics" bis ins Jahr 2020? Welche interdisziplinären Forschungsaufgaben sind absehbar? Der Bildungs-Delphi untersucht: Welche Konsequenzen ergeben sich aus der wissenschaftlichen Entwicklung für ein Bildungskonzept und für das Bildungswesen? Wie lässt sich das Allgemeinwissen unserer Epoche beschreiben?

Befragt wurden jeweils 500 Expert/innen und 500 Laien. Im Folgenden konzentrieren wir uns auf die Befragung zum Allgemeinwissen. Allgemeinwissen wird nicht als Gegensatz zum Berufswissen, sondern als Grundlage für (berufliches u.a.) Spezialwissen verstanden. Tendenziell wird der ökonomische Wert dieses Allgemeinwissens aufgewertet gegenüber dem perpsönlichkeitsbildenden Wert. Allgemeinwissen ist wichtig/sehr wichtig für

- individuelle Bedürfnisse 27 %
- Wirtschaft und Technik 40 %
- kulturelle Orientierung 34 %
- Politik und Recht 34 %

(bmb+f 1998, S. 162)

Die Autoren unterscheiden zu Recht zwischen Information und Wissen. Informationen sind die Mitteilungen, mit denen wir ununterbrochen überschüttet werden. Wissen ist dagegen das, was wir verarbeitet, verstanden, in unsere kognitiven Strukturen integriert haben. Zum Wissen gehören nicht nur Daten- und Faktenkenntnisse, sondern auch die Kenntnis von Begründungen, Wertsystemen, Handlungsmöglichkeiten ...

Diese Dimensionen werden im Englischen angedeutet:
- to know what
- to know why
- to know how

Allgemeinbildung beinhaltet also Wissen und Kompetenzen, Kenntnisse und Fähigkeiten, wobei die Übergänge fließend sind.

Der Bildungs-Delphi fragt nach Wert und Nutzen verschiedener Wissensgebiete. Die beiden Schlüsselfragen:

Frage 1: „Dieses Wissen hilft dem Einzelnen ...	**Antwortmöglichkeiten:**
a) ... den **praktischen Alltag** zu bewältigen;	1 sehr wenig und indirekt
b) ... **soziale Kontakte** zu pflegen/seine Position in der Gesellschaft zu finden;	2
	3
c) ... sich **geistig-kulturell** zu orientieren, **Kreativität** zu entfalten."	4
	5 unmittelbar und stark

Frage 2: „Wie schätzen Sie die **künftige Bedeutung** dieses Wissens für die Orientierung **in der Wissensgesellschaft** ein?"

Antwortmöglichkeiten:
1 nimmt stark ab
2 nimmt leicht ab
3 bleibt gleich
4 nimmt leicht zu
5 unmittelbar und stark

Auswertung und Ergebnisse der Delphi-Befragung

In einem ersten Auswertungsschritt wurden die 76 Items zunächst nach der Höhe der Bewertungen sortiert, d.h. nach ihrer **Bedeutung als Bestandteil von Allgemeinwissen in der Wissensgesellschaft.** Ausgehend von den wichtigsten Wissensgebieten wurden die Items dann neu zusammengefasst zu inhaltlich möglichst homogenen Gebieten. Es ergaben sich insgesamt **vier Felder des Allgemeinwissens.** Die nachfolgende Übersicht veranschaulicht den Zuschnitt dieser vier Felder. Zur Erläuterung werden Beispiele für dazu zu rechnende Wissensgebiete genannt.

Vier Felder des Allgemeinwissens – Teilgebiete und Beispiele

Instrumentelle/methodische Kompetenz

- Allgemeine Grundlagen und Kulturtechniken (z.B. Fremdsprachenkenntnisse, klassische Kulturtechniken, Logik)
- Umgang mit Informationstechniken, (z.B. Beherrschen von EDV-Programmen, gezielte Suche und Auswahl von Informationen)

„Unter den allgemeinen Kulturtechniken werden Fremdsprachenkenntnisse am höchsten gewichtet. Ein hoher Rang wird auch den grundlegenden Kulturtechniken, insbesondere dem Lesen, Schreiben und Rechnen beigemessen. Als wichtig gelten Denkvermögen, Techniken zu Kreativität und Ideenfindung sowie Technikverständnis ... Besonders hervorgehoben wird daneben die Beherrschung neuer Informationstechniken ..."

Personale Kompetenz

- Persönliches Erfahrungswissen (z.B. Selbstbewusstsein, Handlungskompetenz, Umgang mit Gefühlen, soziale Zugehörigkeit, Umgang mit Tod)
- Persönliche Fähigkeiten zum Umgang mit Wissen, (z.B. Neugier, Offenheit, kritische Auseinandersetzung, Reflexionsfähigkeit)

*„Als wichtig für das Allgemeinwissen wird noch eine weitere Gruppe von Items bewertet, die man unter dem Stichwort Selbstmanagement einordnen kann: Problemlösefähigkeit Zeiteinteilung, Umgang mit Risiko sowie Setzung realistischer Ziele ...
Ziemlich hoch bewertet werden alle persönlichen Fähigkeiten zum Umgang mit Wissen. In den Vordergrund stellen die Befragten Neugier und Offenheit gegenüber Informationen, Wissen und Erfahrungen ..."*

Soziale Kompetenz

- Kommunikative Kompetenzen (z.B. Sprachliche Ausdrucksfähigkeit, Teamfähigkeit, Partnerschaft und soziale Beziehungen)
- Soziale Orientierung (z.B. Toleranz, Verantwortungsbereitschaft, Solidarität, prosoziales Verhalten)

„Bezüglich Kommunikation und Interaktion stellen die Befragten zwei Grundfähigkeiten in den Vordergrund, nämlich einerseits persönliches Gespräch und sprachliche Ausdrucksfähigkeit und andererseits die Fähigkeit zur Kooperation in der Gruppe ... " (bmb+f 1998, *S. 152 f.)*

Inhaltliches Basiswissen

- Inhaltliches Wissen über aktuelle Probleme (z.B. über Ökologie, europäische Integration, weltweite Abhängigkeiten)
- Inhaltliche Grundlagen (z.B. Alltagswissen über Geld, Wirtschaft, Erziehung ...; Grundlagen aus Pädagogik, Geschichte, Literatur, Philosophie, Technik, Biologie ...)

Schwieriger ist es, sich über einen Fundus an fachlich-inhaltlichem Wissen zu einigen. Unterschieden wurden zwei Bereiche:

Grundlagenwissen: *„Stichworte seien Geld und Wirtschaft, Sozialstruktur, Recht und Politik, Technik sowie Kindererziehung und Gesundheitsverhalten. Zum anderen wurden hier die Wissensgebiete des klassischen Kanons der Schulfächer zugeordnet."*

Wissen über aktuelle Probleme: *„Wissen, wie man den Zugang zu Qualifikationen und Beschäftigung erhält und sichert ... Ökologie, europäische Integration und Globalisierung ..."* (bmb+f 1998, *S. 156)*

Die Aussagen über methodische, personale, soziale Kompetenzen entsprechen dem aktuellen Diskussionsstand. Insgesamt erfreut sich ein modernes Allgemeinwissen wachsender Wertschätzung, und zwar nicht als Ausgleich zur Berufstätigkeit, sondern als Grundlage für berufliche und alltagspraktische Kompetenzen. Allgemeinwissen hat u.a. die Funktion, *„den Einstieg in tiefere Gefilde des Spezialwissens zu ermöglichen."* (bmb+f 1998, *S. 159)*

Auffällig ist, dass zu den Antwortvorgaben zahlreiche ergänzende Kompetenzen genannt wurden, z.B. *„Mußefähigkeit, ethische Bewertung des Wissens, Führungsqualitäten, Empathie, Zivilcourage oder die Fähigkeit, Verzicht zu üben."* (bmb+f 1998, *S. 158*)

Die Ausgangsfrage dieser Bildungsstudie lautete:

Welche Wissensbestände gehören in 25 Jahren zum Allgemeinwissen eines „gebildeten Menschen"?

Ein Ergebnis dieser Befragung ist:

„Moderne Themen wie Gesundheit, Psyche, Persönlichkeit und soziales Zusammenleben werden heute zunehmend wichtiger, stehen aber bislang bei der Wissensvermittlung nicht gleichrangig neben klassischen Fächern." (bmb+f 1998, *S. 172*)

Die „*künftige Gesellschaft*" – so die Autoren – „*trägt wesentliche Züge einer Wissensgesellschaft: Der Mensch und seine sozialen Bezüge stehen im Mittelpunkt ... Es wird neben Spezialkenntnissen starker Wert auf das Erkennen übergreifender Systemzusammenhänge, auf die Bewusstmachung von Wertvorstellungen, auf Selbstbewusstsein und soziale Integration gelegt ... Die entsprechende Gesellschaft lässt sich als global, multikulturell und innovationsoffen charakterisieren. Deutlich werden freilich auch die Gefährdungen auf dem Weg in die Wissensgesellschaft, etwa Arbeitslosigkeit, soziale Ungleichheit oder Fundamentalismen und mangelnde Offenheit für Multikulturalität.*" (bmb+f 1998, *S. 174*)

Die Studie betont den Zusammenhang von Allgemeinwissen und Spezialwissen.

Allgemeinwissen erleichtert die Aneignung von Spezialwissen. Allgemeinwissen ermöglicht aber auch eine Orientierung über das, was wichtig und weniger wichtig, wünschenswert und riskant ist. Und Allgemeinwissen enthält eine ethische Reflexion über das, was human-, sozial- und umweltverträglich ist.

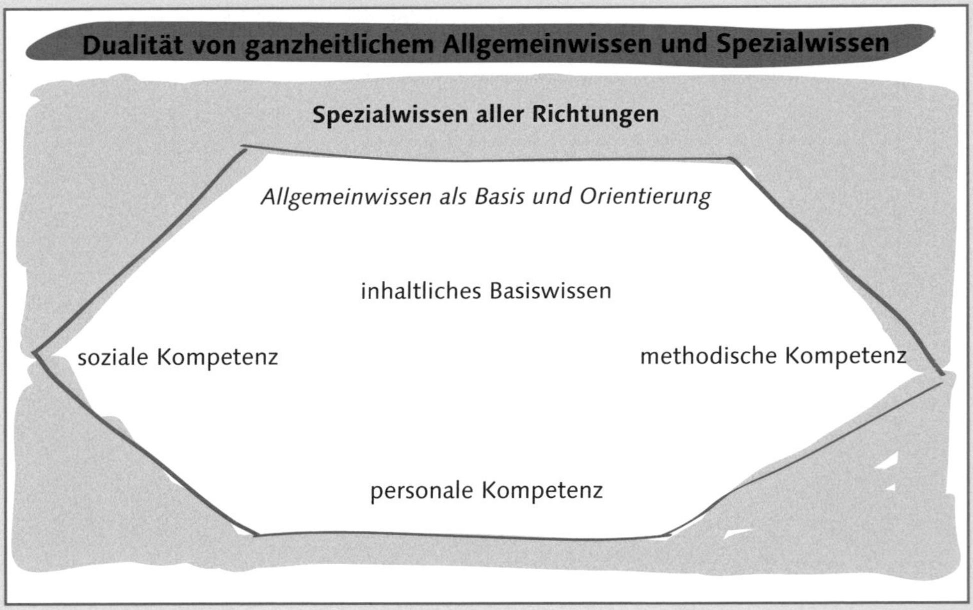

Mit der Entstehung von Wissensgesellschaften aufgrund von „Wissensexpansionen" findet der Begriff des Nichtwissens erneut Beachtung.

Nichtwissen wird nicht (nur) negativ verstanden als „Nochnichtwissen", als ein defizitärer Zustand, der möglichst schnell überwunden werden sollte. Nichtwissen ist der Komplementärbegriff des Wissens, gleichsam die Kehrseite der Medaille. Mit dem Wissenszuwachs nimmt unvermeidlich das Nichtwissen zu, wie ein Luftballon, der aufgeblasen wird.

Je mehr wir wissenschaftlich erforschen und je mehr Wissen wir erwerben, desto deutlicher wird die Vorläufigkeit und Unzulänglichkeit des Wissens. Wie Sokrates erkennen wir, dass uns die letzten Geheimnisse der Welt verborgen bleiben müssen, dass menschliches Wissen stets mit Irrtümern behaftet ist, dass „Irren" menschlicht ist.

So gesehen ist Nichtwissen eine produktive Kategorie. „Umgang mit Nichtwissen" kann als Schlüsselqualifikation interpretiert werden, und zwar

- als Einsicht in die Grenzen menschlicher Erkenntnis
- als begründete Unterscheidung zwischen dem, was wichtig und dem, was weniger wichtig ist, zwischen dem, was man genau und dem, was man nur ungefähr wissen muss
- als Handlungsfähigkeit angesichts von Ungewissheit und Unsicherheit
- als generelle Urteilsvorsicht und Verzicht auf apodiktische Behauptungen

Ein Merkmal der Wissensgesellschaft: Wissen ist – neben Arbeit und Kapitel – wichtigste Produktivkraft.

Ein weiteres Merkmal ist, dass der Durchschnitt der Bevölkerung über mehr Themen (halbwegs) informiert ist als die Generation unserer Großeltern.

Nicht zu belegen ist dagegen die These, dass die **Menschen weiser, klüger, vernünftiger** geworden sind. Die moderne Welt ist unübersichtlicher, undurchschaubarer geworden. So sind **Wissensgesellschaft** und **Risikogesellschaft keine Gegensätze**, sondern zwei Seiten einer Medaille. Neu ist – nach U. Beck -, dass die Wissensgesellschaft selber immer mehr Risiken produziert, dass die Nebenwirkungen und Spätfolgen vieler wissenschaftlicher Errungenschaften unkalkulierbar und unkontrollierbar sind. Deshalb – so Beck – ist eine **reflexive Modernisierung**, eine Besinnung der Moderne auf sich selbst, auf ihre Ziele und Grenzen erforderlich.

Dadurch wird die Wissensgesellschaft zu einer ethischen Herausforderung. Wissen hängt mit Gewissen zusammen, Wissen schließt Verantwortung ein. Wer weiß, wie gefährlich ein Projekt ist, muss vorsichtig entscheiden. So ergab die Delphi-Befragung in fast allen Wissenschaftsdisziplinen z.B. für **ethische Aspekte** hohe Relevanzwerte (auf einer Skala von 1 – 5), z.B.

• ethische Aspekte der Gesundheitsversorgung	4,3
• Ökologie: Risiken und Chancen für die globalen Lebensgrundlagen	4,1
• Einfluss der modernen Medien auf die Erziehung	4,0
• Ethnozentrismus, ethnische Vorurteile und Kulturkonflikte	4,2
• Erwerb von Werten, Einstellungen, Vorurteilen	4,1
• Arbeit: Bedeutung für Persönlichkeit	4,1
• Zukunft des Sozialstaats	4,3
• Wirtschaftskriminalität	3,9
• Migration und Fluchtbewegungen	4,0

Die ethische Dimension der Wissensgesellschaft wird u.a. mit dem Begriff „Folgewissen“ angedeutet: „Aufgrund der vielfachen Vernetzung und der steigenden Komplexität ist kaum davon auszugehen, dass neues Wissen nur eindimensional und ohne Nebeneffekte wirkt. Umso wichtiger wird Folgewissen für die politische Steuerung, es zwingt zu Veränderungen in der geistig-kulturellen Orientierung wie in der gesellschaftlichen Integration.“ (bmb+f 1998, S. 92)

An dieser Stelle verknüpft sich der **Wissensbegriff** mit dem **Bildungsbegriff**.

Bildung schließt nicht nur instrumentelles Wissen, sondern auch reflexives Wissen über Sinn und Zweck, über Chancen und Risiken, über Modernisierungsgewinner und -verlierer ein. Folgewissen kann als moderne Schlüsselqualifikation interpretiert werden.

Beispiele:

- Bekannt ist vor allem die Technikfolgenabschätzung.
- An Bedeutung gewinnt eine Politikfolgenabschätzung: Welche Folgen haben neue Gesetze und neue Verordnungen (z.B. mehr Bürokratie, mehr Kontrolle, mehr Entmündigung).
- Welche Folgen hat mehr Pädagogik (z.B. Schulverdrossenheit)? Welche Folgen haben neue Studiengänge (z.B. mehr arbeitslose Absolventen)?
- Welche Folgen hat die Computerisierung, die Haushaltstechnik (z.B. Geräte, die zur Zeitersparnis angeschafft wurden, nehmen mehr Zeit in Anspruch).
- Welche Folgen hat der Tourismus (nicht nur für die einheimische Bevölkerung, sondern auch für das Lebensgefühl „zuhause“)?

Die Stern-/Ifep-Untersuchung 1999

Im Januar 1999 sorgte eine Untersuchung über das Bildungsniveau in Deutschland für Aufregung. Die Illustrierte „Stern“ hatte eine Befragung über die Allgemeinbildung deutscher Schüler/innen und ihrer Lehrer/innen durchführen lassen. Das Kölner Ifep-Institut befragte 1960 Jugendliche und 103 Lehrer. Die nachstehend abgedruckten Fragen wurden gestellt:

Auswahl richtiger Antworten in Prozent:

	Hauptschüler	Gymnasiasten	Lehrer
Welches Land hatte im 2. Weltkrieg die meisten Toten zu beklagen?	8	11	32
Wie heißt die kleinste Speichereinheit beim Computer?	19	57	22
Welche Stadt ist Sitz des Europaparlaments?	5	11	41
Was ist ein Lichtjahr?	4	27	47
30 % von 120 €	24	51	66

Fragen der Ifep-/Stern-Befragung

1. Wie nennt man eine selbst geschriebene Lebensgeschichte?
2. Von welchem Komponisten ist die Oper „Die Zauberflöte"?
3. Was bedeuten die fünf Ringe auf der olympischen Flagge?
4. Wer gründete das Deutsche Reich von 1871?
5. Welches Land hatte im Zweiten Weltkrieg die meisten Toten zu beklagen?
6. Seit wann gibt es in Deutschland keinen Kaiser mehr?
7. Welches Ereignis wird in Deutschland am 3. Oktober gefeiert und in welchem Jahr fand das Ereignis statt?
8. Wie heißt die kleinste Speichereinheit beim Computer?
9. Welches sind die zwei wichtigsten Bestandteile der Luft?
10. Welche beiden Supermächte standen sich im Kalten Krieg gegenüber?
11. Was bedeutet die Abkürzung „www"?
12. Was ist ein Lichtjahr?
13. Welches Metall schützt vor Röntgenstrahlen?
14. Wer war der Begründer der modernen Evolutionstheorie?
15. Im Schlussverkauf gibt es 30 Prozent Rabatt! Wie viel bezahlst du für einen Pullover, der vorher 120 Euro gekostet hat?
16. 350: 0,07 = ... ?
17. Welche dieser Zahlen sind Primzahlen? 8, 11, 96, 17, 25, 3, 10, 7, 112, 9
18. Wie muss man seine Uhr umstellen, wenn man von Frankfurt nach New York geflogen ist?
19. Welche zwei Flüsse bilden die natürliche Grenze zwischen Deutschland und Polen?
20. Welcher berühmte moderne Maler stellte Marilyn Monroe auf Postern dar?
21. Wie heißt der höchste Berg Deutschlands?
22. Welche Sprache spricht man in Brasilien?
23. Wie heißt das wohl berühmteste Liebesdrama, und wer schrieb es? Ein Liebespaar kann nicht zusammenkommen und endet schließlich im Tod, weil die Familien der beiden miteinander Streit haben.
24. Auf, neben, vor, unter, über ... Wie nennt man diese Wortart?
25. Wer schrieb die Geschichte der „Mutter Courage"?
26. Welcher Pop-Sänger veröffentlichte mit „Thriller" eines der erfolgreichsten Alben der Pop-Geschichte?

Das Ergebnis war eher enttäuschend. Alles in allem wurden 38 Prozent der Fragen zutreffend beantwortet. Doch auch die Resultate der Lehrer/innen waren nicht befriedigend. Die Landespolitiker wurden vor allem durch schlechtes Abschneiden norddeutscher Schüler im Vergleich zu den süddeutschen aufgeschreckt. In der Länderrangliste rangierten die Schüler des Saarlands an der Spitze mit 47 Prozent richtiger Antworten, gefolgt von Bayern (46 Prozent und Mecklenburg-Vorpommern 44 Prozent), Schlusslichter waren Niedersachsen und NRW mit 30 Prozent.

Der „Stern" fragte, ob wir uns in einem „Bildungsnotstand" befinden. Er fragte auch, ob wir „Qualitätskontrollen" für Lehrer benötigen. Es dürfte unstrittig sein: Trotz aller Kritik an der früheren „Paukschule", an einer Pädagogik des „Nürnberger Trichters" und des Auswendiglernens kann auf ein Basiswissen nicht verzichtet werden.

Aber wer setzt dieses Wissen fest, wer wählt die Fragen nach welchen Kriterien aus? Was leistet dieses Wissen für „Weltverstehen", für eine verantwortliche Handlungsorientierung?

Ein kleines Beispiel
Ich selber habe Literaturwissenschaft studiert. Ich hatte und habe erhebliche Schwierigkeiten, mir Jahreszahlen (z.B. Geburts- und Todestage berühmter Dichter) zu merken. In einem entsprechenden Test würde ich vermutlich zu den „Dummen" gehören. Dennoch behaupte ich, einiges von deutscher Literatur zu verstehen.

In dem „Stern"-Test überwogen Fragen nach Daten- und Faktenwissen, nicht aber nach einem Begründungs- und Zusammenhangwissen (z.B.: „Welche Konflikte führten zum 1. Weltkrieg?"). So sagt die Kenntnis der Abkürzung „www" vermutlich wenig über die Fähigkeit des Umgangs mit Computern aus. Der Fragebogen enthielt zweifellos „modernes" Wissen, wovon W. v. Humboldt noch nicht einmal träumen konnte.

Dennoch: Repräsentiert diese Befragung das „thematische Universum" unserer Zeit? Verweist sie auf die „epochalen Schlüsselthemen"? Zu kurz kommt ein Wissen, das sich nicht den herkömmlichen Schulfächern zuordnen lässt, z.B.

- ökologisches Wissen
- Wissen über Gesundheit und Ernährung
- interkulturelles und interreligiöses Wissen
- Wissen über Weltwirtschaft und Finanzsysteme
- die Welt der Gefühle

Doch auch eine solche Modernisierung löst nicht das Dilemma einer Wissensgesellschaft, die uns ständig überfordert und zudem Schuldgefühle verursacht.

Vielleicht ist Allgemeinbildung mit einem Netz vergleichbar: mit einigen Knoten und Verknüpfungen, mit der Einsicht in Zusammenhänge und mit individuellen Interessenschwerpunkten.

Diese Untersuchung hat erneut die Fragen aufgeworfen:

- Gibt es heute noch einen Kanon an Allgemeinwissen, über den die deutsche „Allgemeinheit“ verfügen sollte?
- Sagt ein solches Wissen etwas über Fähigkeiten, Kompetenzen, „Bildung“, über eine „Lebensbewältigungskompetenz“ aus?

1.6 Homo docens – der Mensch als Lehrer

Lehren ist ebenso eine menschliche Alltagstätigkeit wie Lernen. Andere Menschen erziehen, informieren, aufklären, beraten, ermutigen, anleiten ist eine „Jedermannsqualifikation“ von Müttern und Vätern, Verkäuferinnen und Meistern, Fahrlehrern und Finanzbeamten, von Großeltern, aber ebenso häufig von „pfiffigen“ Enkelkindern, von Ärzten und Pfarrern ... Diese Lehre im Alltag basiert oft auf einem „Naturtalent“: einige können etwas verständlich und anschaulich erklären, andere nicht ...

Doch unser Thema ist Lehre als eine professionelle oder zumindest semiprofessionelle Tätigkeit.

Semiprofessionell heißt: Die meisten der in der Erwachsenenbildung haupt- und nebenamtlich Tätigen sind keine pädagogischen „Vollprofis“, keine Diplompädagog/innen, für die (Erwachsenen-)Pädagogik Hauptstudienfach war, sondern Volkswirte, Psychologen, Germanisten, Ingenieure ...

Für alle in der Erwachsenenbildung Beschäftigten reicht aber ein „gesunder Menschenverstand“, ein pädagogisches „Fingerspitzengefühl“ nicht aus. Sie benötigen eine pädagogische Zusatzqualifikation – z.B. durch das Studium von Büchern wie diesem. Ein solcher Kompetenzerwerb wird allerdings dadurch erschwert, dass Erwachsenenbildung nicht lediglich eine verlängerte Schule ist, dass Erwachsenenbildung mehr ist als „nur“ Unterricht.

Die Institutionen, Bildungsangebote, Organisationsformen, Zielgruppen, Themenbereiche, Funktionen der Erwachsenenbildung sind in den vergangenen Jahren vielfältiger und differenzierter geworden. Diese Vielfalt zeigt sich auch in der Schwierigkeit, eine allgemein gültige Berufsbezeichnung für dieses Tätigkeitsfeld zu finden. Zur Verständigung schlagen wir eine Reihe von Tätigkeitsbezeichnungen vor, die Sie auf der folgenden Seite zusammengestellt finden.

Lässt sich für diese unterschiedlichen Tätigkeiten ein Fundamentum an gemeinsamen professionellen Kompetenzen formulieren? Rudolf Epping schlägt folgende Berufskompetenzen vor (Epping 1998, S. 48 ff.):

• **Fachkompetenzen** *„Diese Fachkompetenz enthält Grundbestandteile, die langfristig ihre Geltung behalten, und veränderliche Bestandteile, die stets aktualisiert werden müssen."*	• **Pädagogische Kompetenzen** ✗ methodische Kompetenz ✗ didaktische Kompetenz ✗ Sozialkompetenz
• **Arbeitsfeldwissen** Hierzu gehören – vor allem in der beruflichen Weiterbildung – Kenntnisse und Erfahrungen über kognitive und emotionale Anforderungen und Belastungen am Arbeitsplatz, über Qualifikationsveränderungen und Arbeitsmarktprognosen.	Ergänzen ließe sich noch eine • **Selbstkernkompetenz** Damit ist die Fähigkeit und Bereitschaft gemeint, sich selber kontinuierlich fortzubilden, neue Lernerfahrungen zu machen, Lernschwierigkeiten und -widerstände an sich selber zu erleben, eigene Lernstrategien und Lerntechniken zu erproben ...

Tätigkeiten in der Erwachsenenbildung

Animateur
Animateure, auch Initiatoren motivieren und regen Lernaktivitäten an, z.B. im Urlaub, aber auch in Stadtteilen (soziokulturelle Animation), in Jugendgruppen, in Seniorengruppen. Sie gestalten anregende „Lernarrangements".

Bildungsmanager
Bildungsmanager sind nicht lehrend, sondern planend, disponierend, organisierend tätig. Sie ermitteln Bildungsbedarfe, Bildungsbedürfnisse, erstellen Kosten-Nutzen-Rechnungen, beantragen Drittmittel, formulieren Anträge für Projekte und Modellversuche, kooperieren mit anderen Einrichtungen, sind für Qualitätssicherung und Controlling, aber auch für Organisations- und Personalentwicklung zuständig. Der Bildungsmanager sollte ökonomisch, systemisch und pädagogisch denken können.

Coach
Ein Coach ist ein Lernberater, der Individuen oder Gruppen bei ihren Problemlösungen beobachtet, begleitet, betreut, auf Defizite aufmerksam macht, Lernhilfen zur Verfügung stellt. Er verfügt über Empathie und eine besondere kommunikative Kompetenz. Auch Supervisoren gehören zu dieser Gruppe.

Curriculumentwickler
Hierzu gehören Autoren von Lehrbüchern und anderen Lernmaterialien, von Leittexten und Lerntests, zunehmend auch von didaktischer Software, z.B. von Lerninhalten auf CD-ROM, von Bildungssendungen in den Massenmedien. Auch die Erstellung von Fernstudienmaterialien gehört zu diesem Aufgabenbereich.

Facilitator

Wörtlich: „Ermöglicher". Der Facilitator unterrichtet nicht, sondern arrangiert Lernsituationen, d.h. er stellt Lernmaterialien und Medien zur Verfügung, gestaltet anregende Lernräume, auch außerschulische Lernorte, arbeitet Aufgaben aus, die – u.U. – in Kleingruppen gelöst werden. Er unterstützt selbstgesteuertes Lernen.

Kursleiter

Kurs-/Lehrgangs-/Seminarleiter müssen längerfristige Veranstaltungen mit einer konstanten Teilnehmergruppe didaktisch-methodisch vorbereiten, durchführen und gegebenenfalls auswerten. Neben der Vermittlung von Wissen haben sie die Aufgabe, die Teilnehmer zum aktiven Lernen zu befähigen und zu motivieren. Häufig kommt es darauf an, das Erfahrungswissen der Teilnehmer mit wissenschaftlichem Wissen in Beziehung zu setzen. Ein neues Tätigkeitsfeld ist Teleteaching.

Moderator

Moderatoren steuern Gruppenprozesse, d.h. sie leiten Diskussionen, auch Podiumsdiskussionen, sie strukturieren, gliedern, fassen zusammen, stellen Fragen, schlagen Diskussionsregeln vor.

Zu den Moderationstechniken gehören Metaplan, Brainstorming, Expertenbefragung, Folien, Pinnwände und andere Formen der Visualisierung.

Referent

Referenten sind Experten für ein Spezialgebiet, die meistens „Referate" halten, oft als Gastreferenten auf einer Tagung oder in einem Seminar. Sie müssen nicht nur sachkompetent sein, sondern ihr Thema strukturieren, verständlich und anschaulich – im Blick auf die kognitiven Voraussetzungen der Teilnehmer – darstellen können, komplexe Sachverhalte auf Wesentliches und – für die Teilnehmer – Wichtiges reduzieren können. Sie müssen berücksichtigen, dass ihre Sachlogik nicht mit der Psychologik der Zuhörer identisch ist.

Trainer

Trainer sind Spezialisten für die Schulung von Fertigkeiten und Fähigkeiten, z.B. in Rhetorik, Kommunikation, Menschenführung.
Von besonderer Bedeutung ist ein Imitationslernen („Lernen am Modell") und ein Verstärkungslernen.
An Bedeutung gewinnen Teletutoren und Online-Moderatoren.

Zu Ihrer pädagogischen Selbstreflexion bitten wir Sie, die folgenden Statements zu bewerten

	stimme voll zu	stimme bedingt zu	stimme nicht zu
Am wichtigsten ist mir die Vermittlung neuen Wissens	○	○	○
Ich rege Teilnehmer vor allem an, zu diskutieren und Erfahrungen auszutauschen	○	○	○
Bei meiner Bildungsarbeit stehen Übungen und Aufgaben im Mittelpunkt	○	○	○

Die Teilnehmer sollen Spaß haben und sich wohlfühlen	○	○	○
Mein oberstes Ziel ist die Befähigung zum selbstständigen Lernen	○	○	○
Es geht mir vor allem darum, ein Problembewusstsein zu wecken	○	○	○
Ich orientiere mich an den Wünschen der Teilnehmer	○	○	○
Ich organisiere anregende Lernsituationen	○	○	○

Dass Mitarbeiter/innen der Erwachsenenbildung über fachliche und pädagogische Kompetenzen, auch über Lebens- und Berufserfahrungen verfügen sollten, ist unumstritten. Doch benötigen Erwachsenenbildner darüber hinaus ein **Berufsethos**, eine berufsspezifische Ethik und Moral?

In der Schulpädagogik ist diese ethische Frage eng mit dem Erziehungsbegriff verknüpft. Lehrer sind als Erzieher (mit-)verantwortlich für die charakterliche Entwicklung der – noch „unmündigen" – Heranwachsenden. Diese Erziehung ist nicht denkbar ohne einen Konsens über Werte und Normen, über eine Vision eines mündigen Menschen, eines gelungenen Lebens, einer gerechten Gesellschaft...

Eine solche Erziehungsverantwortung lässt sich für die Erwachsenenbildung kaum begründen. Erwachsene sind mündig und verantwortlich für ihr Denken und Handeln, sie sind (meist) auch resistent gegenüber Erziehungs- und Belehrungsversuchen. Eine normative Didaktik, die vorschreibt, was zu tun und zu Didaktik zu lassen ist, ist in der Erwachsenenbildung fehl am Platz.

Doch ein solches „Umerziehungsverbot" ist selbst schon Bestandteil eines erwachsenenpädagogischen Berufsethos. Die ethischen, politischen, religiösen Überzeugungen der Teilnehmer/innen müssen respektiert werden – deshalb sind missionarische „Eiferer" als Seminarleiter in der öffentlichen Erwachsenenbildung nicht zu dulden. Doch der Respekt gegenüber Andersdenkenden beinhaltet nicht, alle möglichen Einstellungen ungeprüft zu akzeptieren.

Einen Ausweg aus dem Spannungsfeld zwischen normativem Erziehungsanspruch und postmoderner Beliebigkeit bietet die **Moral der wechselseitigen Anerkennung** an. Diese Moral ermöglicht ein tolerantes Zusammenleben in einer pluralistischen Gesellschaft und respektiert individuelle moralische Prioritäten und Differenzen.

Detlef Horster schreibt dazu:

„Es gibt eine für alle gleichermaßen geltende Moral der wechselseitigen Anerkennung. Sie bildet den sozialen Bereich der Moral. Sie ist die Basis für die individuelle Präferierung (d.h. Bevorzugung) bestimmter moralischer Werte und setzt der individuellen Wahl zugleich Grenzen ... Meinem Konzept nach ist die Moral der wechselseitigen Anerkennung also verbindlich und die subjektivautonome moralische Prioritätensetzung gleichwohl möglich." (Horster 1998, S. 34 f.)

Diese Moral der wechselseitigen Anerkennung ist m. E. die Grundlage für ein erwachsenenpädagogisches Berufsethos. Sie schließt das Interesse der Lehrenden für die Erfahrungen und Deutungsmuster der Teilnehmer ebenso ein wie die Bereitschaft, das eigene Weltbild ständig zu überprüfen und zu erweitern. Wechselseitige Anerkennung ist zugleich eine Maxime für den lernenden, aufgeschlossenen Umgang der Seminarteilnehmer miteinander.

2 Die Perspektive des Konstruktivismus

2.1 Lernen als Konstruktion von Wirklichkeit

„Wo Fremdorganisation ist, soll Selbstorganisation werden!
Und: An die Stelle von Lehre soll Lernen treten!"
(Arnold/Krämer-Stürzl 1996, S. 25)

Dies ist die Perspektive des Konstruktivismus, einer (nicht ganz) neuen Erkenntnistheorie, die das pädagogische Denken und Handeln seit einigen Jahren nachhaltig irritiert und innoviert. Einige **Kernthesen** dieser neurobiologisch verankerten Theorie lauten:

Der Mensch ist ein autopoietisches, selbstreferenzielles, operational geschlossenes System.

Die menschliche Wirklichkeit ist beobachtungsabhängig; die objektive Wirklichkeit und die ontologische Wahrheit sind uns „unzugänglich"; das gilt auch für sinnliche Wahrnehmungen. Unser Erkennen ist keine Widerspiegelung äußerer Realität, sondern eine selbstreferenzielle, auf biografischen Erfahrungen beruhende und von anderen geteilte Konstruktion von Wirklichkeiten.

Erkenntnis ist vor allem auf Viabilität, d.h. auf passende, erfolgreiche Handlungen ausgerichtet. Zweck unseres Erkennens ist letztlich „Überlebensdienlichkeit". Unser Weltbild ist keine rein individuelle Konstruktion, sondern besteht – wie eine Zwiebel – aus mehreren Schalen: innerpsychische Faktoren – alters-, geschlechts-, milieuspezifische Einflüsse, – kulturelle, epochale Kontexte.

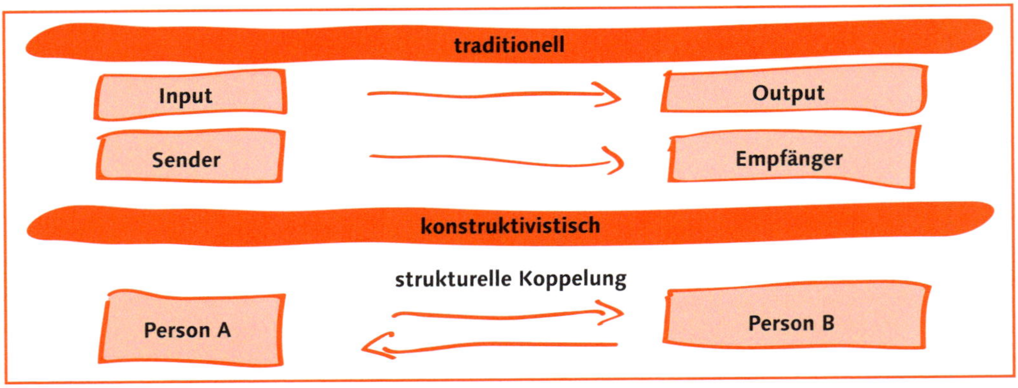

Die vielfältigen Differenzierungen, Begründungen, Problematisierungen dieser Wahrnehmungs- und Erkenntnistheorie können hier nicht dargestellt werden. Wir konzentrieren uns auf einige lehr- und lerntheoretische Aspekte.

Erkenntnisaspekte zum Lernen Erwachsener

1. Nicht nur Individuen lernen, sondern auch Kollektive, Organisationen, Regionen, Gesellschaften. Lernen enthält also nicht nur ein psychophysische, sondern auch eine **strukturell-organisatorische Komponente.**
2. In der lernpsychologischen Literatur findet sich eine Vielzahl von **Lernvarianten,** z.B. deklarativ/prozedural, assimilierend/akkomodierend, defensiv/expansiv, analytisch/synthetisch, kasuistisch/systematisch, exemplarisch/orientierend, instrumentell/reflexiv, selbst-/fremdgesteuert.
3. **Reflexives Lernen** enthält eine Metaebene: lernen, wie und warum man lernt; eigene Stärken und Schwächen, Motive und Widerstände erkennen; Wichtiges von Unwichtigem unterscheiden; Umgang mit Nichtwissen; Selbstevaluation.
4. Auch **biografisches Lernen** ist reflexiv: die eigene Biografie wird „evaluiert", es wird aus Erfahrungen gelernt, es werden neue Zukunftsmöglichkeiten erschlossen, es wird aus den Biografien anderer gelernt. Das „biografische Gepäck" enthält sowohl Belastungen als auch wertvolle Erinnerungen und Erfahrungen.
5. **Bildendes Lernen** ist nicht nur pragmatisch, sondern auch ethisch begründet. Bildung schließt verantwortliches, gesellschaftliches Handeln ein, auch ein Engagement für eine humane, gerechte, umweltverträgliche Zukunft.
6. **Nachhaltiges Lernen** ist intensiv, dauerhaft und mit der eigenen Identität verknüpft. Dazu gehörte eine intrinsische Motivation, die emotionale Verankerung des Gelernten, das Durchschauen von Zusammenhängen.
7. Lernen schließt Aneignung von Wissen ein, aber auch die **Wahrnehmung von Nichtwissen.** So muss gelernt werden, auch angesichts von Ungewissheit und Unsicherheit zu handeln.
8. **Erwachsenenbildung** meint institutionalisierte, formale Bildungsangebote; „lebenslanges Lernen" schließt auch informelle, selbstgesteuerte Lernprozesse und Kompetenzen ein.
9. **Selbstgesteuertes Lernen** und fremdgesteuertes Lernen sind keine Gegensätze, sondern ergänzen sich. So kann Erwachsenenbildung das selbstgesteuerte Lernen unterstützen, und andererseits fördert selbstgesteuertes Lernen den Lernerfolg in Bildungsveranstaltungen.
10. Mit zunehmendem Alter wachsen die individuellen Eigenarten und Unterschiede des Lernens. Das **biologische Alter** ist dabei weniger maßgeblich als soziokulturelle und biografische Faktoren.
11. Vor allem die Kindheit enthält lernsensible Phasen, in denen Weichen für ein zukünftiges Lernen gestellt werden. Aber die **Plastizität des Gehirns** ist auch im Erwachsenenalter größer als bisher vermutet.
12. Das **Verlernen** von Gewohnheiten, Einstellungen, Weltanschauungen ist schwieriger als das Neulernen, da ein solches Verlernen oft die eigene Identität infrage stellt.
13. Fähigkeiten und Fertigkeiten, die **nicht ständig angewendet** werden, werden verlernt („use it or lose it"). So spezialisiert sich auch das Gedächtnis Erwachsener.

14. Erwachsene lernen vor allem das, was ihnen momentan wichtig und nützlich **(viabel)** erscheint, aber auch das, was einen Neuigkeitswert hat.
15. Wesentlich für das Lernen Erwachsener ist die **Selbstwirksamkeitsüberzeugung** (self-efficacy): je größer das Selbstvertrauen, je realistischer die Selbstevaluation, desto größer die Lernleistung.
16. Das **Gehirn** als geschlossenes System **kommuniziert** vorwiegend **mit sich selber,** sodass Lernen prinzipiell selbstgesteuert ist. Lernen ist überwiegend „innerer Monolog".
17. Lernen ist somit **keine Abbildung äußerer Wirklichkeiten,** sondern die neuronale Erzeugung von subjektiven und soziokulturellen „Welten".

Die Konsequenzen für das Lehren in der Erwachsenenbildung sind trivial und revolutionär zugleich

Wir müssen uns von der Illusion verabschieden, dass Teilnehmer/innen das lernen, was wir lehren, dass Lernen also die Abbildung und Widerspiegelung des Gelehrten ist. Eine solche Auffassung hat der Psychologe K. Holzkamp als **„Lehr-Lern-Kurzschluss"** bezeichnet. Es empfiehlt sich vielmehr, Lehren und Lernen zu entkoppeln. Unsere Lehre ist selbstreferenziell in unseren Erfahrungen und Wissensnetzen verankert; das Lernen der Teilnehmer ist in ihren unverwechselbaren Deutungsmustern, Lebenswelten und kognitiven Landkarten verwurzelt.

Sie können die Autopoiese und Selbststeuerung des Lernens an sich selber überprüfen. Was Sie bei der Lektüre dieser Seiten gelesen, gelernt und verstanden haben, ist Ihre eigene Leistung. Sie haben sich beim Lesen Gedanken gemacht, sich an Bekanntes oder Ähnliches erinnert, Beispiele für die Thesen gesucht, vielleicht auch mit dem Kopf geschüttelt oder Fragezeichen notiert. Der geschriebene Text ist Auslöser für Nachdenken und Einwände, vielleicht haben Sie den Text auch einfach überlesen und überhört.

Erwachsene sind lernfähig, aber unbelehrbar – dies ist die provokativ zugespitzte Quintessenz des Konstruktivismus. Und doch resultiert daraus keineswegs die Schlussfolgerung, dass Lehre überflüssig oder wirkungslos sei. Lehre regt an zum Selbstlernen, auch zum Widerspruch, zum Querdenken, zum Probedenken ... Lehre ist nicht Belehrung, sondern Lernanregung, Lernhilfe ...

So registriert Rolf Arnold eine Wende von einer Belehrungsdidaktik zu einer **Ermöglichungsdidaktik**. Wissen wird nicht nach dem Sender-Empfänger-Modell in die Köpfe von „Rezipienten" transportiert, sondern erwachsene Lerner eignen sich Wissen aktiv und selektiv an, sie prüfen Wissensangebote auf ihren „Gebrauchswert" und auf ihre Verträglichkeit mit vorhandenen Erfahrungen, sie wählen Wissensinhalte aus, assimilieren sie in ihre Wissensnetze, verleihen den Informationen eine subjektive Bedeutung. **Wissenserwerb ist eine biografische Synthetisierung.**

Die Relevanzkriterien der Lernenden sind meist andere als die der „Fachleute". Dennoch erfolgt diese Konstruktion von Wissensnetzen nicht beliebig. Neues Wissen muss nicht nur brauchbar sein, sondern auch logisch stimmig und konsensfähig, denn auf Dauer sind nur solche Wirklichkeitskonstrukte viabel, die von einer Verständigungsgemeinschaft geteilt werden.

Dozent/innen sind in der Erwachsenenbildung auch als Wissensexpert/innen gefragt. Aber sie müssen zweierlei bedenken:

a) Auch Fachwissen ist eine Wirklichkeitskonstruktion, eine Perspektive der Welt neben anderen möglichen. Physiker, Chemiker, Juristen, Volkswirte – sie alle betrachten die Welt mit ihrer Brille. Sie sehen etwas, was andere nicht sehen, aber sie haben auch ihre „blinden Flecke"; sie sehen nicht, was sie nicht sehen ...
b) Das Gelehrte und das Gelernte sind nie identisch. Wenn 20 Personen einen Vortrag hören, so hören sie 20 verschiedene Vorträge. Was „bedeutungsvoll" ist, entscheidet jeder aufgrund seines Referenzsystems.

Eine konstruktivistische Metapher lautet: Du kannst einen Esel zur Tränke führen, ihn aber nicht zum Trinken zwingen.

Lehren ist konstruktivistisch gesehen eine Balance von Instruktion (d.h. von Wissensangeboten, Deutungsangeboten, Demonstrationen) und Beobachtung der Konstruktionen (d.h. Überprüfung und Reflexion der Aneignungsformen der Beteiligten).

2.2 Entkoppelung von Lehr- und Lernsystemen

Man kann ein Seminar als ein ganzheitliches, harmonisches Interaktionssystem, als eine Verständigungsgemeinschaft betrachten. Man kann aber auch die Selbstreferenz der beteiligten Individuen, die Differenzen der lebensgeschichtlich beeinflussten Beobachtungsperspektiven betonen. Bei dieser Betrachtungsweise werden die **„Erfahrungsdifferenzen"** und **„Differenzerfahrungen"**, die Schwierigkeiten der Verständigung und Perspektivenverschränkung, auch die Eigendynamik des Lehrens und Lernens deutlich.

Diese Eigendynamiken lassen sich empirisch durch Unterrichtsbeobachtungen rekonstruieren. Wir haben festgestellt, dass Lehrende in der Erwachsenenbildung relativ invariant (d.h. konstant) in ihrem Lehrstil sind, dass sie meist so unterrichten, wie sie es gewohnt sind, auch bei veränderten Zielgruppen und Veranstaltungsformen.

Auch die Teilnehmer/innen agieren autopoietisch, selbstreferenziell. Sie stellen die Fragen, die ihnen wichtig sind, sie bringen **ihre** Themen zur Sprache – relativ unabhängig von den Vorgaben und Steuerungen der Seminarleitung.

Eine Entkoppelung von Lehrperspektiven und Lernperspektiven wurde auch bei der Dokumentation und Auswertung von Bildungsurlaubsseminaren deutlich. In einem Seminar mit Industriearbeiterinnen wurden Probleme am Arbeitsplatz, u.a. die Rolle des Betriebsarztes, behandelt. Die Seminarleitung versuchte, strukturelle Interessenkonflikte und hierarchische Abhängigkeiten des Betriebsarztes zu vermitteln. Die Teilnehmerinnen dagegen diskutierten ***ihre*** *Erfahrungen mit* ***ihrem*** *Betriebsarzt. Die Seminarleitung war bemüht, gewerkschaftliche Handlungsstrategien zu empfehlen, die Teilnehmerinnen stellten ihre individuellen Lösungen dar.*

Die Forschungsgruppe kommt zu dem Ergebnis: „Man redet wohl über die gleiche Sache, bezieht seine Relevanzkriterien jedoch aus unterschiedlichen Bezugssystemen." (Kejcz u.a. 1979, S. 60)

Aus heuristischen Gründen halten wir zunächst fest an der **Selbstreferenz der Beteiligten**, an der **prinzipiellen Fremdheit**, an der **Normalität des Missverstehens**, an der **doppelten Kontingenz**, d.h. den Mehrdeutigkeiten in Lehr-Lernsituationen.

Wirklichkeit, auch die Seminarwirklichkeit, ist beobachtungsabhängig.

Als Dozent/innen beobachten wir ein Seminar immer aus einer bestimmten Perspektive, mit einer bestimmten didaktischen Strategie.

Wir alle wissen aus unserer Schulzeit, wie wenig der Lehrer wahrnehmen konnte, was „in der letzten Reihe", „unter den Bänken" oder gar in den Köpfen passierte.

Der erste deutsche Pädagogikprofessor, Ernst Christian Trapp, schrieb bereits 1780: *„Der Lehrer kann ordentlicherweise von all dem, was um ihn vorgeht, eher nichts merken, als bis es so arg wird, dass es ihn stört ... Wenn er alles bemerken könnte, so würde sein Verdruss noch weit größer sein; denn er kann so schon von dem, was er sieht, das Wenigste abändern, höchstens kann er's auf einige Augenblicke hemmen; was würde es nicht erst sein, wenn er alles sähe, was vorgeht!"* (Trapp 1913, S. 38)

Eine solche Komplexitätsreduktion durch selektive Wahrnehmung ist also zweckmäßig und handlungsnotwendig. Jede Beobachtung eines Dozenten ist auswählend und „einseitig", jede **Beobachtung** beruht auf **Unterscheidungen** (Teilnehmer X ist interessiert/desinteressiert), diese Unterscheidungen sind handlungsrelevant („ich muss Teilnehmer X aktivieren"), die meisten Unterscheidungen sind **Interpretationen** (Vielleicht wirkt Teilnehmer X nur desinteressiert? Vielleicht geht es ihm gesundheitlich nicht gut?).

Jahrelange Erfahrung in der Bildungsarbeit ändert nichts daran: auch Seminare und Seminarteilnehmer sind Konstrukte. Als Dozent sieht man nicht, was man nicht sieht. Gelegentlich scheint die Beobachtungssensibilität mit der Dauer der

Praxiserfahrung abzunehmen. Auf die Frage: „Welche Probleme gibt es in Ihren Seminaren?" nannten „dienstältere" Dozenten weniger Probleme, die mit ihrer Lehre zusammenhingen, als „Neulinge" in der Erwachsenenbildung.

Ein Seminar ist ein Wirklichkeitskonstrukt. Es gibt so viele Seminarwirklichkeiten wie Beteiligte – ganz abgesehen von den Beobachtungen Außenstehender.

Wenn man Teilnehmer/innen eines Seminars interviewt, hat man oft den Eindruck, sie hätten verschiedene Veranstaltungen besucht. Mehr noch: Auch subjektive Seminarkonstrukte verändern sich; mit der zeitlichen Distanz wandeln sich Erinnerungen und Bewertungen. Wirklichkeit entsteht immer wieder neu. Was Lehrende und Teilnehmer im Seminar wahrnehmen, ist die Spitze eines Eisbergs.

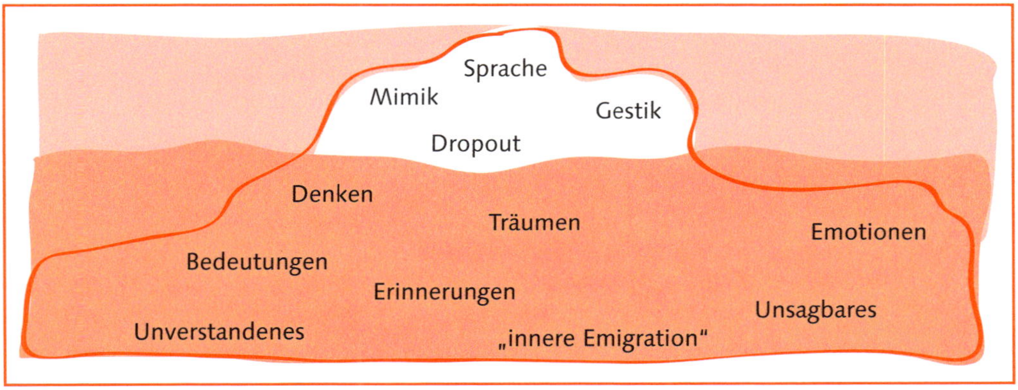

Die Spitze des Eisbergs ist der „formelle Lehrplan", das, was Lehrende und Lernende in der Gruppe fragen, antworten, kommentieren. Diese Diskussion ist nicht identisch mit dem, was sie denken, fühlen oder nicht verbalisieren können.

Gesagt wird das, was sich in dieser Situation sagen lässt, d.h. was zum Thema „passt", wofür man die „passende" Sprache findet, was vermutlich von der Seminarleitung akzeptiert wird.

Seminaräußerungen verweisen auf **Erwartungserwartungen**. Man stellt Vermutungen an, was Kursleiter/Teilnehmer hören wollen. Man verhält sich so, wie es vermutlich erwartet wird. „Was wollen Sie denn jetzt hören?", fragen Teilnehmer, wenn der Dozent eine Frage unklar formuliert hat. Auch die Rolle dessen, der immer noch eine kritische Zusatzfrage hat, gehört zu dieser Inszenierung.

Solche Sprachspiele beeinträchtigen nicht ohne Weiteres die Ernsthaftigkeit und Authentizität. Auch die Vermutung, welche Antwort der Dozent gerne hören möchte, ist Teil des Lernprozesses als **Suchbewegung**. Die Beteiligung an einer Diskussion ist auch ein Probedenken und Probehandeln, eine permanente Hypothesenbildung.

Die meisten Lehrenden möchten gerne wissen, was die Teilnehmer „wirklich" denken. Eine solche Aufrichtigkeit kann in besonderen Situationen wünschenswert sein, aber nicht im Normalfall. Es gehört zur Intimität jedes Einzelnen, „sich seine eigenen Gedanken zu machen", „sich seinen Teil zu denken", andere zu verschonen ...

Ein Seminarleiter – so Chr. Trapp – wäre total überfordert und verunsichert, wenn er „Gedanken lesen" könnte. Auch in diesem Sinn gehört **„Gelassenheit"** zur pädagogischen Professionalität: zuzulassen, dass Erwachsene ihren eigenen Kopf haben, dass Gedanken das Ergebnis von Selbstreferenz und Strukturdeterminiertheit psychischer Systeme sind. So kann Verständigung immer nur andeutungsweise gelingen.

Andererseits beobachten Lehrende vieles, was den Teilnehmern selber verborgen bleibt, z.B.

- Formulierungen, die zeigen, dass ein Sachverhalt noch nicht hinreichend begriffen wurde,
- Einwände, die auf Lernbarrieren verweisen,
- verfestigte Deutungsmuster,
- Mimik und Gestik, die Unlust und Widerstand signalisieren.

So sind sich die Beteiligten (incl. Dozent/in) ihrer eigenen Körpersprache und der entsprechenden Signale oft weniger bewusst als die Fremdbeobachter.

Alle Beteiligten haben ihren eigenen (heimlichen) Lehrplan und ihre eigene **„Lernlogik"**.

Was bedeutungsvoll ist oder nicht, was zum Thema gehört oder nicht, wird meist sehr unterschiedlich beurteilt.

Ein Beispiel

Ein Student A referiert Thesen zum Konstruktivismus. Eher beiläufig erwähnt er, dass Aussagen über ein „Ding an sich" im Sinne Kants nicht möglich seien. Ein Student B unterbricht: Das ginge so nicht. Es müsse geklärt werden, was Kant mit dem „Ding an sich" meine.
Ich interveniere: Das müsse uns an dieser Stelle nicht interessieren. Was der Student A mit diesem Hinweis aus konstruktivistischer Sicht gemeint habe, sei doch wohl eindeutig.
Der Student B: Er habe jahrelang Kant gelesen und deshalb einen Anspruch darauf, dass seine Klärung des Kant'schen „Ding an sich" hier ernst genommen würde.

3 Bildungsmotivation

3.1 Teilnahmemotive

Ein Unterschied zwischen Schulbildung und Weiterbildung wird darin gesehen, dass die Teilnahme an Veranstaltungen der Erwachsenenbildung freiwillig ist. Zutreffend ist, dass es bisher keine gesetzliche Schulpflicht für Erwachsene gibt. Dennoch sind die Übergänge zwischen selbstbestimmt und fremdbestimmt, zwischen einer Teilnahme aus subjektiven Gründen oder aus objektiven Notwendigkeiten fließend.

Dem „Berichtssystem Weiterbildung VI“ zufolge – eine kontinuierliche repräsentative Befragung der erwachsenen Deutschen nach ihrer Weiterbildung – stimmen 96 Prozent dem Statement zu: „Jeder sollte bereit sein, sich ständig weiterzubilden.“

Die Motive für eine Kursteilnahme sind vielfältig:

- Man sucht Abwechslung und möchte andere Menschen kennen lernen,
- man möchte sich gezielt mit seinem Interessengebiet oder Hobby beschäftigen,
- man möchte etwas für seine Gesundheit tun oder sich über eine Krankheit informieren,
- man möchte seine mentale „Fitness“ testen,
- man möchte mit anderen über ein politisches oder ökologisches Thema diskutieren,
- man belegt ein Seminar, um zuhause mit den (Enkel-)Kindern „mitreden“ zu können,
- man frischt seine Fremdsprachenkenntnisse auf, um sich im Urlaubsland verständigen zu können,
- man will beruflich auf dem Laufenden bleiben und seine Arbeitsmarktchancen verbessern,
- man will durch eine Qualifizierungsmaßnahme die Zeit bis zur Rente überbrücken,
- man muss sich umschulen lassen ...

Motivklassen

freiwillig	⟷	veranlasst
berufsbildend	⟷	allgemein bildend
intrinsisch	⟷	extrinsisch
thematisch	⟷	sozial
theoretisch	⟷	praktisch
latent	⟷	aktuell

Als Erstes bietet sich an, zwischen **berufsbildenden** und **allgemein bildenden** Teilnahmemotiven zu unterscheiden. Doch schon diese Unterscheidung ist keineswegs eindeutig. Viele Seminarthemen werden sowohl aus beruflichen als auch aus außerberuflichen Verwendungsinteressen nachgefragt, z.B. Rhetorik, Stressbewältigung, Zeitmanagement, Entspannungstechniken, Fremdsprachen, Umweltschutz ... Auch ein interkulturelles Training gehört für Beschäftigte in der Exportwirtschaft inzwischen zu einer beruflichen Schlüsselqualifikation.

Es sei nicht bestritten, dass viele Themen eindeutig arbeitsplatz- und fachspezifisch, andere eindeutig „zweckfrei-freizeitorientiert“ sind. Dennoch vermischen sich Berufsbildung und Allgemeinbildung zunehmend und es empfiehlt sich bei der didaktischen Planung unterschiedliche Motive und Anwendungsfelder zu berücksichtigen.

Verbreitet ist auch die Unterscheidung zwischen **intrinsischer** und **extrinsischer** Motivation. Intrinsische Motive resultieren aus einem „zweckfreien“ Interesse am Thema und am Lernen. Man lernt aus einer thematischen Neugier, aus einem Bedürfnis der Horizonterweiterung. Man möchte – wie Faust – „wissen, was die Welt im Innersten zusammenhält.“ Extrinsische Motive sind relativ themenunabhängig und beziehen sich auf die erhofften externen Wirkungen der Weiterbildung – z.B. Sicherung des Arbeitsplatzes, gesellschaftliche Anerkennung, finanzielle Vorteile. Auch diese Unterscheidung ist nicht immer trennscharf. Dennoch: Wenn extrinsische Motive überwiegen, ist es schwierig, Interesse für ein Thema zu wecken. Der Lernprozess bleibt eher oberflächlich, das erlernte Wissen äußerlich und „träge“.

Unterscheiden lassen sich auch **themenbezogene Motive** und **soziale Motive**. Soziale Motive sind meist „Sekundärmotive“. Viele Erwachsene bevorzugen Seminare – gegenüber einem Selbststudium – um mit und von anderen zu lernen, um mit anderen zu diskutieren, auch, um andere von den eigenen Ideen zu überzeugen. Da diese Bedürfnisse selten offen geäußert werden, werden sie oft unterschätzt und vernachlässigt.

Damit ist nicht unbedingt ein Wunsch nach sozialemotionaler „Nähe“ verbunden. So stellte eine Großstadtvolkshochschule fest, dass ihre Stadtteilkurse nur zum geringen Teil von den Bewohnern dieses Stadtteils besucht wurden. Bei vielen Interessenten überwog die Angst vor Sozialkontrolle. Man wollte in einem Fremdsprachkurs nicht unbedingt neben der Nachbarin sitzen und sich möglicherweise blamieren.

Die Teilnahme an Seminaren ist auch eine soziale Inszenierung, und zwar der Teilnehmer wie der Dozenten. Es ist eine Gelegenheit, sich selber darzustellen, sein Wissen zu präsentieren, eine Rolle auszuprobieren, auch: eine inhaltliche Position zu vertreten, die eigene Lebensgeschichte zu erzählen.

Solche Bedürfnisse sind legitim und können den Seminarverlauf beleben. Kritisch wird es, wenn Einzelne zu übertriebener Selbstdarstellung neigen und den Lernprozess der Gruppe beeinträchtigen.

Die Teilnahmemotivation in der Erwachsenenbildung ist von zahlreichen lebensweltlichen und gesellschaftlichen Einflussfaktoren abhängig.

Motivationseinflüsse

gesellschaftliches Lernklima

epochale Themen

Bezugsgruppen

Lebenslagen (Arbeit, Ruhestand)

Persönlichkeitsmerkmale

Zu den **Persönlichkeitsmerkmalen** gehören Interessen, Lernstil, Lernerfahrungen, aber auch Selbstsicherheit, Extravertiertheit, Zukunftsoptimismus, Selbstverantwortung, Risikobereitschaft ...

Zu den **Lebenslagen** gehören Berufstätigkeit, aber auch Einkommen, Familienstand, Pflege von Familienangehörigen, Kinder u.Ä.

Die **Bezugsgruppen** sind Kolleg/innen, Freunde, Familienangehörige. Nicht selten ist eine Seminarteilnahme mit einem Wechsel von Bezugsgruppen verbunden.

Die **epochalen Themen** bilden das thematische Universum einer Zeit. Diese Themen werden erzeugt in Wissenschaft, Kultur, Wirtschaft, Politik, aber publiziert vor allem durch die Massenmedien. Die Massenmedien haben – positiv betrachtet – einen Aufforderungscharakter, sie machen auf Themen aufmerksam, die interessant und relevant erscheinen, mit denen man sich intensiver beschäftigen möchte.

Zum **gesellschaftlichen Lernklima** gehören bildungsrelevante Werte und Normen. Das Gesellschaftssystem fördert eine Bildungsmotivation durch finanzielle Hilfen und gesetzliche Freistellungsregelungen, aber auch durch soziale und symbolische Anerkennungen und Wertschätzungen von Lernbemühungen.

Auch die **gesellschaftlichen Rollenerwartungen** beeinflussen das Bildungsverhalten. So ist die Weiterbildung im Alter in den vergangenen Jahren deutlich aufgewertet worden.

Diese personalen und sozialen Faktoren können eine latente Weiterbildungsbereitschaft begünstigen. Ob diese Bereitschaft durch eine konkrete Seminarteilnahme aktualisiert wird, ist wiederum von passenden Rahmenbedingungen abhängig. Vor allem muss ein geeignetes Bildungsangebot zur Verfügung stehen.

Dazu gehören

- zumutbare Gebühren
- zumutbare Entfernungen
- ein attraktives Themenangebot
- ein passendes Anspruchsniveau
- eine angenehme Lernumgebung
- eine kompetente Seminarleitung
- ein vertrautes Milieu

Im Kontext einer **„Erlebnisgesellschaft“** scheinen sich die Erwartungen an Bildungsveranstaltungen verändert zu haben.

Beispiel

Eine Untersuchung der Friedrich-Ebert-Stiftung zur Milieustruktur und zu Motivationen von Seminarteilnehmer(n)/innen der politischen Bildung lässt folgende Trends erkennen:

- Zur „Stammklientel“ dieser Seminare gehört kaum die traditionelle Arbeiterschaft, sondern vor allem die „vom Wertewandel besonders stark geprägten Milieus: Technokratisch-liberales Milieu, Hedonistisches Milieu, Alternatives Milieu und Neues Arbeitnehmermilieu“ (Ueltzhöffer/Kandel 1993, S.79).
- Diese Milieus unterscheiden sich nicht nur hinsichtlich ihrer thematischen Interessen, sondern auch hinsichtlich ihrer sozialästhetischen Präferenzen, d.h. ihrer bevorzugten Lernmethoden, Kommunikationsstile, wissenschaftlichen Ansprüche, Erwartungen an das Ambiente ...
- Die Bewertung der Seminare hängt nur zum geringeren Teil von der didaktischen Qualität und wesentlich a) von den „Human relations“ im Seminar und b) von der Atmosphäre und dem „Unterhaltungswert“ ab.

Die unterschiedlichen Lebensstile, Alltagsästhetiken, Geschmacksrichtungen wirken sich nicht nur auf das Interesse an Weiterbildung generell und an bestimmten Institutionen und Themen aus, sondern auch auf die Bevorzugung von Veranstaltungsformen, Methoden und Medien, Umgangsformen und Kommunikationsstilen. So erwarten Manager aus dem technokratisch-liberalen Milieu eher neue wissenschaftliche Erkenntnisse, während Teilnehmer/innen aus dem ökologisch-alternativen Milieu mehr an kreativer Eigentätigkeit interessiert sind. (Die erwähnte Untersuchung der Friedrich-Ebert-Stiftung gibt ausführlicheren Einblick über milieuspezifische didaktisch-methodische Vorlieben.)

Mehr und mehr werden Seminare auch als ganzheitliche „Erlebnisse“ wahrgenommen. Dieses Bedürfnis nach „Edutainment“ muss nicht unbedingt mit einem seriösen Bildungsanspruch kollidieren.

Jedenfalls wird die Didaktik mehr Wert auf die Gestaltung anregender Lernumgebungen legen müssen. Das traditionelle Design „(Folien-)Vortrag mit Diskussion" scheint ein auslaufendes Modell zu sein.

Weiterbildungsmotivationen sind Teil gesellschaftlicher Wertsysteme und Mentalitäten und eingebettet in den sozialen Wandel.

Dazu gehört auch, dass die Nachfrage nach Seminaren und Lehrgängen vermutlich nicht abnehmen wird, dass aber zunehmend Weiterbildungsinteressen außerhalb der etablierten Bildungseinrichtungen befriedigt werden.

Zu diesen selbstorganisierten Bildungsbemühungen gehören Fachlektüre, Fernstudien, Besuch von Ausstellungen, Unterweisung am Arbeitsplatz, computergestütztes Lernen u. Ä. Der zeitliche Umfang dieser informellen Weiterbildung ist vermutlich erheblich größer als die Veranstaltungsteilnahme.

3.2 Das Weiterbildungsberichtssystem

Das Bundesministerium für Bildung (bmb+f) lässt seit 1979 alle drei Jahre die 19- bis 64-jährigen Deutschen nach ihrer Weiterbildung befragen.

Die Teilnahme hat nach den dabei ermittelten Zahlen kontinuierlich zugenommen: 1979 hatten 23 Prozent der Befragten an einer Veranstaltung der Erwachsenenbildung teilgenommen, 1997 waren es 48 Prozent. Dabei werden auch Veranstaltungen der betrieblichen Weiterbildung berücksichtigt.

Ausgewählte Ergebnisse, die folgende wesentliche Trends erkennen lassen, sind auf der folgenden Seite zusammengefasst:

- Anstieg bei der Weiterbildung älterer Erwachsener,
- Anstieg der Weiterbildung mit dem Niveau der Erstausbildung,
- erstaunlich wenig Angebote und Nachfrage zu beruflichen Bildungsveranstaltungen für Teilnehmer ohne Berufsausbildung,
- unterschiedliche Teilnahme von Männern und Frauen (Männer bei beruflicher Bildung, Frauen in der Allgemeinbildung noch immer in der Überzahl),
- Teilnahme an beruflichen Bildungsmaßnahmen ungefähr zur einen Hälfte durch Eigeninitiative, zur anderen Hälfte aufgrund des Anstoßes von Betrieb oder Arbeitsamt, dabei auch Motive außerhalb des Berufs,
- Barrieren für die Teilnahme an Weiterbildung, u.a. unzureichende Transparenz des Angebots sowie Überlastung.

Wie bei allen statistischen Daten sind diese hilfreicher Hintergrund, aber bei jedweder Planung und Vorbereitung von Bildungsmaßnahmen müssen natürlich die Gegebenheiten der eigenen Teilnehmergruppe(n) zu Grunde gelegt werden.

Ausgewählte statistische Daten und Trendaussagen

Weiterbildung insgesamt — Quelle: Berichtssystem

	Teilnahmequote in %			Teilnahmequote in %	
Alter	1979	2007	**Schulbildung**	1979	2007
19 – 34 Jahre	34	44	niedrige Schulbildung	16	30
35 – 49 Jahre	21	49	mittlere Schulbildung	29	46
50 – 64 Jahre	11	37	Abitur	43	58

	Teilnahmequote in %				
Ausbildung	1979	2007	**Geschlecht**	Frauen	Männer
keine Berufsausbildung	12	23	1979	19 %	27 %
Lehre	21	40	2007	42 %	44 %
Meister	32	53			
Hochschule	45	62			

(Rosenbladt, B. v., Bilger, F. 2008, S. 227 ff.)

3.3 Motivierung: Emotion und Kognition

Eine zentrale Aufgabe der Dozent/innen in der Erwachsenenbildung ist die Lernmotivierung der Teilnehmer/innen, d.h. die Stabilisierung vorhandener und die Weckung neuer Motive.

Die Motivierung bezieht sich

a) auf die Teilnahme an einem Seminar („Initialmotivation"),

b) auf den Verbleib in einem Seminar (d.h. möglichst keinen „Dropout"),

c) auf die Lernaktivität in dem Seminar,

d) auf die weitere Beschäftigung mit der Thematik.

Bei vielen Maßnahmen der Arbeitsverwaltung ist die Teilnahme „veranlasst".

Umso schwieriger ist es oft, in diesen Kursen ein thematisches Lerninteresse zu wecken und aufrechtzuerhalten. Interessant sind Lerninhalte meist dann, wenn sie

- sinnvoll, relevant
- viabel, brauchbar
- anschlussfähig, verständlich

erscheinen.

Eine solche Bedeutungszuweisung ist letztlich eine Leistung des Einzelnen. Was für mich relevant ist, kann ich nur selber entscheiden. So kann Motivation auch nicht fremdbestimmt werden. Aber es können Lehr-Lernsituationen gestaltet werden, die Lernmotive begünstigen. Dabei ist die Verschränkung von Emotion und Kognition wesentlich.

Lernen ist eine **kognitive Tätigkeit** des Speicherns und Verarbeitens von Informationen, des Abstrahierens, Analysierens, Verknüpfens, Problemlösens. Im Mittelpunkt der Kognition stehen das Denken, Erinnern und Anwenden. **Emotionen** werden in der Erwachsenenbildung vor allem in sozialer Hinsicht wahrgenommen: als Angst vor der Gruppe, als Wunsch nach Anerkennung, als Angst vor Blamage und Überforderung, als Hemmung gegenüber „Autoritäten" ...

Es ist eine Voraussetzung für das Gelingen von Lernprozessen, ein sozialemotionales Klima der Akzeptanz, der Aufgeschlossenheit, der wechselseitigen Anerkennung, der Toleranz, der Neugier zu fördern. Geeignete Methoden können sein:

- *Kennenlernspiele,*
- *Vereinbarung von Umgangsformen (z.B. ausreden lassen),*
- *Blitzlicht,*
- *Kleingruppenarbeit.*

Vernachlässigt wurde bisher, dass Emotionen unmittelbar Kognitionen erleichtern oder stören.

Emotionen und Kognitionen sind eng miteinander verknüpft. Es gibt kaum Kognitionen ohne Emotionalität und kaum Emotionen ohne kognitive Anteile. Dabei kann sich „zu viel" Emotionalität auf Lernprozesse ebenso negativ auswirken wie „zu wenig".

„Extrem starke Emotionen scheinen kognitive Prozesse und Handlungsrealisation zu stören; diese Emotionen erweisen sich als disfunktional. Extrem gering ausgeprägte Emotionen dagegen gehen mit zu geringer, mangelhafter, unzureichender Auseinandersetzung mit der Umwelt einher ...

Mittlere Ausprägungsgrade von Emotionen für erfolgreiche Auseinandersetzung mit der Umwelt (sind) besonders günstig." (Mandl/Huber 1983, S. 10)

Eine emotionale „Überheizung" geschieht z.B. in Ökologieseminaren, in denen zu viele deprimierende Bilder von Umweltzerstörungen und zu viel Katastrophenwissen präsentiert werden.

Eine solche Emotionalisierung wirkt oft kontraintentional, d.h. sie bewirkt das Gegenteil. Deprimierendes Wissen macht depressiv, apathisch, aggressiv und setzt meist keine Lernenergien frei. Eine solche Umweltbildung macht – im Extremfall – krank.

Umgekehrt ist eine rein sachliche, emotionslose Wissensvermittlung langweilig. Dozentinnen sollten zeigen, dass ihnen der Stoff nicht gleichgültig ist; sie sollten ein Minimum an Begeisterung zeigen, um die Teilnehmer zu begeistern. Eine solche Ausstrahlung erfolgt auch nonverbal: Pädagoginnen „verkörpern" ihr Wissen; ihre Mimik und Gestik signalisiert, was ihnen wichtig ist.

Es gehörte immer schon zu den Maximen der Erwachsenenbildung, dass Lernen Spaß machen soll. Dabei wurde Spaß oft mit Spielerischem gleichgesetzt und als das Gegenteil kognitiver Anstrengung verstanden. Das ist jedoch m. E. ein Missverständnis.

Einen schwierigen Text verstanden zu haben, eine komplizierte Aufgabe gelöst zu haben, ein Gespräch in einer Fremdsprache geführt zu haben – diese Lernleistungen sind mit Lustgewinn, mit Zufriedenheit, mit Freude verbunden. So ist es demotivierend, permanent unterfordert zu werden, während eine leichte Überforderung meist motivierend wirkt. Deshalb spricht die Psychologie von einer wünschenswerten „dosierten Diskrepanz".

Spaß am Lernen wird gefördert durch Methodenwechsel, aber auch durch überraschende Einsichten, durch ungewohnte Perspektiven, durch Verfremdungen. Solche Effekte können durch Karikaturen, Kopfstandmethoden, Rollenspiel, kreative Übungen angeregt werden.

Der Konstruktivismus behauptet, dass Lehre vor allem als „Perturbation" wirkt, d.h. als Irritation des Selbstverständlichen, als „Verstörung" der gewohnten Konstrukte, als Querdenken.

Der Schweizer Psychologe Luc Ciompi hat – in Anlehnung an J. Piaget – die „Operatorwirkungen der Affekte auf das Denken" untersucht. Einige seiner Thesen lauten:

- **Emotionen liefern die Energie für kognitive Lernprozesse**
  Ängste, Wünsche, Harmoniebedürfnis sind Motoren für Erkenntnisprozesse.
- **Emotionen steuern die Aufmerksamkeit**
  Je nach Stimmung wird die Welt mit anderen Augen betrachtet. Wenn wir traurig sind, nehmen wir vor allem Trauriges wahr.
- **Emotionen öffnen oder schließen den Zugang zu Gedächtnisinhalten**
  Sind wir auf jemanden wütend, erinnern wir uns an all die Ereignisse, die dieses Gefühl bestätigen.
- **Emotionen fördern die Ordnung von Denkinhalten**
  Wir haben ein Bedürfnis nach übersichtlichen, widerspruchsfreien Ordnungen der Wirklichkeit. Deshalb befriedigt es uns, ein komplexes Problem schematisch strukturiert zu haben. (Der positive Effekt mancher Folien-Vorträge beruht auf diesem Harmoniebedürfnis.)
  (Vgl. Ciompi 1997, S. 95 ff.)

Auf die Frage, wie die Lernmotivation Erwachsener gefördert und stabilisiert werden kann, gibt es keine Patentrezepte. Offenbar ist jedoch die Koppelung von Emotionen und Kognitionen eine wichtige Voraussetzung.

In den USA ist **„emotionale Intelligenz"** als wichtiger Persönlichkeitsfaktor und zugleich als beruflicher Leistungsfaktor „entdeckt" worden. Es wird behauptet, dass die berufliche Karriere von Managern mehr von ihren emotionalen **Kompetenzen,** als von ihren kognitiven Fähigkeiten abhängt. So wird der „Schulung der Gefühle" große Aufmerksamkeit gewidmet und es wird in Schulen ein Unterrichtsfach **„Self science"** erprobt.

Gegenüber einer direkten emotionalen Schulung und Erziehung sind in der Erwachsenenbildung sicherlich Vorbehalte angebracht. Andererseits ist der reflexive Umgang mit den Emotionen Voraussetzung für und Bestandteil von Bildungsprozessen, zugleich auch Bestandteil pädagogischer Kompetenz.

Lehrkräfte sollten sich regelmäßig ihrer Stimmungen und Emotionen vergewissern und sie sollten emotionale Stimmungen in der Gruppe wahrnehmen.

Lernziele eines Unterrichts „Self science" sind:

Emotionale Selbstwahrnehmung

- besseres Erkennen und Benennen der eigenen Emotionen
- besser imstande, die Ursachen von Gefühlen zu verstehen
- Erkennen des Unterschieds zwischen Gefühlen und Taten

Umgang mit Emotionen

- Frustrationstoleranz und Zügelung des Zorns verbessert
- weniger verbale Demütigungen, Kämpfe und Unterrichtsstörungen
- besser imstande, Zorn angemessen auszudrücken, ohne Tätlichkeiten
- weniger Suspendierungen und Schulverweise
- weniger aggressiv oder selbstzerstörerisch
- mehr positive Ansichten über sich selbst, die Schule und die Familie
- werden besser mit Stress fertig
- weniger Einsamkeit und soziale Angst

Emotionen produktiv nutzen

- verantwortungsbewusster
- verbesserte Aufmerksamkeit und Konzentration auf die vorliegende Aufgabe
- weniger impulsiv
- besseres Abschneiden bei Leistungstests

Empathie: Deuten von Emotionen

- besser imstande, sich in einen anderen hineinzuversetzen
- erhöhte Empathie und besseres Gespür für die Gefühle anderer
- können anderen besser zuhören

Umgang mit Beziehungen • besser im Lösen von Konflikten und Beilegen von Streitigkeiten • besser im Lösen von Problemen in Beziehungen • selbstsicherer und gewandter in der Kommunikation • beliebter und offener, freundlich und teilnahmsvoll gegenüber Gleichaltrigen	• mehr von Gleichaltrigen begehrt • interessierter und rücksichtsvoller • „sozialer" und harmonischer in Gruppen • mehr Gemeinsamkeit, Kooperation und Hilfsbereitschaft • demokratischer im Umgang mit anderen (Goleman 1997, S. 355 f.)

Die Amerikaner verwenden dafür den Begriff „mindfulness", d.h. Achtsamkeit. *„Achtsamkeit ist ein Bewusstsein, das sich nicht von Emotionen fortreißen lässt, das auf Wahrgenommenes nicht überreagiert ... Sie ist vielmehr eine neutrale Einstellung, die auch in turbulenten Situationen die Selbstreflexion bewahrt."* (Goleman 1997, S. 68)

3.4 Motivierung durch Zielgruppenorientierung

Zwar ist öffentliche Erwachsenenbildung „offen für alle", aber nicht jedes Bildungsangebot eignet sich für jeden. Ende der 1960er-Jahre wurde bemerkt, dass einige Gruppen in der Erwachsenenbildung unterrepräsentiert sind, dass untere Sozialschichten nicht nur sozial-, sondern auch bildungsbenachteiligt sind, dass eine gezielte Bildungswerbung und spezielle Angebote für diese Adressatengruppen wünschenswert sind.

Dieses sozialpädagogische Argument für eine Differenzierung des Angebots wurde ergänzt durch ein lernpsychologisches: Ein leistungs- und qualifizierungsorientiertes Bildungsangebot muss sich an Gruppen mit homogenen Lernvoraussetzungen und kognitiven Niveaus wenden, erfolgreiche Erwachsenenbildung erfordert Leistungsdifferenzierung.

Zielgruppenarbeit orientiert sich also sowohl an soziodemokratischen Maßstäben als auch an Effizienzkriterien.

Diese Kriterien wurden in den 1970er-Jahren differenziert und ergänzt, sodass sich folgende Typen zielgruppenorientierter Bildungsarbeit unterscheiden lassen:

- Differenzierung nach Lernvoraussetzungen (z.B. Französisch für Anfänger / für Fortgeschrittene)
- Differenzierung nach Verwendungssituationen (z.B. Spanisch für Urlauber/Wirtschaftsenglisch)

- Differenzierung nach Milieus
  (z.B. feministische Frauen, Seniorinnen aus dem Bildungsbürgertum, junge Erwachsene aus dem ökologisch-alternativen Milieu)
- sozialpädagogische „Problemgruppen"
  (z.B. Arbeitslose, Frührentner)
- Differenzierung nach Wohngebiet
  (z.B. Stadtteilarbeit)
- Differenzierung nach beruflicher Situation
  (z.B. Anpassungsfortbildung/Aufstiegsfortbildung)

Diese „Zuschreibungen" der Veranstalter entsprachen jedoch nicht immer den Wünschen der Betroffenen.

So fanden „Sprachkurse für Seniorinnen" z. T. geringe Akzeptanz, da viele Ältere gemeinsam mit Jüngeren lernen wollten. Auch Arbeitslose wollten nicht als „Rand- und Problemgruppen" behandelt werden.

Stadtteilkurse wurden oft gerade nicht von Bewohnern des Stadtteils besucht, die eher zu viel „Nachbarschaft" in den Kursen befürchteten.

Eine Zielgruppenorientierung erfolgt auch indirekt, z.B. durch die Thematik, durch die Sprache, durch die angekündigten Methoden.

Einige Beispiele aus Programmen:

„Reise ins Unbewusste – Neue Wege zu psychosomatischen Erkenntnissen. Zur Reise bitte bequem anziehen, eine Wolldecke und Entdeckerfreude mitbringen ..."

Die Veranstalter dieses Seminars rechnen sicherlich nicht mit Managern und VW-Arbeitern.

„Präsentation, Umgang mit Gruppen
Die Präsentationstechniken des NLP zur Arbeit von und mit Gruppen. Umgang mit Fragen, Zwischenrufen, Störungen. Umgang mit Lampenfieber ..."

Offenbar ist hier weniger an professionelle Pädagoginnen gedacht, sondern eher an Funktionäre in Vereinen, Parteien, Gewerkschaften.

Gedächtnis- und Konzentrationstraining
In diesem Seminar erleben Sie, wie Sie mit Leichtigkeit, Entspannung und mit Spaß mehr Begriffe, Namen, eine größere Einkaufsliste besser behalten können ..."

Adressatinnen dieses Seminars sind vermutlich nicht berufstätige Seniorinnen, bei denen Überforderungsängste vermutet werden.

„Grundkurs „Soziale Kompetenzen"
Ziel ist es, die persönliche Kommunikations-, Team- und Konfliktfähigkeit zu stärken, um im Arbeitsprozess von Gruppen konstruktiv und gestaltend mitzuwirken ..."
Diese Seminarankündigung richtete sich offenbar an mittlere Führungskräfte.

Gesundheit, Ernährung, Meditation, körperliche Entspannung sind immer noch überwiegend „Frauenthemen". Naturwissenschaften, Technik, Ökonomie sind primär „Männerthemen". Manche Themen sind per se Zielgruppenthemen, z.B. „Nichtrauchertraining".

Auch die Akzeptanz von Medien und Methoden ist zielgruppenspezifisch. Dazu einige kleine Beispiele (als Anregung, sich auf die eigenen Teilnehmer einzustimmen und das richtige Verhältnis von Eingehen auf Bedarf einerseits, vorgegebene Ziele andererseits):

- Ein Managementseminar über Präsentation, Moderation und Mediation wurde von einer Diplompädagogin geleitet. Als die Frau sich und ihre Berufstätigkeit vorstellte, rief ein Teilnehmer: „Aber mit uns keine Spielchen!"
- Für das technokratisch-aufstiegsorientierte Milieu ist die wissenschaftliche Qualifikation der Seminarleitung von besonderer Bedeutung.
- Pädagogisch-soziale Zielgruppen bevorzugen kommunikative, kooperative Arbeitsformen und Projektarbeit.
- Das gehobene Management schätzt mehrfarbige Overhead-Folien (heute schon oft mit PowerPoint und über Beamer) und wissenschaftliche Vorträge.
- Eine Gruppe von Seniorinnen begann jede Sitzung damit, den unordentlichen Schulklassenraum aufzuräumen. Eine Gruppe junger Frauen dagegen fühlte sich gerade in etwas chaotischen „settings" wohl und kreativ. Grün-alternative Gruppen achten auf die Ökobilanz der Einrichtung, also auf Energieverbrauch, Plastik, Fleischkonsum in Bildungsstätten, Erreichbarkeit mit öffentlichen Verkehrsmitteln.

In den 1980er-Jahren war es in vielen Einrichtungen üblich, die Tische beiseite zu räumen, um im Kreis zu sitzen. Inzwischen hat sich herumgesprochen, dass diese „ungeschützte" Sitzordnung durchaus nicht allen Zielgruppen sympathisch ist und in Seminaren, in denen mit Texten gearbeitet wird, eher unpraktisch ist.

Die Soziologen sprechen von einer „Pluralisierung der Lebensstile", d.h. einer Vielfalt der „Geschmäcker", der „Outfits" und Konsumgewohnheiten, der Hobbys und alltagsästhetischen Vorlieben, der Umgangsformen und Gesprächsthemen. Diese postmoderne Pluralität wirkt sich auch auf die Akzeptanz der Erwachsenenbildung aus. Traditionelle Seminarräume mit „Vortrag und Diskussion" sind ein auslaufendes Modell.

Zwar kann eine Bildungseinrichtung nicht für jede Zielgruppe ein passendes „Design" bereitstellen. Aber es sollte möglich sein, dass Zielgruppen ihre Lernumgebung gestalten und Einfluss auf die Auswahl der Themen, Medien und Methoden nehmen.

Zielgruppen neuen Typs
Angesichts der Individualisierung und Pluralisierung unserer Gesellschaft wächst die Gefahr der Isolation und Desintegration. Je mehr Menschen auf engem Raum zusammenwohnen, desto größer wird die Gefahr der Vereinsamung und Fremdheit. Deshalb ist es wünschenswert, auch die Bildung gemischter Zielgruppen zu fördern.

Solche Gruppen sind
- Jüngere und Ältere
- Inländer und Ausländer
- Behinderte und Nichtbehinderte
- in Betrieben: Neulinge und erfahrene Vorruheständler

3.5 Empfehlungen

Auch wenn allgemein gültigen Rezepten gegenüber Vorsicht geboten ist, so lassen sich doch einige Thesen zur motivierenden Bildungsarbeit begründen.

Anregungen zur Kurs- und Seminarvorbereitung

1. **Abwechslung motiviert**
Dazu gehören ein Methodenwechsel, ein Wechsel der Medien, auch didaktische Überraschungen (eine ungewohnte Aufgabe, eine provokative Frage ...)

2. **Verfremdung motiviert**
Gewohntes, scheinbar Selbstverständliches mit einer anderen Brille, aus einer anderen Perspektive betrachten, Fragen auf den Kopf stellen („was muss ich als Kursleiter tun, damit sich alle langweilen?")

3. **Humor motiviert**
Witzige Formulierungen, Pointen, Beispiele, Anekdoten, Metaphern regen nicht nur zum Schmunzeln an, sondern enthalten oft auch kognitive Aha-Erlebnisse.

4. **Ermutigendes Wissen motiviert**
Deprimierendes, resignatives, pessimistisches Wissen macht depressiv; ermutigendes, hoffnungsvolles; optimistisches (Handlungs-)Wissen aktiviert Energien.

5. **Praxisbezüge motivieren**
   Die Vorteile einer „situierten Kognition", d.h. einer Einbettung von Wissensinhalten in Kontexte und in Aufgaben, sind mehrfach belegt worden.

6. **Eigene Beiträge motivieren**
   Teilnehmer/innen sollten die Gelegenheit haben, ihr Wissen, ihre Erfahrungen darzustellen. Damit ist auch persönliche Anerkennung und Wertschätzung verbunden.

7. **Erfolg motiviert**
   Lernleistungen, erfolgreiche Aufgabenlösungen, auch intellektuelle Anstrengungen („dosierte Diskrepanz") stärken das Selbstvertrauen und die Lernfähigkeit.

8. **Anschlussfähiges Wissen motiviert**
   Es ist wichtig, neues Wissen mit vorhandenen Kenntnissen und Erfahrungen zu verknüpfen, biografische „Ankerplätze" für Neues zu entdecken.

9. **Strukturiertes Wissen motiviert**
   Übersichten, Gliederungen, Schemata entsprechen dem menschlichen Bedürfnis nach Ordnung und Klarheit.

10. **Motivierte Kursleiter/innen motivieren**
    Lehrende, denen das Thema wichtig ist und Spaß macht, „verkörpern" den Lerninhalt, ihr Interesse überträgt sich auf die Teilnehmer/innen.

11. **Eine entspannte Gruppenatmosphäre motiviert**
    Rivalität, Neid, Besserwisserei, Positionskämpfe in einer Lerngruppe blockieren Lernenergien und verunsichern insbesondere ängstliche Personen.

12. **Eine freundliche Umgebung motiviert**
    Dazu gehören Farben, Bilder, Licht, aber auch freundliche Gesichter, freundliche Kleidung ...

13. **Metakommunikation motiviert**
    Bei Lernschwierigkeiten und Lernstörungen ist es hilfreich, sich gemeinsam über die Situation zu verständigen und nach Lösungen zu suchen. Schon die Wahrnehmung, dass auch andere Schwierigkeiten mit einem Thema haben, kann eine Demotivierung verhindern.

14. **Verwendungssituationen motivieren**
    Je mehr Transfer möglich ist, d.h. je mehr das Gelernte in der Praxis verwendet werden kann, desto größer wird das Interesse am Lernen.

15. **Familiäre und berufliche Unterstützung motiviert**
    Je mehr die Bezugspersonen im privaten und beruflichen Umfeld die Weiterbildung anerkennen und fördern, desto stabiler wird die Lernmotivation.

4 Richtziel Lernfähigkeit

4.1 Beobachtung 2. Ordnung als pädagogische Kompetenz

Ein fachübergreifendes Ziel jeder Bildungsarbeit ist die Förderung der Lernfähigkeit. Den Veränderungen der Lernanforderungen in unserer Wissensgesellschaft kann nicht durch permanente Beschulung, durch ununterbrochene Teilnahme an Seminaren entsprochen werden. Alle Seminare sollten die Teilnehmer motivieren und befähigen, sich selbstständig mit der Thematik weiter zu beschäftigen. In der Delphi-Studie wird der Lernkompetenz von fast allen Experten ein Spitzenplatz mit wachsender Bedeutung eingeräumt.

Wichtigkeit von Kompetenzen im Jahr 2020

Rangplätze und Mittelwerte einer Punktbewertung

	Schulische/ allgemeine Bildung	Berufliche Bildung	Hochschulbildung
Lerntechnische/lernmethodische Kompetenz	Platz 1 (2,38)	Platz 2 (2,26)	Platz 3 (2,17)
Spezifische Fachkompetenz	Platz 6 (1,47)	Platz 1 (2,58)	Platz 1 (2,80)
Psychosoziale (Human-) Kompetenz	Platz 2 (2,36)	Platz 3 (2,16)	Platz 4 (1,89)
Fremdsprachenkompetenz	Platz 3 (2,30)	Platz 4 (1,84)	Platz 3 (1,91)
Medienkompetenz	Platz 4 (1,61)	Platz 5 (1,57)	Platz 6 (1,38)
Interkulturelle Kompetenz	Platz 5 (1,48)	Platz 6 (1,23)	Platz 5 (1,46)
Sonstige Kompetenzen	Platz 7 (0,39)	Platz 7 (0,38)	Platz 7 (0,39)

Delphi-Befragung 1997/98 – Infratest Burke Sozialforschung 1998

Niklas Luhmann und Karl-Eberhard Schorr plädieren dafür, die traditionelle „Kontingenzformel Bildung" durch den Begriff Lernfähigkeit zu ersetzen.
„Die Teilnahme am Unterricht führt zum Lernen des Verhaltens in lernspezifischen Interaktionssystemen, führt im Erfolgsfalle zum Lernen des Lernens und entwickelt somit generell

einsetzbare Lernfähigkeiten. Mit dem Lernen des Lernens beendet der Erziehungsprozess sich selbst, und zwar dadurch, dass er das Lernen auf Dauer stellt." (Luhmann/Schorr 1988, S. 85)

Für die Erwachsenenbildung sind solche Überlegungen nicht neu. Volkshochschulen haben immer schon Seminare über „Techniken geistigen Arbeitens", „Gedächtnistraining" und Ähnliches angeboten.

In der Fachliteratur werden mehrere benachbarte Begriffe verwendet, zum Beispiel

- **reflexives Lernen**
  im Unterschied zu einem nur instrumentellen Lernen)
- **selbstgesteuertes, selbstorganisiertes Lernen**
- **Metakognition**
  (das heißt ein Wissen über Wissensproduktion und Wissenserwerb)
- **Lerntransfer**
  (das heißt die Übertragung des Gelernten auf ähnliche Aufgaben)
- **formale Bildung**
  (im Unterschied zur materialen Bildung)

Die kognitionspsychologische Forschung zu dieser Thematik ist umfangreich, aber vielfach auf spezielle Fragestellungen ausgerichtet und in den Ergebnissen eher uneinheitlich. Wir gehen an dieser Stelle darauf nicht näher ein, sondern verweisen interessierte Leser, die das Thema für sich selbst vertiefen möchten, auf die entsprechende Literatur. (vgl. H. Friedrich, H. Mandl: Analyse und Förderung selbstgesteuerten Lernens; F. Weinert, F.W. Schrader: Lernen lernen als psychologisches Problem: G. Reinmann-Rothmeier, H. Mandl: Lehren im Erwachsenenalter; alle in: F. Weinert, H. Mandl (Hg.): Psychologie der Erwachsenenbildung 1997)

Tendenziell lässt sich die These aufstellen:

Lernfähigkeiten sollten bereichsspezifisch gefördert werden (zum Beispiel für Fremdsprachen, Textinterpretation ...).

Das Training einer allgemeinen Lernfähigkeit ist demgegenüber wenig Erfolg versprechend.

Jedenfalls ist die Förderung von Lernfähigkeit eine wichtige (erwachsenen-)pädagogische Kompetenz.

Erinnert sei an die Konstruktivismusdiskussion: Lehrkräfte sind Beobachter der Seminarwirklichkeit. Sie beobachten Teilnehmerbeiträge und bewerten sie aufgrund von Relevanzkriterien (interessant/uninteressant, zum Thema gehörend / abschweifend etc.)

Wir können Beobachtungen wie folgt unterscheiden:

Die Beobachtung 1. Ordnung richtet sich auf das Was, den Inhalt der Aussagen.

Die Beobachtung 2. Ordnung richtet sich auf das Wie der Wirklichkeitsdeutung. Wie argumentieren die Teilnehmer? Wie beobachten sie die Wirklichkeit? Welche Perspektiven akzeptieren sie ?

Wenn Seminarleiter Beobachtungen 2. Ordnung anstellen, wird erkennbar, warum typische Missverständnisse und Kontroversen entstehen, warum einige permanent „aneinander vorbeireden", warum ein Gedankengang des Seminarleiters von einigen nicht nachvollzogen werden kann, welche „blinden Flecke" in der Gruppe vorhanden sind etc.

Die Beobachtung 2. Ordnung bezieht sich auch auf das Lehrverhalten selber. Warum haben wir als Lehrende Schwierigkeiten, Teilnehmer zu verstehen? Von welcher Selbstreferenz aus argumentieren wir, welches sind unsere „blinden Flecke"? Warum reagieren wir in bestimmten Situationen gereizt und aggressiv? **Introspektion** (das heißt Selbstbeobachtung) und **Supervision** (das heißt Rückmeldung von anderen) fördern eine solche Beobachtung zweiter Ordnung, die es erleichtert, die Lernfähigkeiten von Teilnehmern wahrzunehmen und anzuregen. Dies wiederum macht den Kern einer Lernberatung aus.

Ein Schlüsselbegriff für diese Analyse und Förderung von Lernfähigkeiten ist **Metakognition**. Dieser Begriff enthält mehrere Dimensionen.

4.2 Metakognition

4.2.1 Metakognition als Erkenntniskritik

Metakognition beinhaltet die Selbstvergewisserung der Möglichkeiten und Grenzen unserer Kognition. Wie wirklich ist unsere Wirklichkeit? Wie wahr sind unsere Wahrnehmungen? Worauf stützt sich unser Urteil, wenn wir von anderen behaupten, sie hätten Vorurteile? Woher nehmen wir die Selbstgewissheit und die Legitimation, anderen vorzuschreiben, was sie zu tun und zu lassen haben?

Dies sind klassische Fragen der Erkenntnisphilosophie und der Moralphilosophie.

Aber dies sind auch alltagspraktische Fragen der Bildungsarbeit, die in jeder Veranstaltung eine Rolle spielen.

Der Selbstzweifel gilt auch für Dozentinnen als Vermittler wissenschaftlicher Disziplinen. Auch Naturwissenschaften sind Weltbilder, Modelle von Wirklichkeit, die oft erstaunlich gut funktionieren, die aber dennoch nicht identisch sind mit „der" Wirklichkeit. Die Landkarte ist nicht das Land.

Es geht um praktische Toleranz in Seminaren, aber es geht um mehr: die grundsätzliche Konstruktivität, Relativität und Perspektivität menschlicher Wahrnehmungen und Kognitionen.

Ein Beispiel

Was ist Wasser? Für den Chemiker schlicht H_2O, gechlort, mit x Prozent Salzgehalt. Christenkinder werden in Weihwasser getauft. In Afrika ist sauberes Trinkwasser eine Überlebensnotwendigkeit. Ein Kernkraftwerkbetreiber benötigt Kühlwasser. Den Industriellen interessiert die billige Abwasserentsorgung. Für den Landwirt sind Bäche „Vorfluter". Ein Fluss ist ökologisch tot, wenn Fische nicht mehr überleben. Hölderlin bezeichnet Wasser als „heilignüchtern". Die Stadtwerke berechnen, wie viele Kubikmeter Wasser wir durch Toiletten gespült haben. C.F. Meyer beschreibt einen Brunnen: „Aufsteigt der Strahl..." Der menschliche Körper besteht zu 90 Prozent aus Wasser. Es regnet. Wir schwimmen gerne, etc.

Metakognition heißt: Ernst nehmen, dass der Irrtum ein menschliches Wesensmerkmal ist („errare humanum est ..."), dass Rechthaber gefährlich werden, wenn sie die Menschheit in guter Absicht missionieren wollen. Lernfähigkeit meint also: Mehrperspektivität wahrnehmen, sich für Andersdenkende interessieren, den eigenen Standpunkt als vorläufig, korrigierbar beurteilen, Differenzen in einer Gruppe als anregend registrieren.

Lernfähigkeit ist eine Haltung der Neugier, der Offenheit, des Selbstzweifels.

4.2.2 Metakognition als Lernstilreflexion

Erwachsene lernen unterschiedlich. Die Lernfähigkeit spezialisiert sich im Lauf des Lebens aufgrund von schulischen Sozialisationen, Berufsanforderungen, Lerngewohnheiten etc. Berufstätigkeiten lassen sich grob in drei Gruppen einteilen:

a) Umgang mit Menschen,
b) Umgang mit Schrift,
c) Umgang mit Sachen.

Diese „Umgangsformen" prägen auch die Wirklichkeitsbeobachtungen und Lernstile. Aber es gibt noch viele weitere Faktoren, die beeinflussen, wie wir wahrnehmen, denken, Probleme lösen.

Ein Beispiel

Der Psychologe Dietrich Dörner hat die Vorteile und Nachteile des *„strategischen Denkens in komplexen Situationen"* untersucht. Die Aufgabe der Versuchspersonen bestand darin, Entwicklungshilfe in einem afrikanischen Dorf zu planen und eine Gemeinde in Deutschland ökologisch zu sanieren. Finanzielle Mittel standen ausreichend zur Verfügung. Die Ergebnisse waren ernüchternd. Lineare, kausal-analytische Lösungsverfahren erwiesen sich als eher kontraproduktiv.

„Den Versuchspersonen ist es nicht klar, dass sie mit einem System umgehen, bei dem zwar nicht alles mit allem, aber vieles mit vielem zusammenhängt. Sie betrachten ihre Aufgabe als eine Serie von verschiedenartigen Problemen, die eben eins nach dem anderen gelöst werden müssen. Sie beachten nicht die Fern- und Nebenwirkungen bestimmter Maßnahmen. (...)" (Dörner 1993, S. 127)

Dietrich Dörner empfiehlt, eine **„operative Intelligenz"** zu fördern, das heißt, die Fähigkeit zu unterscheiden, bei welchen Aufgaben welche Lernstile und Lösungstechniken angemessen sind.

„Manchmal ist es notwendig, genau zu analysieren, manchmal sollte man nur grob hingucken. (...) Manchmal sollte man viel Zeit und Energie in die Planung stecken, manchmal sollte man genau dies bleiben lassen. (...) Manchmal sollte man mehr „ganzheitlich", mehr in Bildern denken, manchmal mehr „analytisch" (...)." (Dörner 1993, S. 298)

Förderung der Lernfähigkeit heißt also auch:

a) Wahrnehmung der eigenen Lernstile und Problemlösungsstrategien,
b) Reflexion der Stärken und Schwächen dieser Denk- und Lernstile,
c) Erprobung neuer Stile und Techniken.

Lernstile sind nicht generell gut oder schlecht, sondern je nach Aufgabe und Situation mehr oder weniger brauchbar. Gefordert ist also eine situations- und kontextbezogene Flexibilität des Denkens.

Es gibt Teilnehmer, die immer „alles genau" wissen möchten, die immer noch eine Nachfrage nach Details haben. In solchen Situationen ist zu überlegen: Wann ist es sinnvoll, nach Details zu fragen, wann erschweren solche Details gerade den Blick für Strukturen und Zusammenhänge?

Josef Schrader hat das Lernverhalten in der beruflichen Weiterbildung untersucht und fünf Lerntypen festgestellt.

Im Folgenden drucken wir eine Auswahl aus dem Fragenkatalog ab (Schrader 1994, S. 250 f.)

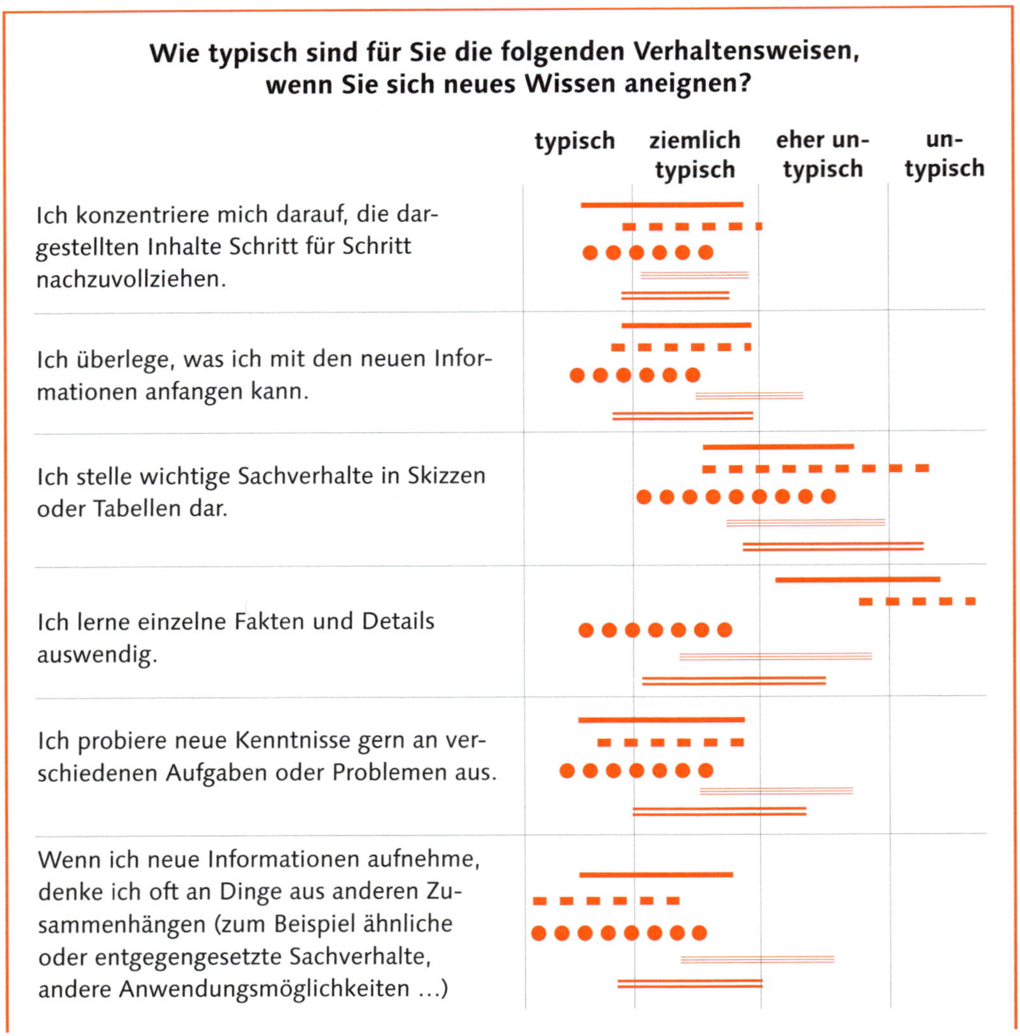

	typisch	ziemlich typisch	eher untypisch	untypisch
Ich stelle mir Fragen, Übungsaufgaben oder Ähnliches, um zu überprüfen, ob ich alles verstanden habe.				
Ich verwende bestimmte Lerntechniken (zum Beispiel „Eselsbrücken", gezieltes Wiederholen …), um mir neue Informationen gut einzuprägen.				

	sehr oft	oft	manchmal	selten	nie
Ich verschaffe mir zuerst Überblick über den Text (Vorwort, Inhaltsverzeichnis, Überschriften …).					
Ich überlege mir vorher, worauf ich beim Lesen achten will.					
Ich unterstreiche wichtige Stellen im Text.					
Ich halte beim Lesen regelmäßig kurz inne und denke darüber nach, was ich gelesen habe.					
Ich schreibe wichtige Textstellen heraus.					
Ich versuche, die wesentlichen Aussagen herauszufinden.					
Ich spreche mit anderen über den Inhalt des Textes.					

4.2.3 Metakognitive Lernstrategien

Eine Unterscheidung von Lerntypen haben Hans Tietgens und Johannes Weinberg bereits 1971 vorgeschlagen:

Typ A ist das imitative, additiv-kasuistische Lernen

Dieses Lernen *„erfolgt schrittweise, ohne eine Möglichkeit der Übertragbarkeit ins Auge zu fassen. Das Lernen bleibt im Konkreten, ohne Zusammengehöriges und Unvereinbares zu erkennen. (...) Die Wissensaneignung steht unter dem Druck, dass man etwas sofort, genau und für einen bestimmten Zweck wissen möchte. (...) Man lernt, was etwas ist, aber nicht, was es bedeutet. (...)"* (Tietgens/Weinberg 1971, S. 86)

Typ B ist das strukturierende, Sinn vorwegnehmende Lernen

„Seine Eigenart besteht darin, dass es noch nicht Verstandenes aufbewahren kann. (...) Mit dem Lernen von Daten werden diese zugleich auch in Bezugsrahmen geordnet. (...) Diese Art des Lernens (...) kann damit aus der Abhängigkeit von unmittelbar Erlebtem befreien, Wege eines erprobenden Denkens eröffnen, Ereignisse in ihrer komplexen Bedingtheit erkennen, Relationen entdecken. (...) Es erleichtert den Transfer, weil es zu einem Eindringen in die Probleme führt (...), weil es Strukturen erkennen kann (...)." (Tietgens/Weinberg 1971, S. 87 f.)

Hans Tietgens und Johannes Weinberg lassen keinen Zweifel daran, dass dieser „strukturierende" Typ der wünschenswerte ist.

In der lernpsychologischen Literatur wird der Begriff der metakognitiven Kontrollstrategien verwendet. (vgl. Weinert/Mandl 1997, S. 249 ff. und S. 308 ff.) Dabei lassen sich drei Bereiche unterscheiden:

a) aufgabenbezogene Metakognition

Damit ist die Fähigkeit gemeint, die Anforderungen, die Komplexität, den Schwierigkeitsgrad von Lernaufgaben abschätzen zu können. Dazu gehört auch, die **Problemtiefe** eines Themas zu beurteilen.

Ein Merkmal unserer Wissensgesellschaft ist das Halbwissen, das als solches nicht mehr erkannt wird. Dabei ist nicht das Halbwissen selber das Problem, sondern der unreflektierte Umgang damit.

Wir alle sind in fast allen Bereichen Halbwissende. Wir verfügen über ein paar Informationen, Begriffe, Schlagwörter, die wir zu einem Deutungsmuster verknüpfen. Wir glauben, über fast alles mitreden zu können, und zwar meist nicht vorsichtig fragend, sondern apodiktisch so, als wüssten wir Bescheid. Aufgabenbezogenes Metawissen bezieht sich auf die Komplexität, das Anspruchsniveau, die kognitiven Anforderungen, die Zeit, die zur Einarbeitung nötig ist, auch die Verwendungszwecke, die berufliche oder alltagspraktische Verwertbarkeit. Wichtig ist dabei der Unterschied zwischen einem bloßen Wissen und dem begreifenden Verstehen des Sinns und der Bedeutung.

„Verstehensfördernde Aktivitäten, zum Beispiel das Schreiben einer Zusammenfassung, die Analyse der rhetorischen Struktur eines Textes, die Abbildung der wichtigsten Ideen eines Sachgebietes in einem Mindmap, ergeben aber erst dann einen Sinn, wenn man davon überzeugt ist, dass sie etwas mit Verstehen zu tun haben.“ (Friedrich/Mandl in: Weinert/Mandl 1997, S. 248) Verstanden hat man nur dann etwas, wenn man darüber nachgedacht hat.

b) Selbstbezogene Metakognition
Gemeint ist damit die selbstkritische Einschätzung der eigenen kognitiven Fähigkeiten und Voraussetzungen. Dazu gehört eine nüchterne Stärken-Schwächen-Analyse.

- *Habe ich genügend Geduld und Ausdauer, um eine neue Fremdsprache zu erlernen?*
- *Was ist mir bisher beim Erlernen einer Fremdsprache schwer-/leichtgefallen?*
- *Wie perfekt will oder muss ich die Sprache beherrschen?*
- *Habe ich ein „Gefühl“ für Sprachen?*
- *Macht es mir Spaß, Vokabeln zu lernen?*
- *Lerne ich lieber in einer Gruppe oder alleine?*
- *Wie ernsthaft interessieren mich das Land und die Menschen?*

Auch das **Selbstkonzept** sollte in diese Reflexion einbezogen werden. Einige Erwachsene neigen zur Überschätzung ihrer kognitiven Ressourcen, andere unterschätzen ihre Lernfähigkeiten.

Um selbstgesteuertes Lernen zu fördern, sind entsprechende didaktische Arrangements hilfreich. F. Weinert und F. Schrader empfehlen drei pädagogisch-psychologische Strategien für Lehrende:

→ *„Versuche, viele spezielle metakognitive Kenntnisse und Fertigkeiten zu vermitteln und nicht eine allgemeine Fähigkeit des ‚Lernen lernens‘ zu fördern.*
→ *Konzentriere dich dabei stärker auf die Lernprozesse als auf die Lernergebnisse.*
→ *Vermittle Strategien und Metastrategien des Lernens nicht in Form separater Kurse über ‚Lernen lernen‘, sondern in Verbindung mit der Erarbeitung wichtiger Lerninhalte.“* (Weinert/Schrader in: Weinert/Mandl 1997, S. 314)

Zur Metakognition gehört auch eine Reflexion der Emotionen
- *Fühle ich mich bei Lernaufgaben schnell gestresst und überfordert?*
- *Welche Lernaufgaben machen mir Spaß?*
- *Verfüge ich über Geduld und Ausdauer beim Lernen?*
- *Motivieren mich schwierige Aufgaben oder resigniere ich schnell?*
- *Steigert Weiterbildung mein persönliches Wohlbefinden?*

c) Metakognitive Lernorganisation

Lernen will organisiert sein. Anregende Lernumwelten können gestaltet werden. Dabei muss jeder selber entdecken, welche Lernumgebung für ihn günstig ist.

Zu den **Lernwelten** gehören

- die Zeit („Wann lerne ich am besten?"),
- die Räumlichkeit („Wo lerne ich am besten?"),
- der Hintergrund (zum Beispiel Barockmusik),
- visuelle Impulse (wer zum Beispiel Französisch lernt, kann sich ein „französisches Umfeld" schaffen durch Poster, Karikaturen, Speisekarten etc.).

Zur **Lernorganisation** gehört auch eine Planung der Lernschritte, zum Beispiel der Aufbau des Lernens

- vom Leichten zum Schwierigen,
- vom Allgemeinen zum Besonderen (oder umgekehrt),
- vom Bekannten zum Unbekannten.

Die Gestaltung von Lernumgebungen ist eine wichtige Voraussetzung für selbst gesteuertes Lernen. Dazu gehören auch die Planung von Gesprächen mit Freunden oder Experten, die Erprobung des Gelernten in Verwendungssituationen. Hilfreich ist eine kontinuierliche Lernberatung, die auf Literatur und Lernmaterialien aufmerksam macht, aber auch auf mögliche Irrwege und „Untiefen". Anregend ist es auch, Bekannte/Kollegen zu beobachten und zu befragen, wie sie ihren Lernprozess organisieren, welche Lerntechniken sie anwenden.

4.3 Metakognition gegen Informationsstress

Wir leben in einer Informationsgesellschaft. Rund um die Uhr werden wir mit – erwünschten oder unerwünschten – Informationen konfrontiert. Der Durchschnittsbürger verbringt immer mehr Zeit damit, Informationen zur Kenntnis zu nehmen.

„Die Informationsmedien sind allgegenwärtig, unser Alltag ist „getränkt" von Information. Radio, Zeitungen und Zeitschriften, Telefone und Handys, Fernsehen, Videorecorder und Satellitenschüssel, Internet und E-Mail, Navigations- und Orientierungssysteme, Werbebotschaften und Plakate verbreiten unablässig ihre Nachrichten und Botschaften." (Ernst 1998, S. 7)

Hinzu kommt die Explosion des Berufswissens. Beispielsweise verdoppelt sich das verfügbare medizinische Wissen alle vier Jahre.

Zum Beispiel:
Was als Fortschritt für die Gesundheit interpretiert werden kann, verursacht bei dem überlasteten Allgemeinmediziner Stress. Einige versuchen, auf dem Laufenden zu bleiben, andere haben bereits resigniert, aber oft mit schlechtem Gewissen.

Der Chefredakteur des FOCUS wirbt im Fernsehen mit dem Slogan „Fakten, Fakten, Fakten". Doch mit der Vervielfachung der Fakten kann die Speicher- und Verarbeitungskapazität unseres Gehirns nicht Schritt halten. **Überinformation produziert Stress, gepaart mit der ständigen Angst, etwas Wichtiges zu versäumen.** Kopfschmerzen, Bluthochdruck, Verdauungsstörungen, Nervosität, Konzentrationsschwächen bis hin zu Magenbeschwerden sind häufig die Folge.

„Die Nachrichtenagentur Reuter hat weltweit 1.300 Geschäftsleute aus unterschiedlichen Branchen und unterschiedlichen Alters über ihren Umgang mit Informationen befragt. Zwei Drittel aller Befragten klagen danach über „Infostress", weil sie täglich einem Übermaß an Informationen ausgesetzt sind. (...) Über vierzig Prozent geben an, dass ‚exzessive Informationen' wichtige Entscheidungen verzögern und die Entscheidungsfähigkeit ernsthaft beeinträchtigen." (Ernst 1998, S. 8)

Mit der Quantität der gespeicherten Informationen steigt keineswegs immer das Wissen oder gar die Urteilsfähigkeit. Zu viele Informationen irritieren und verwirren oft, sie verdecken den Blick für das Wesentliche, für Strukturen und Zusammenhänge. „Man sieht den Wald vor lauter Bäumen nicht." Menschen mit Informationen zu überschütten, kann – zum Beispiel in der Politik – eine gezielte Strategie der Desorientierung und Entmündigung sein. Mit der Informationsflut bleibt der „gesunde Menschenverstand" häufig auf der Strecke.

„Wer nicht weiß, was er wissen will oder wissen kann, erlebt die mediale Infoflut als „weißes Rauschen" – der Sinn von einzelnen Signalen und Zeichen verschwindet allmählich im Hintergrundgeräusch." (Ernst 1998, S. 7)

Angesichts dieses Dilemmas – zu viel und gleichzeitig zu wenig zu wissen – empfehlen einige Kommunikationswissenschaftler eine **Ökologie der Informationsgesellschaft**, um Gefährdungen durch Überinformation, Verunsicherung und Informationsmüll entgegenzuwirken. Informationsüberfluss kann zu einer modernen Variante der Umweltverschmutzung werden.

Was ist zu tun?

- Einige Autoren plädieren für eine bewusste Askese, eine kluge **Selbstbeschränkung**. Dazu kann eine gezielte Veränderung unserer Fernsehgewohnheiten gehören, zum Beispiel das Gerät nur dann einzuschalten, wenn man eine Sendung tatsächlich sehen will. Oder einen erholsamen Urlaub ohne Handy und Fernsehen planen.

- Zu empfehlen sind auch sinnvolle **Entschleunigungs- und Konzentrationsübungen**. Konzentrationsstörungen und Aufmerksamkeitsdefizite werden zu Zivilisationskrankheiten. Wir müssen wieder lernen, uns auf einen Text – einen wissenschaftlichen Aufsatz, ein Gespräch, ein Gedicht – zu konzentrieren, langsam, also Satz für Satz, Wort für Wort zu lesen und zu verstehen versuchen.
  Viele von uns sind – notwendigerweise – Experten für „diagonales Lesen", für „Durchblättern" geworden. Wir sind dabei zu verlernen, eine Argumentation gedanklich nachzuvollziehen. Es gibt bereits Anzeichen für eine „Lähmung der Analysefähigkeit".
- Eine pädagogische Aufgabe ist es, einen bewussten Umgang mit Informationsfülle und Wissensdefiziten zu fördern. Der **„Blick für das Wesentliche" ist eine Schlüsselqualifikation**. Dieser „Blick" kann geübt werden – zum Beispiel durch die Verarbeitung von Texten und Nachrichten. Es kann gelernt werden zu unterscheiden: Wann muss ich etwas genau und mit Details wissen und wann lenken zu viele Einzelheiten vom Wesentlichen ab? Politische Fernsehdiskussionen sind ein ergiebiges Übungsfeld für diese Analysefähigkeit. Der Blick für Schlüsselbegriffe, Schlüsselprobleme, Schlüsselperspektiven eines Fachgebiets kann geschärft werden. Gleichzeitig ist zu lernen, dass Informationen kontextabhängig sind. In bestimmten Situationen und für bestimmte Zwecke ist es wichtig, mehr oder weniger Informationen zu verarbeiten.
  In vielen Fällen ist eine **Komplexitätsreduktion** erforderlich, um urteilen und handeln zu können. In anderen Fällen ist aber eine **Komplexitätssteigerung** notwendig, um nicht vorschnell zu urteilen und zu entscheiden. Es gilt, „Filter" im Kopf zu entwickeln für Wesentliches.
  „Werden Sie Ihr eigener Redakteur: Lernen Sie sich auf das Wesentliche einer Information zu konzentrieren. Sortieren Sie alles aus, was Ihre kostbare Zeit auffrisst und nichts wirklich Neues oder Wichtiges enthält." (Ernst 1998, S.10)
- Auch bei den Informationsmedien ist eine Kompetenz der Technikfolgenabschätzung wünschenswert. Vor der Anschaffung eines neues Geräts ist zu prüfen: Wie groß ist der Nutzen, wie viel Zeit nimmt das Gerät in Anspruch, welche Nebenfolgen sind denkbar?

Und noch ein sehr praktisches Beispiel

In unserem Institut haben wir ein leicht zugängliches Kopiergerät wieder abgeschafft, und zwar nicht nur wegen des Papierverbrauchs und der Kosten. Es stellte sich heraus, dass mehr und mehr kopiert wurde anstatt zu lesen. Zeitschriftenaufsätze wurden kaum noch gelesen, um daraufhin zu entscheiden, was wissenswert und wichtig ist, sondern aufgrund des Titels oder Autors wurden Aufsätze gleichsam prophylaktisch kopiert, abgeheftet, dann vergessen und irgendwann ungelesen „entsorgt". Das Kopiergerät trug also dazu bei, dass wir uns immer weniger mit wissenschaftlicher Literatur auseinandersetzten.

4.4 Gibt es „gute Lehre"?

Niemand wird diese Frage verneinen. Wir alle erinnern uns an gute und schlechte Lehrer. Doch über welche „Gütemerkmale" verfügte der gute Lehrer? Vielleicht war er uns „nur" sympathisch. Aber was machte ihn sympathisch? Sicherlich empfinden viele von uns autoritäre Lehrer als unsympathisch. Doch sind antiautoritäre Lehrer deshalb „gute Lehrer"? Und ist die „Güte" der Lehre themenabhängig?

Ein Beispiel

Ein Musikprofessor leitete seit Jahren einen Seminarkurs zur Musikgeschichte. Sein Lehrverhalten verstieß gegen nahezu alle Regeln didaktischer Kunst. Er dozierte ununterbrochen, reagierte unwillig auf Zwischenfragen, unterbrach Teilnehmerbeiträge, ließ andere Meinungen nicht gelten etc. Und doch war seine „Fangemeinde" begeistert und wies Kritik an seinem Lehrstil empört zurück. Kann eine solche Zufriedenheit ausschließlicher Maßstab für die Qualität der Lehre sein? Andererseits: Auch unsere Meinung über gute Lehre ist nur ein Diskussionsbeitrag, eine Anregung.

10 Kriterien für eine gute Lehre

1. **Eine gute Lehre stellt eine Balance zwischen Psychologik, Sachlogik und Handlungslogik her.**

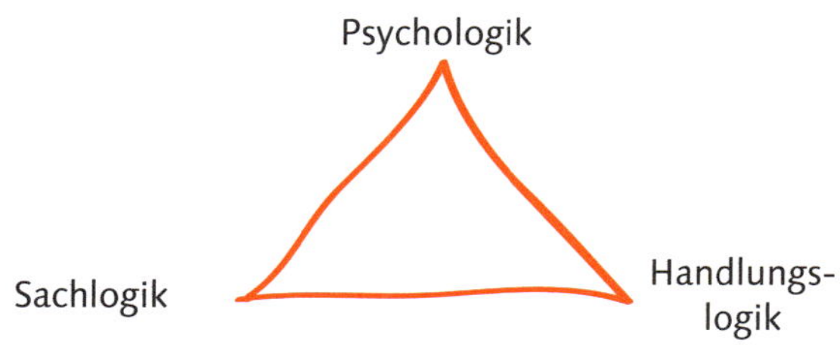

Die **Psychologik** spiegelt die Subjektivität von Wirklichkeiten. Auch Lerninhalte sind Konstrukte und nicht lediglich Abbildungen von „Fächern".

Die **Sachlogik** ergibt sich aus der Struktur der (Wissenschafts-)Disziplin. Sachlogische Prinzipien und Gesetzmäßigkeiten müssen „begriffen" werden.

Die **Handlungslogik** verweist auf die Erfordernisse der Verwendungssituationen, die Logik erfolgreichen Handelns. Wer die Technik seines Autos genau kennt, muss deshalb kein guter Autofahrer sein.

2.	**Eine gute Lehre beschränkt die Wissensvermittlung auf das Notwendigste.**	Der „Lerneffekt" des vermittelten Wissens wird meistens überschätzt. Wünschenswert ist eine planmäßige, „didaktische Reduktion" des Fachwissens auf wesentliche Schlüsselbegriffe, Grundeinsichten, Fragestellungen, exemplarische Beispiele, Kontroversen. Eine didaktische Kunst besteht in der Beschränkung und Zurückhaltung der Lehrenden. So neigen viele von uns dazu, Teilnehmerfragen zu schnell und ausführlich zu beantworten, anstatt Zeit zum Selberdenken zu lassen.
3.	**Eine gute Lehre ist teilnehmerorientiert.**	Sie ermutigt die Teilnehmer/innen, ihre Interessen und Vorkenntnisse zur Sprache zu bringen, zu fragen, wenn etwas nicht verstanden wurde, Lösungen selber zu entdecken, Gedanken probeweise zu äußern, „Fehler" zu machen etc. Zur Teilnehmerorientierung gehört eine Haltung der Sympathie, ein Interesse für andere Weltbilder, eine Einstellung der Ermutigung und Unterstützung. Teilnehmerorientierung hat also eine ethische Grundlage.
4.	**Gute Lehre respektiert die „Driftzonen" (Edmund Kösel) der Teilnehmenden.**	Driftzonen sind die kognitiven, semantischen, emotionalen „Bandbreiten", innerhalb derer neues Wissen, neue Perspektiven, neue Lernanforderungen „anschlussfähig" sind. Lernen erfolgt strukturdeterminiert, das heißt Wissensinhalte, die außerhalb dieser Strukturen angesiedelt sind, können nicht ohne Weiteres verarbeitet werden.
5.	**Gute Lehre bietet Teilnehmerhilfen an.**	Zwar ist der Transfer des Lerninhalts eine aktive Leistung eines jeden Einzelnen. Aber solche Übertragungen in die Praxis können im Seminar angeregt werden durch Beispiele, praktische Übungen, Rollenspiele, Beobachtungsaufgaben etc.
6.	**Gute Lehre fördert die Lernfähigkeit.**	Dazu gehören Phasen des reflexiven Lernens und der Metakognition, die Vermittlung von Lernstrategien und Lernhilfen, Hinweise auf weiterführende Literatur und Vertiefungen. Dabei geht es weniger um ein inhaltsneutrales Lern- und Gedächtnistraining, sondern um bereichsspezifische Lerntechniken.

7.	**Gute Lehre ist abwechslungsreich und humorvoll.**	Nichts ist ermüdender als langweiliger, eintöniger Unterricht. Ein Seminar benötigt eine Dramaturgie, das heißt Höhepunkte, Verdichtungen, Spannungen, „entschleunigte" Phasen, Witz und Humor. Überraschungen – zum Beispiel durch „Querdenker" – sollten möglichst nicht als Störungen registriert werden, sondern in Anregungen umgewandelt werden.
8.	**Gute Lehre fördert Perspektivenvielfalt.**	Zur Perspektivenvielfalt gehört dreierlei: a) Perspektiven der Lernenden unterscheiden sich je nach lebensgeschichtlichen Erfahrungen, Interessen, sozialer Lage etc. b) Komplexe (ökologische, politische, soziale) Aufgaben und Konflikte erfordern unterschiedliche Beobachtungsperspektiven und Deutungen. c) Eine Fachdisziplin bietet nur eine Wirklichkeitsbeobachtung an, die meist weder die einzig mögliche noch die einzig brauchbare ist. Der populäre Vorwurf der Fachidiotie meint eine Blindheit für andere Sichtweisen.
9.	**Zur guten Lehre gehört Gelassenheit.**	Gelassenheit, das heißt (auch) Zurückhaltung, die Bereitschaft und Fähigkeit zuzuhören, andere Deutungen zuzulassen, auf vorschnelle Antworten zu verzichten etc. Gelassenheit meint nicht Laissez-faire, sondern Aufmerksamkeit. Gelassenheit erfordert Verantwortung für die eigene Lehre, nicht aber eine Zuständigkeit für alle und alles.
10.	**Gute Lehre erfordert Offenheit für Kritik.**	Kritik an dem eigenen Lehrverhalten kann hilfreich und anregend sein. Wer zur Kritik auffordert, muss das Risiko von Kränkungen einkalkulieren. Nicht jede Kritik ist für den Kritisierten nachvollziehbar. Doch dann beleidigt zu sein, ist ein Zeichen für mangelnde professionelle Gelassenheit.

5 Schlüsselsituationen

5.1 Übergangssituationen

Karlheinz Geißler hat sein Buch „Lernprozesse steuern“ mit dem Untertitel versehen „Übergänge: zwischen Willkommen und Abschied“. Übergänge im Leben sind „Schaltstellen“, die besondere Aufmerksamkeit und Neuorientierungen verlangen. In diesen sensiblen Phasen entscheidet sich oft, wie die weitere Entwicklung verläuft. Übergänge sind „kritische Lebensereignisse“, da hier Entscheidungen getroffen werden, die Weichenstellungen sind. Das gilt auch für die Erwachsenenbildung.

Übergang Seminarbeginn

In der ersten Stunde eines neuen Seminars werden die Spielregeln für den Seminarverlauf geklärt. Vor allem in Seminaren, die keine Fortsetzungskurse sind, sondern die neu beginnen, in denen die meisten Teilnehmer/innen sich noch unbekannt sind, und auch die Lehrenden nicht kennen, ist die Unsicherheit groß. Für alle Beteiligten ist noch unklar, wie die Gruppe strukturiert ist, welche Rolle sie in der Gruppe einnehmen, ob sie von anderen akzeptiert werden, wie man miteinander redet, was die anderen wissen und wie hoch ihr Anspruchsniveau ist, wie „streng“ der Seminarleiter ist und was er erwartet, ob man zu den „Besseren“ oder „Schwächeren“ gehören wird.

Viele gewohnte Rollen und Verhaltensregeln – zum Beispiel als Familienvater, als Vorgesetzter im Betrieb, als Vereinsvorsitzender – sind außer Kraft gesetzt. Wie beim Start eines Hundert-Meter-Laufs befinden sich scheinbar alle in der gleichen Ausgangsposition.

Die Seminarleitung gibt das Startzeichen, sie erläutert die Spielregeln, sie setzt „Zeichen“ – durch ihr „Outfit“, ihr Auftreten, ihren Umgangston, ihre Begrüßung, etc. Angenommen, der Seminarleiter ist promoviert und der erste Teilnehmer redet ihn mit „Herr Doktor“ an, so hat es eine Signalfunktion, ob er diese Anrede akzeptiert oder – freundlich – korrigiert.

Die Eingangsrituale und Kennenlernmethoden sollen hier nicht dargestellt werden. Es sollte genügend Zeit für die „Anwärmphase“ sein, in der alle Beteiligten voneinander erfahren, was für eine gemeinsame, erfolgreiche Seminararbeit wichtig ist, in der auch organisatorische Vereinbarungen getroffen werden (zum Beispiel Anmeldeformalitäten, Teilnahmelisten, Literatur, Raucherpausen etc.). Es kann hilfreich sein, die Teilnehmer/innen vor Seminarbeginn persönlich anzuschreiben und um Angaben zur Person, zur Berufstätigkeit, zu thematischen Interessen und Ähnlichem zu bitten.

Anfangssituationen

In Abendkursen ist jeder Kursabend ein Neubeginn. Die Teilnehmer/innen kommen „von der Arbeit" oder aus dem familiären Alltag. Wenn sie den Seminarraum betreten, haben sie noch Gedanken des Tages im Kopf, viele haben „den Kopf noch nicht frei" für das Seminarthema, sie sind mental noch nicht angekommen.

So empfiehlt sich zu Beginn eine Besinnungspause. Die Teilnehmer/innen werden gebeten, sich an das Thema der letzten Sitzung zu erinnern, ihre Notizen durchzulesen, gegebenenfalls offene Fragen zu formulieren, etc.

In jeder Seminarsitzung muss die „Anschlussfähigkeit" des neuen Lerninhalts vorbereitet werden. Die Zeit des Rückblicks und des Ausblicks auf das, was geplant ist, ist keine verlorene Zeit (zumal ohnehin die „Denkpausen" in den meisten Seminaren zu kurz kommen).

Übergänge der Arbeitsformen

Häufig werden Teilnehmer/innen orientierungslos in Kleingruppenarbeit „geschickt". Sie wissen oft nicht genau, warum jetzt Gruppenarbeit sinnvoll ist, was sie in den Gruppen diskutieren sollen, worüber sie anschließend berichten sollen. Die Arbeitsgruppenberichte im Plenum sind oft langweilig und unergiebig. Deshalb sind eindeutige Vorgaben wünschenswert, zum Beispiel:

- *„Tragen Sie die Ergebnisse in höchstens fünf Thesen vor."*
- *„Formulieren Sie eine zentrale Frage aus Ihrer Diskussion."*
- *„Stellen Sie den Diskussionsverlauf auf einer Wandzeitung dar."*
- *„ Erstellen Sie in der Gruppe eine gemeinsame, ‚kognitive Landkarte' zu dem Thema."*
- *„Benennen Sie die strittigen Punkte."*

Wenn innerhalb eines Seminars ein Gastreferent eingeladen, eine Exkursion durchgeführt, ein Film gezeigt wird, erfordern die Einleitungen besondere Aufmerksamkeit.

- Ist allen Teilnehmern klar, warum an dieser Stelle des Seminars ein Referent eingeladen wird?
- Was ist von dem Referenten zu erwarten, welche Position vertritt er?
- Welche Fragen lassen sich an den Referenten stellen, wofür ist er nicht zuständig?

Und andererseits: Ist der Referent ausreichend informiert über den Kenntnisstand und die Fragestellungen der Gruppe, über den bisherigen Seminarverlauf? Wie lässt sich eine Über- oder Unterforderung der Teilnehmer vermeiden? Wie können die Teilnehmer zur aktiven Mitarbeit ermuntert werden?

Übergang Metakommunikation

Metakommunikative Phasen unterbrechen den gewohnten Seminarverlauf. Die Gruppe zieht eine Zwischenbilanz, sie vergewissert sich der bisherigen Lernschritte, des Erreichten und des Nicht-Erreichten, der „Highlights“, der Lernbarrieren und Störungen.

Reflektiert wird auch die sozialemotionale Atmosphäre in der Gruppe: Arbeitet die Gruppe kooperativ oder kommt es zu unnötigen Reibungsverlusten und Positionsbehauptungen? Was sollte im weiteren Seminarverlauf geändert werden?

Manche Seminarleiter führen regelmäßig metakommunikative Reflexionen durch, andere bei aktuellen Anlässen, zum Beispiel bei „Ermüdungserscheinungen“ oder bei Konflikten und bei Unzufriedenheit.

Beliebte Methoden einer Metakommunikation sind

- **Blitzlicht** (Jeder teilt in einem Satz seine momentane Stimmung mit.)
- **Kartenabfrage** (Auf grüne Karten werden positive Rückmeldungen, auf rote Karten kritische Stichworte notiert.)
- **Stimmungsbarometer** (Zu den Kriterien „Lernfortschritt“ und „Wohlbefinden“ werden Punkte auf einer Skala vergeben.)
- **Satzergänzungsbefragung** („Mir hat bisher gefallen ... /missfallen ...“.)

Ein solcher Wechsel von der Inhaltsebene zur reflexiven Metaebene dient dazu, kognitive und emotionale Störungen zu bereinigen und den weiteren Seminarverlauf zu optimieren. Dabei ist es wünschenswert, dass die Seminarleitung auch das eigene Verhalten kritisch reflektiert und dass Vereinbarungen für die nächsten Lernschritte getroffen werden. So fördern reflexive Phasen generell die Lernfähigkeit und die Sensibilität für soziales Lernen.

Übergang Seminarabschluss

Am Schluss eines Seminars wird häufig eine „Manöverkritik“ durchgeführt. Allerdings lassen sich dann Verbesserungsvorschläge nicht mehr für das Seminar nutzen. Außerdem wird ein Seminar am Schluss meist freundlich-wohlwollend beurteilt.

Neben dem Seminarrückblick und dem Feedback für die Seminarleitung hat die Schlussphase weitere Funktionen:

a) **Anregungen zur selbstständigen Fortsetzung des Lernprozesses**, zum Beispiel durch Literatur- und Medienhinweise, Hinweise auf weiterführende Seminare, unter Umständen Vereinbarung informeller Treffen der Seminarteilnehmer.

b) **Selbstevaluation**, das heißt Feststellung und Bewertung der eigenen Lernfortschritte und Horizonterweiterungen.

c) **Transfersicherung**, das heißt Vorschläge zur Anwendung des Gelernten in Praxissituationen, unter Umständen Vereinbarung von „Follow-up-Treffen“, von Projekten und Arbeitsaufträgen.

5.2 Kritische Situationen

Unerwartete „kritische Situationen“ (critical incidents) gehören zur Normalität der Bildungsarbeit mit Erwachsenen. Solche Situationen erzählt man Freunden, an sie erinnert man sich später noch. Oft verändert sich die Wahrnehmung: Man schmunzelt rückblickend über etwas, das damals als ärgerlich empfunden wurde.

Generell ist „Störung“ eine Deutung. Ein Teilnehmerverhalten, das von dem Kursleiter als störend registriert wird, ist für den Teilnehmer durchaus produktiv. Auch die Gruppe beurteilt den „Störfall“ oft anders als die Kursleitung. So empfindet sich ein Seminarleiter selber kaum als „störend“, was aber aus Sicht von Teilnehmer(n)innen häufig ist. „Störung“ ist eine Interpretation, ein Konstrukt. Ein Verhalten, das der Kursleiter X als störend wahrnimmt, ist für Kursleiter Y kein Problem. Trotz dieser Relativierungen seien einige typische „Fälle“ skizziert, in denen die Seminarleitung handeln muss.

15 Anregungen für den Umgang mit Störungen

1. **Eine Teilnehmerin beruft sich auf den Ankündigungstext.**

Eine Einrichtung bietet ein Wochenendseminar an mit dem Titel *„Über den richtigen Umgang mit Geld“* (Gebühr: 135 Euro), in dem Text heißt es unter anderem: *„Es werden auch Strategien zur Renditeoptimierung vorgestellt.“* Die Teilnehmerinteressen konzentrieren sich mehrheitlich auf andere Fragen. Eine Teilnehmerin beschwert sich am Schluss, sie sei vor allem wegen der angekündigten Information über die Renditeoptimierung gekommen.

Was würden Sie tun?

- Der Einrichtung vorschlagen, der Teilnehmerin die Teilnehmergebühr zurückzuzahlen.
- Der Teilnehmerin ein zusätzliches Gespräch über ihr Thema anbieten.
- Darauf hinweisen, dass die Mehrheit der Gruppe entscheidet.

2. **Ein Teilnehmer ist unerwünscht.**

Angeboten wird ein Seminar *„Shaolin Quan – Fitness für Körper und Geist“*. Im Text heißt es: *„Shaolin Quan eignet sich besonders für Frauen.“* Es kommen vierzehn Frauen und ein Mann. Die Frauen sind der Meinung, dass der Mann fehl am Platz sei, zumal gemeinsame Körperübungen geplant seien. Der Mann weist darauf hin, dass das Seminar nicht als geschlossenes Frauenseminar angekündigt worden sei.

		Was ist zu tun? Juristisch ist der Mann im Recht. Beharrt er darauf, sollte es dennoch gelingen, ihn zu überzeugen, dass seine Teilnahme unpassend ist.
3.	**Ein Teilnehmer spielt nicht mit.**	Eine Kursleiterin schlägt zu Beginn eines Seminars ein Kennenlernspiel vor: Alle sollen aufstehen, sich im Kreis bewegen. Fin Teilnehmer weigert sich. Er halte solche Spiele für albern und nicht erwachsenengemäß. **Was würden Sie tun?** • Die Weigerung kommentarlos akzeptieren. • Dem Teilnehmer nahelegen, das Seminar zu verlassen. • Mit der Gruppe über den Sinn von Kennenlernspielen diskutieren.
4.	**Ein Gastreferent verspätet sich oder kommt gar nicht.**	**Was ist zu tun?** • Die Anwesenden nachhause schicken. • Kleingruppen bilden, Fragen zum Thema an den Referenten formulieren. Falls er nicht kommt, Fragen auch selbst klären. • Gemeinsam eine Zwischenbilanz zum bisherigen Seminarverlauf ziehen.
5.	**Ein Teilnehmer ist überdurchschnittlich kompetent. Gelegentlich korrigiert er den Kursleiter.**	Der Kursleiter gerät zunehmend unter Druck. **Was ist zu tun?** • Den „Experten" bitten, selber ein Referat zu übernehmen, gegebenenfalls ihn auch dafür zu honorieren. • Den „Experten" zu einem Bier einladen und mit ihm die Situation besprechen.
6.	**In einem Fremdsprachenkurs ist ein Teilnehmer offensichtlich überfordert.**	Er meldet sich aber immer wieder und nimmt viel Zeit in Anspruch. Die Gruppe wird zunehmend ungeduldig. **Was ist zu tun?** • Die Kursleiterin legt ihm in der Pause nahe, in einen Anfängerkurs zu wechseln. • Sie weist seine Verständnisfragen zurück mit dem Hinweis, er solle das zuhause in Ruhe nachlesen. • Sie führt einen Leistungstest durch mit der Begründung, eine leistungshomogene Gruppe zu bilden.
7.	**Ein Teilnehmer meldet sich häufig, redet lange, verklausuliert und für die Gruppe unverständlich.**	**Was ist zu tun?** • Der Kursleiter ignoriert seine Wortmeldungen. • Er bittet ihn, sich kurz zu fassen. • Er vereinbart Regeln für die Gruppe, z.B.: kein Beitrag länger als eine Minute, Anspruch auf gleiche Redeanteile etc.

8.	**Ein Teilnehmer ist demonstrativ desinteressiert.**	Er macht sich keine Notizen, ignoriert die verteilten Texte, blickt aus dem Fenster. **Was ist zu tun?** • Ihn ignorieren. • Ihn bitten, nicht mehr teilzunehmen. • Allgemein über störende Verhaltensweisen sprechen.
9.	**Ein Teilnehmer sieht ungepflegt aus und riecht „streng".**	Niemand will neben ihm sitzen oder in einer Kleingruppe mit ihm zusammenarbeiten. **Was ist zu tun?** Wir wissen es auch nicht – dafür gibt es kein pauschales Rezept.
10.	**Die Gruppe ist passiv.**	Nur wenige beteiligen sich. Die Mehrheit schweigt. **Was ist zu tun?** • Mehr selber referieren. • Metakommunikation anregen: Blitzlicht, Vorschläge auf Metaplan-Karten, offene Plenumsdiskussion. • Teilnehmer aufrufen.
11.	**Der Dropout (Kursabbruch) ist nach dem dritten Abend übermäßig hoch.**	**Was ist zu tun?** • Die Teilnehmer/innen telefonisch nach den Gründen ihrer Abwesenheit befragen. • Mit der Gruppe die mögliche Unzufriedenheit erörtern. • Das Problem mit der Leitung der Einrichtung besprechen.
12.	**Ein kleiner literarischer Arbeitskreis. Eine Teilnehmerin kritisiert den ungemütlichen Raum (Schulklassenraum).**	Sie schlägt vor, sich in ihrer Wohnung zu treffen. Die anderen Teilnehmerinnen begrüßen den Vorschlag. **Was ist zu berücksichtigen?** • Rechtliche Probleme, zum Beispiel Versicherung. • Lenkt die private Atmosphäre von der Thematik ab? • Ist das Seminar noch „öffentlich zugänglich"?
13.	**Der Seminarleiter regt eine anonyme, schriftliche Evaluation an. Eine Rückmeldung ist ausschließlich negativ.**	Der Seminarleiter habe die Bedürfnisse der Gruppe ignoriert. Der Seminarleiter empfindet diese Kritik als ungerechtfertigt und ist verärgert. **Welche Konsequenzen zieht er?** • Er wird beim nächsten Mal auf solche Befragungen verzichten. • Nachdem der erste Ärger verflogen ist, überlegt er, was an dieser Kritik berechtigt ist. • Er fragt, wer diese Kritik geschrieben hat.

14.	**Der Leiter der Bildungseinrichtung ruft bei einem Kursleiter an und teilt ihm mit, dass er am nächsten Seminarabend hospitieren möchte.**	**Wie reagieren Sie als Kursleiter?** • Sie fragen, ob es einen konkreten Anlass dafür gibt, z. B. eine Teilnehmerbeschwerde oder ob solche Hospitationen üblich sind. • Sie geben zu bedenken, dass ein solcher Besuch die Teilnehmer/innen verunsichern würde. • Sie freuen sich auf den Besuch, von dem Sie sich anregende Rückmeldungen erwarten.
15.	**Die Gruppe verhält sich „schülerhaft".**	Eine junge Pädagogin leitet einen Altengesprächskreis zum Thema „Alt und Jung im Wandel der Zeiten". Sie versucht, die Teilnehmer/innen zur Mitgestaltung des Gesprächskreises zu motivieren, doch diese verhalten sich widerspenstig, sie erwarten Referate und eine straffe Seminarleitung. **Was ist zu tun?** • Die Pädagogin begründet ihr Verständnis von Teilnehmerorientierung und bleibt bei ihrem Konzept. • Sie passt sich den konventionellen Erwartungen der Seniorinnen an. • Sie führt eine metakommunikative Diskussion.

Im Allgemeinen sollten sich Seminarleiter/innen um eine humorvolle Gelassenheit bemühen. Für eine befriedigende Bildungsarbeit ist weder eine Haltung der Gleichgültigkeit noch des Perfektionismus „viabel". Überraschende Situationen können nicht durch übertriebene Steuerung und Verlaufsplanung vermieden werden. Meist empfiehlt sich eine systemische Betrachtung und das heißt: die Nutzung der Selbstorganisation der Gruppe. Viele kritische Situationen lassen sich nicht für, sondern gemeinsam mit der Gruppe klären.

Es kann sinnvoll sein, zu Beginn eines Lehrgangs gemeinsam Vereinbarungen zu treffen über wünschenswerte Formen und Regeln des kommunikativen Umgangs, der Verständigung über Ziele, Inhalte, Lernschwierigkeiten, über den Umgang mit Kritik und Konflikten. In längerfristigen Kursen kann es sinnvoll sein, eine/n „Sprecher/in" wählen zu lassen oder einen „Meckerkasten" einzurichten. Jedenfalls sollten sich die Lehrkräfte in der Erwachsenenbildung darauf einstellen, dass erstens jede Lehre verbesserungsfähig ist und dass zweitens nie alle mit einem Lehrverhalten zufrieden sind.

Teil II

Didaktik und Methodik des Erwachsenenlernens

In diesem Kapitel geht es um Didaktik, genauer gesagt um „Erwachsenendidaktik". Erwachsene lernen nicht nur in organisierten Bildungsveranstaltungen. Vielmehr ist das ganze Leben – und somit selbstverständlich auch das Erwachsenenleben – eine lernende Auseinandersetzung mit der eigenen Umwelt und sich selbst.

Der überwiegende Teil der Lernprozesse findet im Verlauf von Arbeitsprozessen, im sozialen Umfeld, im Freundeskreis, in Vereinen, Arbeitsgemeinschaften und lokalen Netzwerken statt. Das Konzept des „Lebenslangen Lernens" setzt damit stark auf dieses informelle Lernen. Das eigenständige Lernen, das selbstorganisierte Lernen rückt immer mehr in den Vordergrund.

Und für das Erwachsenenlernen gilt ebenso wie für jedes andere Lernen: Je „eingebetteter" dieses in die Lebens- und Arbeitssituation ist, desto wirksamer und nachhaltiger ist es.

Aus diesem Grunde ist es durchaus sinnvoll und notwendig, den didaktischen Blick auf das Erwachsenenlernen in institutionalisierten und nichtinstitutionalisierten Lernformen zu richten, wie dies die Erwachsenendidaktik tut. Dadurch geraten auch die zunehmend wichtigeren Formen des so genannten „lebenslangen Lernens" und des „selbstgesteuerten Lernens" in den Blick, welches zumeist ein Lernen außerhalb der Möglichkeiten institutionalisierten Lernens ist.

Selbstorganisiertes Lernen baut im Wesentlichen darauf, dass die Lernenden in der Lage sind, ihre eigenen Lernbedarfe einzuschätzen und sich aus einer schier unüberschaubaren Informationsfülle das herauszufiltern, was für sie wichtig, passend und qualitätsrelevant ist. Dabei ist der selbstorganisierte Lerner aufgefordert, mit seinen Ressourcen, den Lernprozessen adäquat umzugehen sowie die eigenen Lernergebnisse zu bewerten und weitere Schritte zu planen.

In vielen Fällen wird es (nach wie vor) erforderlich sein, Lernende an das eigenständige bzw. selbstorganisierte Lernen heranzuführen.

Damit ist bereits der Leitgedanke einer modernen Erwachsenendidaktik deutlich umrissen. Es geht heute weniger um „Lehren" i. S. von „Be-Lehren", als vielmehr um die Schaffung und Nutzung von Lernmöglichkeiten für das selbstgesteuerte und das selbstorganisierte Lernen von erwachsenen Lernern.

Damit ändert sich auch das Aufgabenprofil von Lehrenden in der Weiterbildung. Diese müssen zwar nach wie vor in „ihrem" Fach zuhause sein, doch dürfen sie ihr Fachwissen nicht mehr nur präsentieren. Es kommt vielmehr darauf an, dieses Fachwissen „erschließungsstrukturiert" zugänglich zu machen. Dies bedeutet, dass die Lehrenden in der Weiterbildung sich nicht mehr damit zufrieden geben können, fachliche Zusammenhänge und Einsichten für die Teilnehmerinnen und Teilnehmer – gewissermaßen „stellvertretend" – zu erschließen. Sie müssen vielmehr darum bemüht sein, die Selbsterschließung sowie die aktive Aneignung durch die Lerner selbst anzubahnen, anzuregen und zu unterstützen.

Eine solche Erschließungsstrukturierung der Lehre verweist auf ein verändertes Verständnis von didaktisch professionellem Handeln. Denn ein Dozent oder eine Dozentin, die erschließungsstrukturiert handelt, folgt eher dem Gedanken der „Gestaltung" und „Ermöglichung" von Lerngelegenheiten als dem der „Erzeugung" von Lernergebnissen.

Auch die Bildungsinstitutionen erleben so einen Kulturwandel bzw. müssen ihn durchlaufen, der bedeutet eigene Lern- und Veränderungprozesse anzugehen.

Alle drei, Lernende, Lehrende und Institutionen, erleben einen Wandel weg von der Instruktion zur Förderung und Begleitung von Lernprozessen, weg von der Auswahl und Selektion zu Fördern von Ressourcen, Kompetenzen und Talenten, weg von Angeboten von der Stange im Sinne des Gießkannenprinzips, hin zu personalisierten, individuellen, passgenauen und maßgeschneiderten Konzepten.

Letztlich ist ein solcher Ansatz realistischer und Erfolg versprechender:

- **„Realistischer"** ist er, weil Erwachsene in vielfältigen und unterschiedlichen Lebensbezügen stehen, die es mit sich bringen, dass sie mit unterschiedlichen Fragestellungen, Lerninteressen und Lernmotivationen an einen Lerngegenstand herantreten und deshalb auch bisweilen sehr unterschiedlich lernen. Es ist deshalb unrealistisch anzunehmen, es hänge allein oder in erster Linie von den Lehrenden ab, was gelernt werde.
- **„Erfolg versprechender"** ist er, weil er den Kriterien für ein nachhaltiges Lernen, wie sie sich uns aus der Lehr-Lern-Forschung darstellen, stärker Rechnung trägt. Nach den Ergebnissen der Lehr-Lern-Forschung lernen Erwachsene dann nachhaltig, wenn der Lernprozess selbst aktives, selbstgesteuertes und konstruktives Handeln ermöglicht sowie situativ und sozial eingebettet ist. Dies bedeutet, dass Dozentinnen und Dozenten in der Erwachsenenbildung systematisch darum bemüht sein müssen, „ihren Stoff" in einer Form zugänglich zu machen, dass solche lebendigen Formen des Lehren und Lernens möglich sind. In der neueren Erwachsenendidaktik spricht man in diesem Zusammenhang von Lernarrangements. Dozentinnen und Dozenten sind somit nicht „Vermittler", sondern „Arrangeure" von Lerngelegenheiten.

Kriterien für nachhaltiges Erwachsenenlernen

aktiv	Lernen ist nur über die aktive Beteiligung des Lernenden möglich. Dazu gehört, dass der Lernende zum Lernen motiviert ist und dass er an dem, was er tut und wie er es tut, Interesse hat oder entwickelt.
selbstgesteuert	Bei jedem Lernen übernimmt der Lernende Steuerungs- und Kontrollprozesse. Wenn auch das Ausmaß eigener Steuerung und Kontrolle je nach Lernsituation variiert, so ist doch kein Lernen ohne jegliche Selbststeuerung denkbar.

konstruktiv	Lernen ist in jedem Fall konstruktiv: Ohne den individuellen Erfahrungs- und Wissenshintergrund und eigene Interpretationen finden im Prinzip keine kognitiven Prozesse statt.
situativ	Lernen erfolgt stets in spezifischen Kontexten, sodass jeder Lernprozess auch als situativ gelten kann.
sozial	Lernen ist schließlich immer auch ein sozialer Prozess: Zum einen sind der Lernende und all seine Aktivitäten stets soziokulturellen Einflüssen ausgesetzt, zum anderen ist jedes Lernen ein interaktives Geschehen.

Schulentwicklung und Lernkulturwandel (o.V., o.J.): http://www.svs.hamburg.de/index.php/file/download/3022; abg. 20.04.2011

Erwachsenendidaktik ist – wenn sie realistisch und erfolgreich pädagogisches Handeln von Dozentinnen oder Erwachsenenpädagogen orientieren und anleiten möchte – nicht als Erzeugungsdidaktik, sondern als Ermöglichungsdidaktik konzipieren. Professionalität kann im Feld des Erwachsenenlernens nicht bedeuten „Erzeugen" von Lernergebnissen, sondern „Ermöglichen" von Selbstlernprozessen, denn: Lernen ist immer Selbstlernen!

Lernen muss man immer selbst, weshalb der Begriff des „selbstgesteuerten Lernens" eigentlich ein Pleonasmus (wie „ein weißer Schimmel") ist.

In diesem Sinne schreibt Peter F.E. Sloane: *„Pädagogische Kompetenz muss verstanden werden als Gestaltungskompetenz! –Dies verweist auf die Frage der Organisation von Lernsituationen. Lehren heißt v. a., dem Lerner Möglichkeiten zu schaffen. (...) Der Lerner wird zum Lehrer, und zwar indem er seinen eigenen Lernprozess steuert.“* (Sloane 1999, S. 50 und 54).

6 Welche Grundbegriffe zur Gestaltung von Lernprozessen gibt es?

Wie in jeder Wissenschaft gibt es auch in der Erwachsenendidaktik einige Grundbegriffe, mit deren Hilfe ihr Gegenstand bzw. einige Aspekte dieses Gegenstandes beschrieben werden können. Bezeichnet man als Gegenstand der Erwachsenendidaktik die Analyse, Beschreibung sowie Planung und Bewertung von Lernprozessen Erwachsener, so gewinnen – neben dem Begriff der Didaktik – folgende drei Begriffe eine besondere Bedeutung:

- Lernziele,
- Lerninhalte,
- Curriculum.

Sie markieren den didaktischen Zusammenhang.

6.1 Was ist Didaktik?

„Didaktik" ist ein Schlüsselbegriff (auch) in der Erwachsenenbildung, der ganz unterschiedlich definiert wird. Dabei finden sich „enge" und „weite" Didaktikbegriffe.

Während die traditionelle – so genannte – bildungstheoretische Didaktik den Lerninhalt (genauer eigentlich: den Lehrinhalt) in den Mittelpunkt ihrer Überlegungen stellte und nach dessen Vermittelbarkeit bzw. „Fasslichkeit" für den Lerner bzw. den Adressaten fragte, richten neuere Didaktikkonzeptionen das Augenmerk stärker auf das Zusammenwirken der unterschiedlichen Faktoren, die den Lehr-Lern-Prozess konstituieren. In diesem – erweiterten – Sinne lässt sich Didaktik wie folgt definieren:

Erste Annäherung an eine Definition von Didaktik:
Didaktik „liefert" theoretische Beschreibungen des Zusammenhangs von Lehren und Lernen, wobei dieser Zusammenhang sowohl die Begründung (von Lernzielen und Lerninhalten), als auch das Design (Planung, Durchführung und Beurteilung) und die personellen sowie institutionellen Konsequenzen umfasst.

Dies bedeutet, dass didaktische und somit auch erwachsenendidaktische Theorien sowohl begründen, warum bestimmte Inhalte im Hinblick auf die Anforderungen oder die Teilnehmervoraussetzungen „wichtig" sind, als auch die Lernziele selbst möglichst detailliert und differenziert beschreiben. Und auch im Hinblick auf die Lernorganisation sowie die Lehr-Lernprozessgestaltung „liefern" didaktische Konzeptionen Hinweise, Strukturierungs- sowie Evaluierungsansätze. Gleichwohl kommt der Sache und dem Adressaten eine herausgehobene Bedeutung bei didaktischen Überlegungen zu. Dies wird in der folgenden Definition deutlich:

Zweite Annäherung an eine Definition von Didaktik:
Die Vermittlung zwischen der Sach- und der Psychologik geschieht bei der Planung des erwachsenenpädagogischen Handelns und in der Handlungssituation selbst. Erwachsenendidaktik ist somit eine Planungs- und Handlungstheorie für die Gestaltung von Lehr-Lern-Situationen. In der Erwachsenenpädagogik unterscheidet man dabei verschiedene Ebenen und Dimensionen erwachsenenpädagogischen Planens und Handelns. So ist ein Volkshochschulleiter, der für die administrative Koordinierung der Abläufe sowie für das Gesamtprofil der Einrichtung verantwortlich ist, auf einer anderen Ebene didaktisch tätig als ein Abteilungsleiter oder gar die unmittelbar im Kursgeschehen stehende Kursleiterin eines Kurses „Französisch II".

In beiden Fällen wird etwas mitgeteilt, erklärt, es wird zur Handlung angeregt und befähigt (vgl. Siebert 2003). Vor allem in der Erwachsenenbildung tragen die Lernenden aber selbst in hohem Maße zum Lernprozess bei. Die didaktische Planung soll deshalb deren Erfahrungen berücksichtigen und daran anknüpfen. In diesem Sinne ist Lernen immer Selbst- bzw. Anschlusslernen. Aufgenommen wird das, was für den Einzelnen relevant, bedeutsam und integrierbar scheint (vgl. Siebert 2003).

In der Erwachsenenbildung können Lernprozesse höchstens angeregt, entwickelt, reflektiert und/oder kritisch begleitet werden, da die entscheidende Motivation von den Lernenden selbst ausgeht.

Insbesondere in der Diskussion um altesgerechtes Lernen kommt dieser Perspektive eine besondere Bedeutung zu (s. auch Kap. 13; vgl. Armuschat u.a. 2009; Krämer-Stürzl 2008)

6.2 Lernziele

Am Beginn der Lernzielorientierung steht in der Pädagogik das Bemühen, Lehr-Lern-Prozesse transparent und nachvollziehbar zu planen, um nicht „ganz woanders anzukommen" – wie Robert F. Mager, der Lernzieltheoretiker, es in den 1960er-Jahren in der berühmten Seepferdchengeschichte formulierte.

„Es war einmal ein Seepferdchen, das eines Tages seine sieben Taler nahm und in die Ferne galoppierte, sein Glück zu suchen. Es war noch gar nicht weit gekommen, da traf es einen Aal, der zu ihm sagte: „Psst. Hallo Kumpel. Wo willst du hin?"

„Ich bin unterwegs, mein Glück zu suchen", antwortete das Seepferdchen stolz.

„Da hast Du's ja gut getroffen," sagte der Aal, „für vier Taler kannst du diese schnelle Flosse haben, damit kannst du viel schneller vorwärtskommen."

„Ei, das ist ja prima", sagte das Seepferdchen, bezahlte, zog die Flosse an und glitt mit doppelter Geschwindigkeit von dannen. Bald kam es zu einem Schwamm, der es ansprach: „Psst. Hallo Kumpel. Wo willst du hin?"

„Ich bin unterwegs, mein Glück zu suchen", antwortete das Seepferdchen.

„Da hast du's ja gut getroffen," sagte der Schwamm, „für ein kleines Trinkgeld überlasse ich dir dieses Boot mit Düsenantrieb; damit könntest du viel schneller reisen."

Da kaufte das Seepferdchen das Boot mit seinem letzten Geld und sauste mit fünffacher Geschwindigkeit durch das Meer. Bald traf es einen Haifisch, der zu ihm sagte: „Psst. Hallo Kumpel. Wo willst du hin?"

„Ich bin unterwegs, mein Glück zu suchen", antwortete das Seepferdchen.

„Da hast du's ja gut getroffen. Wenn du diese kleine Abkürzung machen willst," sagte der Haifisch und zeigte auf seinen geöffneten Rachen, „sparst du eine Menge Zeit."

„Ei, vielen Dank", sagte das Seepferdchen und sauste in das Innere des Haifisches, um dort verschlungen zu werden.

Die Moral von der Geschichte: wenn man nicht genau weiß, wohin man will, landet man leicht da, wo man gar nicht hin wollte." (Mager 1973, S. XVII)

Die Lernzielorientierung war getragen von der Annahme, dass auch im Bereich des menschlichen Lernens eine fast ingenieurhafte Exaktheit und Kontrollierbarkeit der Abläufe möglich ist. Als grundlegender Schritt der Planung von Lehr-Lern-Prozessen wurden deshalb die Bestimmung und auch die Formulierung der Lernziele angesehen. Als Lernziel wurde dabei definiert:

Lernziele sind die möglichst exakte Beschreibung des angestrebten Lernergebnisses. Es empfiehlt sich in jedem Fall, für Lernprozesse die Lernziele zu benennen und diese auch mit den Teilnehmerinnen und Teilnehmern zu besprechen.

Man unterscheidet in der Didaktik vier Lernzielebenen:

- **Leitziel** (allgemeiner Nenner; oberste pädagogisch-didaktische Absichten; grundsätzliche Bedeutung),
- **Richtziele** (allgemeine Fachlernziele, die die wesentlichen Aufgaben beschreiben),
- **Grobziele** (spezifischere Fachlernziele) und
- **Feinziele** (Endverhaltensbeschreibung mit Beurteilungsmaßstab, der es ermöglicht festzustellen, ob das Lernziel erreicht wurde oder nicht).

Lernzielebenen		
Ebene	**Beispiel**	**Ihr Beispiel**
Leitziel (allgemeiner Nenner)	Der mündige Mensch	
Richtziel (hohes Abstraktionsniveau)	Auseinandersetzung mit Wahlprogrammen aller zur nächsten Bundestagswahl zugelassenen Parteien	
Grobziel (mittleres Abstraktionsniveau)	Die verschiedenen Programme der Parteien lesen, analysieren und diskutieren	
Feinziel (höchstmöglicher Präzisierungsgrad)	Von 10 vorgegebenen Wahlaussagen mindestens 8 den „richtigen" Parteien zuordnen können	
Lernzielebenen (Brokmann-Nooren 1995, S. 50)		

Grob- und insbesondere Feinlernziele sollten operationalisiert werden. Dazu stellt sich der Lehrende/Moderator zwei Fragen:

1. Was soll sich bei dem Lernenden/Adressaten durch das Lernen/die Lernphase im Denken, Wissen, Verhalten, in den Fertigkeiten oder Einstellungen ändern?
2. Wie kann nach der Lernphase überprüft werden, ob die Lernenden/Adressaten die Ziele tatsächlich erreicht haben?

Operationalisierte Lernziele, beschrieben als beobachtbares Verhalten, sind daher von Bedeutung, weil sich nur präzise formulierte Lernziele in ihrer Erreichung überprüfen lassen.

Die operationalisierte Definition eines Lehrziels muss nach Mager die zu erlernende Verhaltensweise unter Angabe

- beobachtbarer Indikatoren,
- der Bedingungen, unter denen das Verhalten gezeigt werden soll,
- und der Kriterien für die Beurteilung des Lernfortschritts benennen.

Beispiel

Die Lerner sollen *„(...) mithilfe vorgegebener schematischer Zeichnungen mindestens vier von fünf Walzstraßen benennen und mithilfe der Benennung von Walzstraßen die Funktionsweise einer halbkontinuierlichen Walzstraße herleiten und beschreiben."*

Lernziele lassen sich in einer Lernzielhierarchie hierarchisch ordnen, wobei die Lernziele verschiedenen Schwierigkeitsgraden und Komplexitätsniveaus zugeordnet werden. Solche Lernzielhierarchien gibt es für drei Dimensionen des Lernens:

1. Für das **kognitive Lernen:**
   Hier werden nach dem Gesichtspunkt der (zunehmenden) Komplexität des Lernens folgende Stufen unterschieden (in aufsteigender Reihenfolge):
   1. Wissen, 2. Verstehen, 3. Anwendung, 4. Analyse, 5. Synthese, 6. Beurteilung. Diese Lernzieltaxonomie nach Bloom (1956) besagt demnach, dass Lernziele auf der bloßen Wissensebene weniger komplex sind als solche, die eine Beurteilung anstreben.

2. Für das **affektive Lernen:**
   Hier werden nach dem Gesichtspunkt der (zunehmenden) Verinnerlichung folgende Stufen unterschieden: 1. Beachtung (eines Wertes), 2. Reagieren (auf einen Wert), 3. Werten; 4. Wertordnung (Errichten eines Wertsystems), 5. Bestimmtsein durch Werte. Diese Lernzieltaxonomie wurde von Krathwohl/Bloom und Masia schon entwickelt (1964).

3. Für **psychomotorisches** (d.h. mit Bewegungsabläufen verbundenes) **Lernen:**
   Hier werden nach dem Gesichtspunkt der (zunehmenden) Koordination (von Bewegungsabläufen) insgesamt sieben Stufen unterschieden: Stufe 3 bezeichnet z.B. die Fähigkeit, psychomotorische Fertigkeiten in einem bestimmten Tempo auszuführen; Stufe 6 bezeichnet z.B. die Fähigkeit, zwei oder mehrere psychomotorische Fertigkeiten zugleich in richtiger Beziehung zueinander auszuführen.

Beispiel

„Der Lernende kann in Gruppen und zu dritt innerhalb von zehn Minuten die schematische Darstellung einer kontinuierlichen Straße mithilfe angebotener Symbole anfertigen"

Die Anwendung des Lernzielkonzeptes ist in der Erwachsenenbildung nicht unumstritten. Besonders teilnehmerorientierte Erwachsenenbildnerinnen und Erwachsenenbildner befürchten häufig, dass mit dem Konzept der Lernzielorientierung die Gefahr einer Gängelung bzw. Bevormundung der Teilnehmer verbunden sein könnte.

Es wird verstärkt hinterfragt, ob Lernergebnisse überhaupt geplant und vorweggenommen werden können.

Beide Einwände sprechen gleichwohl nicht gegen das Prinzip der Lernzielorientierung. Denn zum einen hilft eine klare Lernzieldefinition den Teilnehmerinnen und Teilnehmern zu erkennen, ob der angestrebte Lernprozess sich mit ihren Zielen und Erwartungen tatsächlich „verträgt“, ihnen wird dadurch auch gleichzeitig die Möglichkeit gegeben, eigene Ziele dagegen – oder hinzuzusetzen oder sich von dem Angebot zu distanzieren. Und zum anderen ist es so, dass Lernziele zwar Klarheit herstellen, doch insgesamt zu Beginn eines durchaus offenen Lernprozesses stehen können, der „eigenständige“ Lernprozesse und Lernzielkorrekturen der Teilnehmerinnen und Teilnehmer zulässt.

Die Vorteile der Lernzielorientierung werden in folgender Übersicht deutlich:

Vorteile für den Lehrenden	Vorteile für den Lernenden
• Der Lehrende verfügt über einen Maßstab für den Erfolg seines Unterrichts / seiner Lehrveranstaltung • Er kann seine Prüfungen an den Lernzielen ausrichten • Er kann die Planungen von Lernprozessen an den Lernzielen ausrichten • Er kann seine Methoden an den Lernzielen ausrichten • Er kann anderen (z.B. Kollegen, Betrieben) das Ziel erläutern	• Der Lernende kann besser beurteilen, ob er auf dem richtigen Weg zu dem ist, was er erlernen will • Er kann genau erkennen, wo er noch Wissenslücken hat und dementsprechend seine Anstrengungen verstärken • Er gewinnt für die Planung erheblich an Sicherheit • Er erkennt das Ziel und kann dadurch auch Verantwortung für den Lernprozess mit übernehmen • Er kann mit dem Lehrenden unter Einbeziehung seiner persönlichen Lernziele über die Ziele des Lernprozesses diskutieren

6.3 Lerninhalte

Was der Lerninhalt in den Lernprozessen der Erwachsenenbildung ist, wird oft als evident angesehen: Der Lerninhalt ist das, was in der Ankündigung und im Programm als Gegenstand des Kurses / Seminars / Workshops angekündigt worden ist und was von den Lehrkräften selbst „zur Sprache gebracht“ wird – so die verbreitete Vorstellung, die ja auch recht plausibel klingt. Gemeint ist dabei allerdings weniger der Lern- als vielmehr der Lehrinhalt. Lange Zeit wurde recht bereitwillig unterstellt, dass beide identisch seien, und dass es eigentlich in Lernprozessen darum gehe, aus den Lehrinhalten Lerninhalte „zu machen“.

Erst durch die neueren konstruktivistischen Lerntheorien wurde wieder stärker in das Bewusstsein gerückt, dass der eigentliche Inhalt des Lernens von den Teilnehmerinnen und Teilnehmern selbst konstituiert ist. Er stellt sich dann als eine „Mischung“ aus den vorgegebenen Lehrinhalten, eigenen Erfahrungen, Erfahrungen anderer Teilnehmer und eigenen gewonnenen Einsichten dar.

Wie schon oben beschrieben ist Lernen ein rückbezüglicher Prozess und baut auf früheren Erfahrungen und Wissen auf. Man lernt nach erfolgreichen und erlernten Mustern (vgl. Siebert 2003).

„Die didaktischen Perspektiven des Konstruktivismus lassen sich wie folgt zusammenfassen:

- *Wahrnehmung, Denken, Fühlen, Handeln sind keine linearen, sondern zirkuläre, rekursive Prozesse. Wir wissen, was wir gesehen haben. Aber auch: wir sehen, was wir wissen oder was wir momentan zum erfolgreichen Handeln sehen müssen.*
- *Lehr- und Lernsystem sind strukturell gekoppelt, d.h. jede Lernbiografie der Individuen beeinflusst das Lernen und kann manchmal sogar Lernverweigerungen hervorrufen.*
- *Lernen ist individuell, der Konstruktivismus bestätigt den gesellschaftlichen Individualisierungsschub. Lernen ist aber trotzdem nur gemeinsam mit anderen möglich. Genauso wie das Leben. Nicht- und Missverstehen, aneinander vorbei reden ist in der Kommunikation der Normalfall. Wichtig für Lernsituationen ist das Differenzerleben, das Wahrnehmen von Unterschieden und Unterscheidungen.*
- *Auch die Lehrenden vermitteln nur Konstrukte und nicht Wahrheiten.*
- *Menschen sind in der Lage zu erkennen, dass sie die Welt nicht objektiv erkennen. Gerade Lehrende sollten fähig sein, diese Metabeobachtung durchzuführen und zu erkennen, wenn TeilnehmerInnen sich missverstehen und Wahrheiten verschieden konstruieren.*
- *Die Wirklichkeitskonstrukte werden dann hinterfragt, wenn Perturbationen, d.h. wahrgenommene Störungen des Person-Umwelt-Verhältnisses auftreten. Konstrukte werden fraglich und dadurch kommt es zu einem Reframing, also einer ‚Neu-Rahmung' der Wahrnehmungen und kognitiven Muster. Die ‚Neu-Rahmung' ist wiederum häufig mit einer Korrektur von Deutungsmustern und einem Identitätslernen verbunden.*
- *In der Erwachsenenbildung werden aber auch intersubjektiv nachprüfbare Qualifikationen, z.B. in einem EDV- oder Sprachkurs, vermittelt. In diesem Fall treten konstruktivistische Erkenntnisse in den Hintergrund und behavioristische Mechanismen und fachdidaktische Gesichtspunkte in den Vordergrund.*
- *Das Wissen um den Konstruktivimus ist Hintergrundwissen, es liefert die Erklärung für die unterschiedliche Wahrnehmung, aufgrund dessen müssen Beispiele und Formulierungen gut überlegt werden, da sie sonst zu Missverständnissen führen.“* (Siebert 2003, S. 22f., zit. nach Brünner / Huss / Kölbl 2006, S. 8/9)

Aus diesen Überlegungen ergibt sich, dass Dozenten zwar für die Auswahl und die didaktische Aufbereitung der Lehrinhalte zuständig sind, doch werden diese erst durch die Aneignungsaktivitäten der Lernenden zu Lerninhalten. Diese Aneignung kann eine Dozentin oder ein Dozent allerdings dadurch unterstützen, dass er sich bereits bei der Auswahl und der didaktischen Aufbereitung „seiner“ Inhalte auch auf die Zielgruppe bezieht. Diese Verbindung von „Sach-“ und „Psychologik“ ist Teil der so genannten didaktischen Analyse, die jeder Dozent bei seiner Vorbereitung zu leisten hat. Bei dieser didaktischen Analyse (W. Klafki) muss sich jeder Dozent und jede Dozentin „fünf Grundfragen“ stellen:

Grundfragen der didaktischen Analyse	Konkretisierung
Gegenwartsbedeutung	Welche Bedeutung hat dieser Inhalt bereits im Leben der erwachsenen Teilnehmerinnen und Teilnehmer?
Zukunftsbedeutung	Worin liegt die Bedeutung des Themas für ihre Zukunft?
Sachstruktur	Welche Struktur (übergreifender Zusammenhang) hat der durch die Gegenwarts- und Zukunftsbedeutung in die spezifisch pädagogische Sicht gerückte Inhalt?
Zugänglichkeit	Welche konkreten Fälle, Phänomene, Versuche etc. machen die Struktur des Inhalts „fragwürdig", interessant, begreiflich, anschaulich?
Exemplarische Bedeutung	Welchen allgemeinen Sachverhalt, welches allgemeine Problem erschließt der betreffende Inhalt?

Leitfragen der didaktischen Analyse nach Klafki

Beispiel

Ein Dozent einer gewerkschaftlichen Bildungseinrichtung, der einen Kurs zum Thema „Gestaltung des Arbeitsplatzes – Mitbestimmung konkret" halten möchte, wird zunächst versuchen, an den Erfahrungen der Teilnehmerinnen und Teilnehmer anzuknüpfen. Hier empfiehlt es sich, in einer Gesprächsrunde positive und negative Erfahrungen zu sammeln, diese zu sichten und zu strukturieren. Beispielsweise könnte versucht werden, „fördernde" und „hindernde Bedingungen" für Mitbestimmung am Arbeitsplatz zu sammeln. In ganz ähnlicher Weise ließe sich auch die „Zukunftsbedeutung" des Themas aus den Erfahrungen der Lernenden konstituieren. Was die Sachstruktur anbelangt, so ließen sich aus diesen Erfahrungen z.B. grundlegende Einsichten in die notwendige Konflikthaftigkeit und Interessenunterschiedlichkeit von betrieblicher Kooperation ableiten, man könnte aber auch zur Bestimmung grundlegender Kommunikationstechniken gelangen. Der Aspekt der „Zugänglichkeit" ist bereits durch den erfahrungsbezogenen Ansatz gewährleistet, Ähnliches gilt für den Aspekt der „Exemplarischen Bedeutung".

Diese Überlegungen zeigen, dass erfahrungsbezogenes Arbeiten für die Erwachsenenbildung grundlegend ist und dass die Teilnehmerinnen und Teilnehmer durch die Einbeziehung ihrer Erfahrungen den eigentlichen Lerninhalt gewissermaßen mitkonstituieren. Dozentinnen und Dozenten vermitteln demzufolge nicht einfach irgendwelches Fachwissen, welches sie zuvor – nach Maßgabe der o.g. fünf Grundfragen – didaktisch analysiert und legitimiert haben, sie moderieren und arrangieren vielmehr einen Prozess des erfahrungsverarbeitenden Lernens, in dem alte mit neuen Einsichten reflektierend verknüpft werden können.

Damit Dozentinnen und Dozenten tatsächlich an den Bedingungen, den Erwartungshaltungen und dem Vorwissen ihrer Zielgruppe anknüpfen können, ist es sinnvoll und hilfreich, wenn sie der eigentlichen inhaltlichen Planung eine Bedingungsanalyse voranstellen. Ziel einer Bedingungsanalyse ist die Klärung der individuellen, materiellen und organisatorischen Voraussetzungen für Bildungsangebote.

Nach Wiater (2006, S. 676) beeinflusst die Bedingungsanalyse die Auswahl des Bildungsinhaltes: *„Die Bedingungsanalyse wirkt auf die thematische Strukturierung ein [...], sie bestimmt die Zugänglichkeits- und Darstellungsmöglichkeiten mit und ist für die methodische Strukturierung maßgeblich (Lehr-Lern-Prozess-Struktur) [...]"*.

Hinsichtlich der Förderschwerpunkte wie der Gestaltung von konkreten Unterrichtssequenzen werden Reflexionsfragen zur Verfügung gestellt, wie z.B. Fragen nach

- dem individuellen und soziokulturellen Hintergrund der Lernenden in Bezug auf den Inhalt,
- den fachlichen, fachlich übergreifenden und methodischen Vorerfahrungen,
- sachstrukturell relevanten Kenntnissen, Fähigkeiten und Fertigkeiten,
- dem Bezug der Lernenden zum Lerninhalt,
- den Problemen, die im Rahmen der Umsetzung auftreten können,
- den pädagogischen Konsequenzen, die sich aus den jeweiligen individuellen Voraussetzungen ergeben,
- der Größe, Zusammensetzung, gruppenspezifischen Bedingungen der Zielgruppe der Lernenden,
- Gruppenfaktoren, die den Unterricht fördern oder behindern können,
- der Interaktionskompetenz und den Interaktionsformen, die die Lernenden beherrschen, resp. anwenden,
- außerschulischen Ereignissen, die in das Seminar / den Workshop etc. Eingang finden (sollen),
- organisatorischen Gegebenheiten, die berücksichtigt werden müssen (vgl. Eggert 2007).

Bei Klafkis bildungstheoretischem Ansatz wird als Bedingungsanalyse die didaktische Analyse als Kern der Unterrichtsvorbereitung (vgl. Klafki 1985, zitiert nach Jank & Meyer 2006, S. 236) betrachtet, wobei nach Grotlüschen (2005, S. 37ff.) sich die didaktische Fragestellung auf bestimmte Inhalte und Gegenstände zuspitzt. Der Inhalt übernimmt den Primat gegenüber den Methoden und Medien: Gegenwartsbedeutung für Lerner, Zukunftsbedeutung, Struktur des Inhalts, exemplarische Bedeutung, Zugänglichkeit. Die didaktische Analyse soll klären helfen: Lohnt sich das, was man den Schülern anzubieten hat? Damit werden keine Handlungsrezepte gegeben, sondern Reflexions- und Problematisierungshilfen (Jank & Meyer 2006, S. 205 ff.). Über diesen Schritt der didaktischen Analyse entsteht eine didaktische Reduktion als Effekt.

Die Bedingungsanalyse liefert damit gewissermaßen die Basis für die zu treffenden didaktischen Entscheidungen über die Lernziele, die Lerninhalte, die Medien und die Methoden des Erwachsenenlernens.

Nur, wenn Dozenten oder Dozentinnen tatsächlich die Vorbildungsstrukturen, das thematisch relevante Vorwissen sowie die Lernerfahrungen und Lernstrategien einer Zielgruppe kennen, sind sie auch in der Lage, ihr didaktisches Handeln „passend" zu gestalten.

Hans Tietgens führt in diesem Zusammenhang den schon fast technischen Begriff der **„Passung"** ein und stellt fest:

„Insofern das zu Lernende ein mitbestimmender Faktor im Lernprozess ist, kann nicht übersehen werden, dass er sich nur in dem Maße vollzieht, wie die kognitiven Strukturen der Lernenden den kognitiven Anforderungen des zu Lernenden zu entsprechen vermögen. In diesem Sinne ist es üblich, von der Passung als einer zentralen Vermittlungsaufgabe zu sprechen (...).

Danach geht es darum, Lernvoraussetzungen, Lernanforderungen und Lehrverhalten aufeinander abzustimmen. Dies ist aber leichter gesagt als getan, weil die Bedingungsfaktoren der Passung vielschichtig und nicht situationsabhängig definierbar sind. Damit ist nicht nur gemeint, dass die Voraussetzungen der Teilnehmer an einer Veranstaltung nicht voraussehbar sind. Die Situationsabhängigkeit gründet vielmehr in der Ausgangsthese von der Bedeutung der Situationsinterpretationen (...)

An dieser Stelle ist zu bedenken, dass die kognitiven Strukturen und kognitiven Stile und damit die Voraussetzungen und die Formen der Informationsverarbeitung als Faktoren der Passung nur indirekt identifizierbar sind (...). Sie kommen am ehesten in der sprachlichen Artikulationsweise zum Ausdruck. Auch von daher ist es begründet, wenn gesagt wurde, dass die Diskussion über die Sprachbarrieren erst dann ihren vollen Wert erhält, wenn sie weniger auf Schichtspezifika abhebt und mehr die Wechselwirkung von Sprachgebrauch, Informationsverarbeitung und Denkweise herausstellt. Denn sie bestimmt die Art des Umgangs mit Lernaufgaben." (Tietgens 1981, S. 99)

Diese Überlegungen verdeutlichen, dass der Sprache bzw. den sprachlichen Möglichkeiten der Teilnehmerinnen und Teilnehmer eine grundlegende Bedeutung für die didaktische Gestaltung der Lehr-Lern-Prozesse zukommt. Da diese erst im unmittelbaren Kontakt mit den Lernern selbst wirklich eingeschätzt und beurteilt werden können, spielen die Erfahrung, die Offenheit sowie die Gelassenheit der

Dozenten eine wichtige Rolle. Diese müssen zur situativ angemessenen Anpassung ihrer Didaktik an die sich ihnen darstellenden sprachlichen Möglichkeiten der Teilnehmerinnen und Teilnehmer in der Lage sein. Dies bedeutet: die Bedingungsanalyse ist zwar eine wichtige Voraussetzung für ein angepasstes erwachsenendidaktisches Handeln, sie kann aber situative didaktische Passungskompetenz nicht ersetzen.

Eine andere, wesentlich komplexere Möglichkeit zur Ermittlung der Bedingungen des eigenen didaktischen Handeln und zur Lösung des „Passungsproblems" stellt die von H. Siebert entwickelte „Planungscheckliste" dar.

Diese bezieht sich auf die Ermittlung planungsrelevanter Daten sowie die Klärung planungsrelevanter Fragen zu den Bereichen: Einrichtung, Erwartungshaltung, Thema, Schlüsselqualifikation, Lehr-Lern-Methoden, Interaktion.

Planungscheckliste	
Einrichtung	• Verfügt die Einrichtung über ein bestimmtes Selbstverständnis, eine Tradition, eine eindeutige Zielsetzung? • Was verbindet mich als Lehrkraft mit dieser Einrichtung? • Was erwartet die Einrichtung von mir? • Ist in der Einrichtung jemand für mich als Berater/in zuständig? • Welches Image hat die Einrichtung in der Öffentlichkeit, welches Milieu spricht sie an?
Erwartungs-haltung	• Für welche Adressaten/innen biete ich das Seminar an (was steht im Ankündigungstext?) • Welche Vorinformation habe ich über die Gruppe (z.B. durch Anmeldungen oder frühere ähnliche Seminare)? • Mit welchen Motivationslagen ist zu rechnen? • Wie groß sollte die Gruppe optimal sein, was mache ich, wenn sie größer/kleiner als geplant ist? • Wie homogen/heterogen ist die Gruppe vermutlich (z.B. hinsichtlich des Anspruchsniveaus)? • Welchen Teilnehmertyp bevorzuge, welchen fürchte ich? • Was möchte ich von den Teilnehmern/innen lernen? • Wie gehe ich mit (für mich) „schwierigen" Teilnehmern/innen um? • Wie wirke ich (vermutlich) auf Teilnehmer/innen? • Mit welchen Sprachcodes ist zu rechnen?

Thema	• Wie wichtig ist mir das Thema? • Welche Lernerfahrungen habe ich mit der Thematik gemacht? • Was beherrsche ich gut, wo bin ich unsicher? • Was möchte ich noch zu dem Thema lernen? • Gibt es neue thematische Entwicklungen und Erkenntnisse, bin ich auf dem neuesten Stand? • Sind die vorliegenden Materialien/Lehrbücher ausreichend und für die Gruppe geeignet? • Welche Fachtermini sind unverzichtbar? • Über welche Erfahrungen und welches Alltagswissen verfügen die Teilnehmenden vermutlich? • Welche Fähigkeiten sollen sie anhand des Lerngegenstandes erwerben? • Inwieweit können Wünsche der Teilnehmenden berücksichtigt werden? • Sind bestimmte Lernschwierigkeiten zu erwarten? • Wie gliedere ich den Stoff, ist die Zeit ausreichend? • Mit wem kann ich mein Konzept besprechen?
Schlüsselqualifikationen	• Wie kann die selbstständige Auswahl und Aneignung des Stoffes unterstützt werden? • Gibt es zentrale Schlüsselbegriffe, Schlüsselfragen für die Thematik? • Erfordert die Thematik die Beherrschung bestimmter Methoden (z.B. Interpretation von Statistiken, Texten der Massenmedien, Theorie-Praxis-Transfer)? • Können anhand dieser Thematik bestimmte formale Fähigkeiten geübt werden (z.B. abstrahierendes, begriffliches Denken, vernetztes Denken, kreatives Denken)? • Können kommunikative Fähigkeiten gefördert werden (z.B. aktives Zuhören, Pro- und Kontra-Debatte)? • Wie kann ich das selbstständige Weiterlernen unterstützen?
Lehr-Lern-Methoden	• Gibt es bewährte Methoden für diese Thematik? • Lässt sich vermuten, welche Methoden gerade für diese Gruppe geeignet sind? • Mit welchen Methoden habe ich gute/schlechte Erfahrungen gemacht? • Für welche Methoden sind die Rahmenbedingungen passend/ungünstig (Raum, Zeit, Medien ...)? • Welche Methoden eignen sich insbesondere zur Aktivierung und Motivierung?

Interaktion	• Mit welchen Konflikten ist in dieser Gruppe und bei dieser Thematik zu rechnen? • Wie kann ich auf mögliche Konkurrenzstrukturen und Cliquenbildungen reagieren? • Wie gehe ich mit Schweigern und Vielrednern um? • Wann sind welche Formen von Metakommunikation angebracht? • Worauf reagiere ich gereizt / ungeduldig / aggressiv? • Wie viel sozialemotionale Nähe oder Distanz wird vermutlich gewünscht und scheint mir angemessen? • Welche Rolle nehme ich in der Gruppe ein (Moderator, Animateur, Experte ...)?

(nach: Siebert 1996, S. 297 ff.)

6.4 Curriculum

Im Zuge der realistischen Wende, die mit der Vorstellung verbunden war, man könne auch Lehr-Lern-Prozesse zielorientiert und ergebnissicher planen und gestalten, rückte man auch in der Pädagogik von dem alten Lehrplankonzept ab. Die alte Lehrplantheorie suchte nach den Inhalten, in die jemand eingeführt werden muss, um (in unserem Kulturraum) als Gebildeter gelten zu können. Demgegenüber wandte man sich im Zuge der Curriculumforschung verstärkt der Frage zu: Über welche Kenntnisse, Fähigkeiten und Fertigkeiten muss jemand verfügen, um seine zukünftigen Rollen in Familie, Beruf, Gesellschaft und Freizeit ausfüllen zu können? (= „Qualifikationen zur Bewältigung von Lebenssituationen"). In seinem wegweisenden Buch von 1967 beschrieb Saul B. Robinsohn „Curriculum" als eine wesentlich präzisere Form dessen, „was mit Bildungskanon, Lehrgefüge, Lehrplan jeweils ungenau oder nur partiell erfasst ist" (Robinsohn 1967). Schule und Unterricht haben die Aufgaben, Bildung zu vermitteln, wobei Robinsohn unter ‚Bildung' eine „Ausstattung zum Verhalten in der Welt" versteht. Lernen, Unterricht und Bildung sollten zur „Bewältigung späterer Lebenssituationen" befähigen, womit Robinsohn sich deutlich von der – wie er sagte: „dezisionistischen" (gemeint: „willkürlich entscheidenden") – Form der Identifizierung und Kodifizierung des zu Lernenden verabschiedete.

Es ging Robinsohn darum, *„Methoden zu finden und anzuwenden,*

- *durch welche diese Situationen (gemeint: die späteren Lebenssituationen) und die in ihnen geforderten Funktionen,*
- *die zu deren Bewältigung notwendigen Qualifikationen und die Bildungsinhalte und Gegenstände, durch welche diese Qualifizierung bewirkt werden soll, in optimaler Objektivierung identifiziert werden können."* (Robinsohn 1967, S. 45)

Zur Auswahl von Bildungsinhalten aus dem Gefüge der Wissenschaften werden drei Kriterien vorgeschlagen:

- die Bedeutung eines Gegenstandes im Gefüge der Wissenschaft,
- die Leistung eines Gegenstandes für Weltverstehen,
- die Funktion eines Gegenstandes in spezifischen Verwendungssituationen.

Zur Anwendung dieser curricularen Kriterien schlägt Robinsohn u. a. die Durchführung von Arbeitsplatzanalysen, Expertenbefragungen und sonstige empirische Überprüfungen vor. Auf der Basis der Ergebnisse dieser Analyse von Verwendungssituationen werden dann differenzierte Lehr-Lern-Pakete entwickelt. Als Curriculumentwicklung bezeichnet man den Prozess der „Herstellung" solcher geschlossenen Lehr-Lern-Pakete (Lernzielermittlung, Zuordnung von Curriculumelementen, bisweilen sogar Unterrichtsmaterialien und Tests). Der Prozess der Curriculumentwicklung besitzt eine zyklische Struktur, die dem Dreischritt „Planung", „Durchführung" und „Kontrolle" folgt: Der Curriculumkonstruktion folgt die -implementation, dieser die -evaluation und dieser die -revision. Entscheidend ist, dass dieser Prozess der Curriculumentwicklung auf der Basis induktiv-empirisch ermittelter Analysen und Begleituntersuchungen abläuft.

Unterscheidungen zwischen Lehrplan- und Curriculumansatz

	Lehrplantheorie	Curriculumtheorie
Auswahl	Deduktive Bestimmung der Fächer sowie ihrer Anteile im Fächerkanon	Induktiv-empirische Ermittlung der zukünftig erforderlichen Qualifikationen
Begründung	Ermöglichung eines geistigen Standortes in unserer Kultur	Ausstattung zur Bewältigung von Lebenssituationen
Anordnung	Dreischritt 1. Inhaltseinheiten 2. Bildung, Kompetenzen und Qualifikationen, die durch die Vermittlung dieser Inhalte erworben werden können 3. Lebenssituationen, die mit dem Besitz bewältigt werden können	Dreischritt 1. Prognostizierte Lebenssituationen 2. Notwendige Qualifikationen zur Bewältigung von Lebenssituationen 3. Inhalte, die den Qualifikationserwerb fördern
Kritik	*„Schierer Dezisionismus"* (Robinsohn)	Verstellung der Möglichkeiten zum selbstgesteuerten Lernen

Während die Lehrplantheorie von einer Inhaltsbestimmung ausgeht, ist diese bei der Curriculumtheorie gewissermaßen der letzte Schritt. Damit unterscheidet sich die Curriculumtheorie grundlegend von der Lehrplantheorie, die eher von gesetzten Inhalten ausgeht, die einem überlieferten Bildungskanon entspringen, und gewissermaßen „unterstellt", dass der „Besitz" dieser Bildungsgüter schon in irgendeiner Weise zum Bewältigen späterer Lebenssituationen befähigen würde, ohne dass dies empirisch auch tatsächlich „geklärt" und belegt werden kann. Die Curriculumtheorie der 70er-Jahre war demgegenüber radikaler: Man glaubte, sämtliche Bildungsinhalte empirisch bzw. qualifikationsanalytisch neu begründen zu müssen, um so eine inhaltliche Bildungsreform als „Revision des Curriculum" wahrhaft gestalten zu können.

In der Erwachsenenbildung spielen Curricula nur im Bereich der beruflichen Weiterbildung sowie – mit Einschränkungen – im Bereich des Fremdsprachenlernens eine gewisse Rolle. So basieren die vom Bundesinstitut für Berufsbildung in Berlin vorbereiteten Fortbildungsordnungen – ganz so, wie auch die Ausbildungsordnungen – i. d. R. auf Arbeitsplatzanalysen und Betriebsuntersuchungen. Diese werden jedoch nur in den Fällen durchgeführt, in denen der Bund seine Ausgestaltungskompetenz wirklich wahrzunehmen gedenkt. Insgesamt gesehen hat sich der Bund bei der Wahrnehmung dieser Kompetenz sehr zurückgehalten.

Fazit: Worin unterscheiden sich Lehrplan und Curriculum?

1. Curricula kommen i. d. R. durch empirische, nachprüfbare Begründung (Analyse von zukünftigen Lebenssituationen) zustande, nicht durch dezisionistische Setzung.

2. Curricula beinhalten bisweilen mehr und anderes als die Lehrpläne (neben Lernzielen auch oft Themen oder gar Skizzen und Ausgestaltungen zu Unterrichtseinheiten, didaktisch-methodische Kommentare, Lernmaterialien, Medien etc.) (Lehr-Lernpakete)

3. Curricula werden von den Zielen und den diesen zuordnenbaren Inhalten her entwickelt.

4. CurriculareAnsätze haben sich am stärksten in der beruflichen Weiterbildung erhalten bzw. durchgesetzt.

7 Wie plane ich eine Lerneinheit?

Erwachsenenlernen ist immer Selbstlernen. Die Erwachsenen müssen die Bedeutung des Lernangebotes für „ihre" Fragestellungen erkennen, und sie müssen Gelegenheit erhalten, das Neue mit ihren „mitgebrachten" Fragen und ihren bereits vorhandenen Einsichten, Erfahrungen und Vermutungen zu verknüpfen. Lernen hat in diesem Sinne immer etwas mit „Weiterentwicklung des Vorhandenen", aber auch mit „Neuem" zu tun. Dozentinnen und Dozenten müssen deshalb über ein Knowhow verfügen, mit dessen Hilfe sie die Lernangebote entsprechend arrangieren können. Was sie dabei arrangieren können, ist das Zusammenwirken der unterschiedlichen Faktoren, die den Lehr-Lern-Prozess bestimmen. Diese Faktoren sind: Die Zielgruppe (mit ihren Erwartungen und Besonderheiten), das Thema (mit seinem Anregungsgehalt), die Ziele, die Methoden, die Rahmenbedingungen, die Medien, die Erfolgskontrollen etc. Diese Faktoren hängen eng miteinander zusammen. Wie in einem Mobile bestimmt die Entscheidung in dem einen Bereich die Notwendigkeiten und Möglichkeiten in den anderen Bereichen.

Beispiel

Eine Dozentin, die ein Frauenseminar zum Thema „Selbstsicherheit – Selbstbehauptung" plant, wird dieses Seminar inhaltlich und methodisch ganz anders gestalten können, wenn sie es als einen Wochenendblock in der Bildungsstätte eines kirchlichen Trägers planen kann, als wenn sie es wöchentlich dienstags abends von 18:15 bis 19:45 Uhr in den Räumen der Volkshochschule durchführen muss.

Doch so, wie die Rahmenbedingungen auf die anderen didaktischen Entscheidungsfaktoren rückwirken, so legen auch die Ziele und Inhalte einer Weiterbildung bestimmte Methoden sowie Rahmenbedingungen nahe und schließen andere aus.

Beispiel

Ein Trainer, der in einer betrieblichen Arbeitsgruppe die Kommunikations- und Moderationskompetenzen der Beteiligten fördern möchte, wird dies nicht im Sinne eines Frontalunterrichts tun. Ebenso wenig wird er hierfür ein zweitägiges Crash-Training vorsehen. Er wird vielmehr darum bemüht sein, Lern- und Anwendungsphasen so zu verteilen, dass die Teilnehmerinnen und Teilnehmer wirklich auch Gelegenheit haben, mit den gelernten Verfahren und Strategien Erfahrungen zu sammeln.

Dies bedeutet, es gibt keine Universal-Didaktik, vielmehr ist professionelles Erwachsenenbildungshandeln gerade dadurch gekennzeichnet, dass die Lehrenden um das labile Gleichgewicht des erwachsenenpädagogischen Mobiles wissen und in der Lage sind, dieses immer wieder neu und situationsangemessen zu balancieren. Hans Tietgens spricht in diesem Zusammenhang von dem „Relationsbewusstsein", über das Dozentinnen und Dozenten verfügen müssen: *"Zugleich ist zu bedenken, dass die fehlende direkte Koppelung von Ursachen und Wirkungen, Zwecken und Mitteln, von Aussagen und Handlungen eine Fähigkeit situationsbestimmten Zuhörens verlangt, ein Relationsbewusstsein, das es erlaubt, aus einem abstrahierten Wissensfundus je aufs Neue aufgabengerechte Konsequenzen zu ziehen."* (Tietgens 1981, S. 170)

„Lehren" heißt in der Erwachsenenbildung: Die Voraussetzungen schaffen für das Selbstlernen der Teilnehmerinnen und Teilnehmer. Dozentinnen und Dozenten haben entsprechende Lernsituationen zu arrangieren. Hierfür müssen sie über ein Relationsbewusstsein, d.h. ein Bewusstsein über das labile Gleichgewicht des erwachsenenpädagogischen Mobiles, verfügen.

Das „Mobile", das die Abhängigkeit aller Aspekte veranschaulicht, ist im folgenden Schema veranschaulicht.

Die Planung einer Lerneinheit basiert auf den Ergebnissen der didaktischen Analyse (s. Leitfragen S. 92) und der Bedingungsanalyse. Das heißt, Dozentinnen und Dozenten müssen sich zunächst Klarheit über die Bedingungen der Teilnehmenden verschaffen und die Thematik didaktisch analysieren, ehe sie sich an die unmittelbar umsetzungsrelevanten didaktischen Entscheidungen machen können. Bei dieser Umsetzungsplanung steht die Frage nach dem Aufbau und der Gliederung, d.h. die Frage nach der Stufung und nach dem „Lerngerüst" im Vordergrund.

Das Mobile

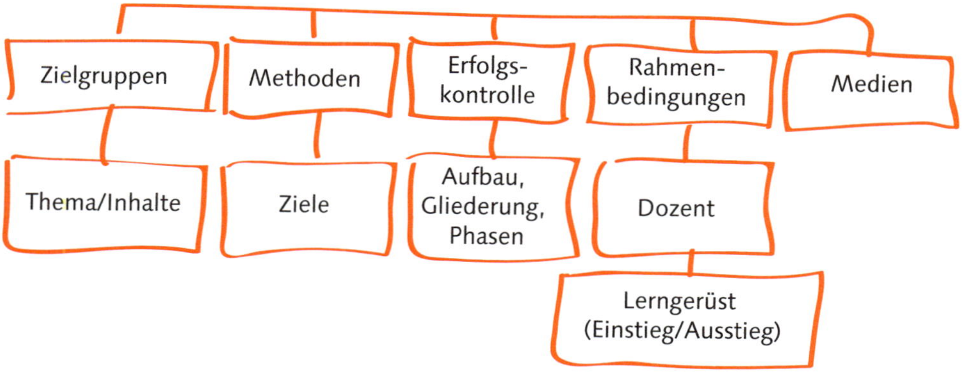

7.1 Aufbau und Gliederung

Eine klare Untergliederung in einzelne Lernschritte ist sowohl für die Lernenden, als auch für die Dozentinnen und Dozenten selbst hilfreich. Eine solche Gliederung erleichtert den Beteiligten den Überblick und erlaubt es ihnen zu erkennen, an welcher Stelle des Prozesses man sich befindet und was man noch „vor sich hat". Dies gilt gleichwohl nur, wenn die Gliederung nicht als ein enges Korsett über die Lernenden „gestülpt" wird. Gerade in der Erwachsenenbildung ist es vielmehr unverzichtbar notwendig, dass die Lernenden auch eigene Lernschritte in die Planung einbringen und diese ergänzen oder verändern können müssen. Aus diesem Grunde empfiehlt es sich, die Planung einer Lerneinheit nicht zu kleinschrittig und zeitlich zu eng vorzunehmen.

Für die Planung einer Lerneinheit gilt deshalb als erste Maxime:

Untergliedere die geplante Lerneinheit in logische Lernschritte. Eine solche Untergliederung verhilft den Lehrenden und Lernenden gleichermaßen zu einem deutlichen Bewusstsein, „wo man steht" und „wo es hingeht".

Plane diese Untergliederung allerdings nicht zu kleinschrittig und zeitlich zu eng. Berücksichtige vielmehr die für die Lernzielpartizipation und den Erfahrungsbezug des Erwachsenenlernens notwendigen inhaltlichen und zeitlichen Freiräume.

Bei der Planung und didaktischen Gestaltung einer Lerneinheit sollten zudem noch weitere solcher Gesichtspunkte Berücksichtigung finden, die aus ganz praktischen Gründen zum Erfolg beitragen. In der folgenden Übersicht sind solche Aspekte zusammengestellt (nach Arnold/Krämer-Stürzl 1999, S. 250; Große Boes / Kaseric 2006; Stabsstelle ... 2004; Wendorff 2009; s. auch Anhang: Seminarkonzept).

Praxistipps für die Planung einer Lerneinheit

- Geben Sie zu Beginn einen Überblick über das, was auf die Lerner zukommt, damit die Zielsetzung deutlich und nachvollziehbar wird!
- Legen Sie besonderen Wert auf eine Interesse weckende Einleitung (an Erfahrungen anknüpfen)!
- Stellen Sie auf der Basis von Beispielen aus der Berufs- und Lebenspraxis der Lerner und mithilfe anschaulicher Bilder Verknüpfungen mit Vorkenntnissen und bereits Bekanntem her!
- Bieten Sie gelegentliche Auflockerungen (z.B. Phasen der Nachdenklichkeit, des Zuhörens einer Geschichte etc.)!
- Planen Sie Erholungspausen ein!
- Geben Sie nach Gliederungseinschnitten kurze prägnante Zusammenfassungen!
- Vergewissern Sie sich, dass niemand „auf der Strecke bleibt" und Sie „den Draht" zu den Teilnehmerinnen und Teilnehmern nicht verlieren!

Jede Lerneinheit (z.B. Kurs- oder Unterrichtsstunde, aber auch Seminarwoche) lässt sich in einzelne Lehr-Lern-Abschnitte (Phasen) mit phasenspezifischen Zielen und Aufgabenschwerpunkten untergliedern. Diese Phasen werden in längerfristigen Lernprozessen mehrmals durchlaufen.

Es gibt keine zwangsläufige Einteilung in solche Phasen, aus unserer Sicht hat sich eine Aufgliederung bewährt, wie sie von Brassard vorgenommen wurde:

- Einstieg
- Information
- Aufgabenstellung
- Planung
- Bewertung
- Ergebnissicherung
- Transfer
- Nachbereitung

Phasen von Lerneinheiten

Phase	Merkmal	Kennzeichen
Einstieg (Einführung, Hinführung, Motivation)	• Beginn des Lernprozesses • Ziel: Interesse an der Aufgabe, dem Thema zu wecken sowie die Identifikation mit der Arbeit und den Arbeitsergebnissen zu fördern • Zielsetzung erläutern	Diese Phase kann z.B. beinhalten: • Die Hinführung zur Arbeit • Brainstorming zur Themenfindung • Die Angaben der Ziele und Aufgabenstellungen • Die Ausgabe der Arbeitsunterlagen • Die Motivation der Lerner (Praxis- und Erfahrungsbezug) • Die Sammlung (Aktivierung) von Vorkenntnissen zum Thema
Information	• Bereitstellung bez. Beschaffung der erforderlichen Informationen	• Diese Phase kann z.B. beinhalten: • Erläuterungen durch den Dozenten • Erkundung von Arbeitsplätzen • Analyse von Realobjekten, Modellen, Filmen, Zeichnungen, Materiallisten, Katalogen etc. • Befragung von Experten • Bearbeitung von Aufgaben und Leittexten
Aufgabenstellung (Problemstellung)	• Aufgaben- und Problemstellung für die zu erledigenden Arbeiten festlegen	Diese Phase kann in die Einstiegsphase integriert sein und mehrfach vorkommen. Sie kann beinhalten: • Angabe von Aufgaben- oder Problemstellungen

		• Die Ausgabe von Arbeitsunterlagen • Hinweise zur Arbeitsausführung
Planung (Organisation)	• Planung und Organisation von Arbeitsschritten (Art und Reihenfolge), Arbeitsmitteln, Arbeitsdauer etc.	Diese Phase kann z.B. beinhalten: • Arbeitsplanung • Arbeitsorganisation • Arbeitsfreigabe
Durchführung (Aufgabenlösung, Problemlösung, Herstellung, Ausführung)	• Durchführung und Überprüfung der Arbeiten	Diese Phase kann beinhalten: • Erarbeiten von Bewertungskriterien • Durchführen der Arbeiten gemäß Arbeitsplan • Anfertigen von Berechnungen, Zeichnungen, Protokollen etc. • Erproben, Kontrollieren, Bewerten • Bericht erstatten
Bewertung (Kontrolle)	• Erfolgskontrolle und Bewertung von Arbeitsergebnissen und -prozessen	Diese Phase kann beinhalten: • Überprüfen des Arbeitsergebnisses • Kontrollieren und Bewerten von Arbeitsergebnissen und -prozessen (Eigen- und/oder Fremdkontrolle)
Bewertung (Kontrolle)	• Sicherung und Anwendung des Gelernten	Diese Phase kann beinhalten: • Das vertiefende Üben und Anwenden von früher Erlerntem bzw. neu Dazugelerntem
Transfer	• Übertragen und Anwenden von Gelerntem auf andere Sachverhalte und Situationen	Diese Phase kann sowohl integriert sein als auch als eigenständige Phase vorkommen: • Verdeutlichen eines exemplarischen (grundlegenden, typischen) Sachverhaltes • Übertragen des zu verdeutlichenden Sachverhaltes auf andere Situationen
Nachbetrachtung (Soll-Ist-Vergleich, Abschlussgespräch)	• Vergleich des Erreichten mit der gestellten Zielsetzung	Diese Phase kann z.B. beinhalten die abschließende Besprechung: • von Zielen und Aufgaben- bzw. Problemstellungen • der Angemessenheit der geübten Vorgehensweise • der erreichten Ergebnisse • abzuleitender Erkenntnisse • entstandener Probleme • Konsequenzen

7.2 Lerngerüst (Ein- und Ausstieg)

Als „Lerngerüst" kann man die Rahmung des Lehr-Lern-Prozesses bezeichnen. Ein Dozent oder eine Dozentin entscheidet sich auch in einer erfahrungsbezogenen Erwachsenenbildung zunächst für einen Einstieg und einen Ausstieg. Dies bedeutet: Am Anfang steht immer die Frage: Wie steige ich in das Thema ein?

Bei der Klärung dieser Frage können Lehrende in der Erwachsenenbildung an den Ergebnissen ihrer Bedingungsanalyse (vgl. Leitfragen zur didaktischen Analyse, S. 92) anknüpfen. Sie können sich überlegen:

- Was sagen mir die Ergebnisse zu meinen Schlüsselfragen der Bedingungsanalyse über die Haltung der Teilnehmenden gegenüber dem Thema? Welche Erwartungen, Deutungsmuster und Vorprägungen kann ich unterstellen?
- Wie kann ich das Thema möglichst interessant und anschaulich gestalten?
- Was muss zu Beginn alles abgeklärt, vereinbart und festgelegt werden, damit der Lehr-Lern-Prozess möglichst reibungslos „läuft"?
- Welche Veranschaulichungen, Praxisbeispiele und Arbeitsaufgaben sind für die Zielgruppe „naheliegend"?

Gerade der Einstieg ist wichtig für die Motivation und die Aktivitätsbereitschaft der Lernenden. Insbesondere lernungewohnte bzw. lernentwöhnte Erwachsene müssen von dem Thema „angesprochen" und „gepackt" werden, damit sie die innere Bereitschaft aufbringen, sich auf Verunsicherungen, Infragestellungen von Vertrautem (Wissen, Kompetenzen, Techniken und Fertigkeiten) sowie Annahme von Neuem einzulassen.

Wie bereits erwähnt, kommt neben der intrinsischen Motivation des Lernenden beim Erwachsenenlernen der extrinsischen Motivation eine große Bedeutung zu, wie folgende Ausführungen im Blick auf die betriebliche Weiterbildung zeigen:

„Für selbstgesteuertes Lernen sind sowohl „kognitive Primärstrategien" (Können) als auch "motivationale Stützstrategien" (Wollen) wichtig (Dansereau, 1985; McCombs & Marzano, 1990). *Die kognitiven Lernstrategien sind zunächst nur ein Repertoire potenziell sinnvoller Strategien. Ob sie im konkreten Fall aktiviert werden, hängt in hohem Maße von motivationalen Bedingungen ab, sowohl von solchen, die in der Person des Lernenden liegen, als auch von solchen, die in der Lernsituation liegen. Hinzu kommt, dass beim Lernen ‚ich-nahe' Gedanken und Empfindungen – Freude über eigene Stärken wie Ausdauer, Zielstrebigkeit und Können, Frust über eigene Schwächen wie Unaufmerksamkeit, Desinteresse, mangelndes Durchhaltevermögen – das Selbstbild positiv oder negativ – im Wiederholungsfalle auch dauerhaft – beeinflussen können. Wichtige motivationale lernerseitige Voraussetzungen für selbstgesteuertes Lernen sind intrinsische Motivation, positive lernbezogene Selbstwirksamkeitsüberzeugungen und volitionale Strategien.*

Intrinsische Motivationsformen (Aufgaben-, Lern-, Sachorientierung, Nicholls, 1989; Eliott & Dweck, 1988), *die sich dadurch auszeichnen, dass aus Neugier, Interesse an der Sache, zur Erweiterung der eigenen Kompetenz und um der Herausforderung willen gelernt wird. Intrinsische Motivation ist deshalb für das Lernen vorteilhaft, weil sie mit Indikatoren tiefergehenden Lernens bzw. dem Einsatz komplexer Lernstrategien (Beantworten von Verständnisfragen, Wiedergabe der Hauptgedanken u.a.) positiv korreliert, wie es beispielsweise Schiefele (1996) für den Wissenserwerb mit Texten gezeigt hat. Dagegen gehen extrinsische Formen der Lernmotivation (z.B. Lernen, um soziale Anerkennung, Dominanz, materielle Gratifikationen u.a. zu erreichen) zumeist mit ‚Oberflächen'-Lernstrategien (etwas auswendig lernen, wiederholen usw.) einher* (Schiefele & Schreyer, 1994). *Die hier vorgenommene Gegenüberstellung intrinsischer und extrinsischer Motivation bedeutet jedoch nicht, dass sich beide Motivationsformen ausschließen. Bei ein und derselben Lernaufgabe können beide Motivationsformen gleichzeitig gegeben sein.*" (Friedrich o.J., vgl. Wendorff 2009):

„Im Erwachsenenlernen spielen naturgemäß extrinsische Motivationen, wie z.B. die rationale Einsicht der Notwendigkeit des Lernens in der Hoffnung auf (wirtschaftlichen) Erfolg, eine große Rolle. Dennoch erweist sich auch hier die intrinsische Motivation als die tragfähigere, denn die Effizienz eines intrinsisch motivierten Lernprozesses ist deutlich größer.

Für den Lernprozess gilt es also, die Motivation der Lernenden herzustellen, wenn sie nicht, wie in der Mehrzahl der Fälle, vorausgesetzt werden kann. Wenn der Aufforderungsgehalt des Lerninhalts nicht so groß ist, dass der Lernprozess intrinsisch motiviert ausgelöst wird, so muss (...) der Lehrende den Lernenden motivieren. (...) Langfristig erhält die Motivation in der Beeinflussung der Motivstruktur (Wertgefüge) des Lernenden und der Erwartung zum Handlungsausgang besondere Bedeutung: Positive Anreize wie Belohnung, sozialer oder wirtschaftlicher Aufstieg nach einer Bildungsmaßnahme verändern die Motive eines Betriebsangehörigen positiv; er wird im Zweifelsfall eher zur Teilnahme an Ausbildungsmaßnahmen bereit sein als jener Lernende, der stets zur Fortbildung ‚gezwungen' wird. Hier kommt auch die Komponente ‚Selbstbewertung' zum Tragen: Wer die Erfahrung gemacht hat, seinen Job nach einer Ausbildungsmaßnahme besser zu tun als vorher, wird solchen Angeboten gerne folgen." (Götz/Häfner 1994, S. 124)

Was können Lehrende in der Erwachsenenbildung tun, um in diesem Sinne die Motivation der Lehrenden „herzustellen", wie es im Text heißt? Hierzu ist zweierlei festzustellen:

- Zunächst einmal gilt, dass Lehrende die Motivation überhaupt nicht „herstellen" können, sie können lediglich die vorhandenen intrinsischen Motivationen der Lernenden erkennen, diese aufgreifen und die Voraussetzungen dafür herstellen, dass sich die Lernenden selbst motivieren.
- Für die Selbstmotivation ist es notwendig, hilfsbereite Bedingungen für das Lernen zu schaffen, die „Sache" interessant und unterhaltsam zugänglich zu machen und extrinsische Motivationsgelegenheiten (Erfolgserlebnisse, Freude etc.) zu arrangieren.

In der Praxis hat es sich als besonders motivierend erwiesen,

- mit aktuellen Problemen aus der Erfahrungswelt der Lernenden zu arbeiten,
- Bilder, Folien, Filme, Dias oder Tonträger einzusetzen,
- Gegenstände mit einem besonderen Aufforderungsgehalt einzubeziehen (neue technische Geräte, Computer etc.),
- Spielen (z.B. Knobelspiele oder Rollenspiele) und praktisches Hantieren zu ermöglichen,
- Methodenwechsel und Teilnehmeraktivierung „zuzulassen".

Wichtig ist auch der „Ausstieg" aus einem Lernprozess. Dieser sichert den Lernerfolg ab. Dabei ist es wie bei einer guten Rede: Der Abschluss ist der Höhepunkt, und oftmals ist es nur der Abschluss, der in der Erinnerung bleibt. Aus diesem Grunde muss besonders über ihn nachgedacht werden. Er muss die Quintessenz nochmals zum Ausdruck bringen, er muss einen Ausblick geben und Anwendungsbezüge herstellen. Den Ausstieg eines Lernprozesses bildet meist

- eine Zusammenfassung,
- eine Wiederholung,
- eine Lernerfolgssicherung oder
- ein „Schlusspunkt".

Es gibt aber auch Lernprozesse, die **offen** sind und an deren Ende keine Problemlösung steht. In einem solchen Fall ist der „Schluss" die klare Formulierung des Problems oder der noch offenen Fragestellung. Mit diesem Ausstieg ist dann auch zugleich der Einstieg in anschließende Lernprozesse programmiert.

Neben der Dokumentation und der Sicherung des gemeinsamen Lernerfolges dient der Ausstieg aber auch der Reflexion des Lernprozesses. Dabei sollte sowohl die Produktivität der gemeinsamen Arbeit (Haben wir gut kooperiert? Haben wir die richtigen Methoden eingesetzt? etc.) reflektiert werden, als auch die Prozesse auf der Beziehungsebene. Letzteres kann z.B. durch Fragestellungen eingeleitet werden, wie:

- Konnten sich alle gleichberechtigt beteiligen?
- Wie war das Kooperationsklima?
- Gab es sachlich unnötige Dominanzen oder Ausgrenzungen?

8 Wie reduziere ich den Lerninhalt?

Eine zentrale didaktische Aufgabe für Dozentinnen und Dozenten in der Erwachsenenbildung ist die didaktische Reduktion des Lehrstoffes. Ganz ähnlich wie im Wissenschaftsjournalismus geht es auch in Lernprozessen darum, die „Laien" nicht mit der Fülle des fachlichen Detailwissens zu erschlagen, sondern sie schrittweise in die Komplexität eines Gegenstandes einzuführen. Er „reduziert" den Gegenstand in seiner Komplexität, damit zunächst dessen Charakteristika und Besonderheiten möglichst deutlich zu Tage treten.

Grundlegend sind für die didaktische Reduktion die Kriterien der Gültigkeit und der Fasslichkeit.

Ziel der didaktischen Reduktion ist es, einen fachlichen Tatbestand so zu vereinfachen, dass er einerseits wissenschaftlich wahr („gültig") bleibt, andererseits aber auch für die Lernenden „fasslich" (Gustav Grüner) bleibt.

Lehren und Lernen stehen in einem gewissermaßen spiegelbildlichen Verhältnis zueinander, d.h. der Lernende muss die aus didaktischen Gründen zunächst vereinfachten Aussagen in seiner Kognition wieder zusammenführen und zu einer kognitiven Struktur fügen. Dabei folgen die komplexeren Einsichten den einfachen Grundstrukturen. So schichtet sich allmählich eine Wissensstruktur auf, wobei man davon ausgehen kann, dass die komplexeren Wissensbestandteile nur adäquat verarbeitet werden können, wenn die Grundstrukturen gut etabliert wurden. Die didaktische Reduktion liefert hierfür eine wesentliche Grundlage. Man unterscheidet zwei Ebenen der didaktischen Reduktion (Übersicht folgende Seite):

- Die Darstellungsreduktion (horizontale didaktische Reduktion) und
- die Inhaltsreduktion (vertikale didaktische Reduktion).

Beide Ebenen sind durch besondere Formen der didaktischen Reduzierung gekennzeichnet.

Bei der **horizontalen didaktischen Reduktion** bleibt der Gültigkeitsumfang der Aussage gleich.

Man formuliert sie nur konkreter, indem man Beispiele, Metaphern, Analogien zu Hilfe nimmt oder auch mit Erläuterungen, Erklärungen und Veranschaulichungen arbeitet.

Beispiel:
Man veranschaulicht den Verkehrsfluss im Straßenverkehr mit den Adern und Blutbahnen des Menschen oder anderen „Flüssen". Der tatsächliche Sachverhalt wird dabei insofern „reduziert", als ein Verstehenseffekt nicht durch die detaillierte Analyse seiner komplexen Struktur, sondern durch Bezugnahme auf unmittelbar einleuchtende Bilder oder Parallelen erzielt wird.

Ebenen und Formen der didaktischen Reduktion

Zwei Reduktionsebenen

Horizontale didaktische Reduktion (Darstellungsreduktion)

Gültigkeitsumfang bleibt gleich, wird nur unter Zuhilfenahme von Beispielen, Metaphern, Erklärungen und Veranschaulichungen konkreter

Vertikale didaktische Reduktion (Inhaltsreduktion)

Qualitativ = **Schwierigkeitsreduzierung**		Quantitativ = **Umfangsreduzierung**
Generalisierung Verallgemeinerung • Gültigkeitserweiterung • merkmalsärmer	**Selektion** Ausgewählte Aussage • Gültigkeitseinschränkung • merkmalsreicher	• elementarisch • fundamental • exemplarisch

(nach: Brüning / Müller / Schüssler 1995, S. 34)

Formen quantitativer Reduktion

	Beschränkungskriterien	**Didaktische Absicht**	**Bedeutung**
Exemplarisches Lernen	Behandlung eines typischen, prägnanten, repräsentativen Falls	Vermittlung des Ganzen im Einzelnen	Lernziel enthält mehr als das Thema
Elementarisches Lernen	Herausarbeitung des Wesentlichen	Erschließung des Kerninhalts als Teil aus einem Ganzen	Thema enthält mehr als das Lernziel
Fundamentales Lernen	Wahl eines fachspezifischen Zusammenhangs	Lehren von „Fach"-inhalten	Thema und Lernziel stehen unter einem Aspekt

(nach: Brüning / Müller / Schüssler 1995, S. 34)

Die **vertikale didaktische Reduktion** ist die „eigentliche" didaktische Reduktion. Sie tritt in zwei Varianten auf:

- Die **Schwierigkeitsreduktion** (qualitative didaktische Reduktion) zielt darauf, komplizierte Sachverhalte so zu vereinfachen, dass der Lerner sie begreifen kann, allerdings ohne dass dabei der Wahrheitsgehalt beeinträchtigt wird. Hierbei wird der Gültigkeitsumfang einer wissenschaftlich korrekten Aussage von Stufe zu Stufe eingeengt. Ziel ist die Reduzierung auf die elementaren Gesichtspunkte, um den Gegenstand auf den Verstehenshorizont der Lernenden zu transformieren. Für den Dozenten und die Dozentin in der Erwachsenenbildung stellt sich dabei die didaktische Reduktion als eine ständige Gratwanderung zwischen „Gültigkeit" der Aussage einerseits und ihrer „Fasslichkeit" bzw. Verstehbarkeit andererseits dar.
- Die **Umfangsreduzierung** (quantitative didaktische)Reduktion zielt darauf, die Stofffülle auf ein erträgliches Maß zu reduzieren, wobei es auch darum geht, den didaktischen „Mut zur Lücke" aufzubringen. Die Umfangsreduzierung kann prinzipiell in drei Varianten, denen unterschiedliche Begrenzungsabsichten und didaktische Absichten zu Grunde liegen, erfolgen.

Lehrende, die einen Lernprozess planen, sollten ihren Gegenstand nicht nur didaktisch analysieren, indem sie nach dessen Bedeutung und Rechtfertigung fragen (vgl. S. 92), sie müssen die Thematik des jeweiligen Lernprozesses vielmehr auch didaktisch reduziert vermitteln.

Bei dieser didaktischen Reduktion können sich Dozenten und Dozentinnen der Erwachsenenbildung prinzipiell sechs Fragen stellen, in denen die verschiedenen Ebenen, Formen und Strategien der didaktischen Reduktion zusammengefasst sind:

1. Durch welche Sachstruktur (Begriffe, Aspekte, Elemente) ist die Komplexität des Inhalts bestimmt? (= Sachanalyse)
2. Welche Strukturbestandteile sind von zentraler und welche von weniger zentraler Bedeutung, um die Struktur des Gegenstandes verstehen zu können? (= didaktische Strukturierung)
3. Welche Strukturbestandteile können von den Adressaten verstanden werden, welche nicht? (= Restriktionsanalyse, d.h. Antizipation von Lernschwierigkeiten)
4. Kann die Verständlichkeit durch Beispiele, Analogien, Erläuterungen und Veranschaulichungen erhöht werden? (horizontale didaktische Reduktion)
5. Auf welche Bestandteile (zentrale, weniger zentrale) kann verzichtet werden, ohne den Gültigkeitsumfang der Grundaussagen einzuschränken? (vertikale didaktische Reduktion I)
6. Welche Einschränkungen des Gültigkeitsumfanges müssen in Kauf genommen werden und können verantwortet werden, um das Verständnis der elementaren Strukturaspekte des Gegenstandes zu gewährleisten? (= vertikale didaktische Reduktion II)

9 Wie setze ich unterschiedliche Methoden, Sozialformen und Medien sinnvoll ein?

9.1 Methoden und Sozialformen

Dozentinnen und Dozenten in der Erwachsenenbildung kommt die Aufgabe der „Gleichgewichtsführung" (Ruth Cohn) zu: **Sie müssen den Lernprozess so arrangieren, dass die sachlichen, die persönlichen sowie die sozialen Gesichtspunkte ständig angemessen berücksichtigt werden.** Hierfür müssen sie geeignete Lernwege aussuchen, vorschlagen und die Lernenden auf diesen Wegen bisweilen führen oder nur begleiten.

Das Erwachsenenlernen ist allerdings sehr darauf angewiesen, dass nicht nur die Lehrenden im Besitz der Methoden sind. Lebenslanges Lernen „funktioniert" vielmehr überhaupt nur, wenn die erwachsenen Lerner selbst über eine Methodenkompetenz verfügen, d.h. zunehmend in den Besitz der Lernmethoden gelangen. Nur wer über Methodenkompetenz verfügt, ist auch in der Lage, den zukünftigen Anforderungen an ein lebenslanges und selbstgesteuertes Lernen auf Dauer wirklich gerecht zu werden.

„Methode" ist ein Begriff, der ursprünglich aus dem Griechischen kommt und dort so viel bedeutet, wie „Weg". Als erste Definition kann man deshalb festhalten:

Methoden sind Wege des Lehrens und Lernens. Während herkömmlicherweise die Lehrenden im Methodenbesitz waren und darüber entschieden, welche Methoden „eingesetzt" werden, trägt man heute stärker der Tatsache Rechnung, dass lebenslanges Lernen ein selbstgesteuertes Lernen ist, welches auf Dauer nur stattfindet, wenn die Erwachsenen selbst im Besitz von Lernmethoden sind.

Aus dieser Definition ergibt sich, dass die Methodenentscheidung in der Erwachsenenbildung keine einfache Entscheidung ist.

Bei der Methodenwahl müssen vielmehr zwei Entscheidungen gleichzeitig getroffen werden:

Zum einen geht es um die Auswahl einer „adäquaten" Methode (adäquat für die Gegenstandsbearbeitung, die Teilnehmenden etc.), zum anderen geht es aber auch um die Frage, ob die gewählte Methode die Lernenden auch zum selbstbestimmten Lernen befähigt oder sie gewissermaßen „an der Hand nimmt und zum Lernziel führt".

Ein wichtiger Gesichtspunkt ist in diesem Zusammenhang auch das kooperative Lernen. Erwachsene leben und lernen in ihrem Alltag zumeist in Gruppen, von anderen Menschen, im Austausch und im Dialog. Es ist deshalb wichtig, dass sie in Lernsituationen nicht künstlich separiert werden, obgleich es andererseits auch didaktisch sinnvoll und nötig sein kann, sie vorübergehend allein an Lernaufgaben arbeiten zu lassen. Alle diese Überlegungen beziehen sich auf die gewählte **Sozialform** des Lernens.

Als Sozialform des Lernens bezeichnet man die Formen der sozialen Kooperation im Lernprozess. Diese müssen arrangiert werden, die Zahl der möglichen Kombinationen der Teilnehmer zu Lerneinheiten ist aber logisch begrenzt.

Insgesamt unterscheidet man vier Sozialformen des Lernens:
- Die Einzelarbeit,
- die Partnerarbeit,
- die Gruppenarbeit und
- die Plenumsarbeit (Frontalunterricht).

Übersicht über den Einsatz verschiedener Methoden

Methoden mit darbietendem Charakter	Stofforientierte Methoden	Kommunikativ orientierte Methoden	Gestalterisch orientierte Methoden	Meditativ orientierte Methoden	Spielerisch orientierte Methoden
• Vortrag/ Vorlesung/ Referat • Podiumsdiskussion • Lehrgespräch • 4-Stufen-Methode	• Textarbeit • Brainstorming • Fallarbeit • Planspiel • Leittext • Projektmethode • Moderationstechnik • Teamteaching • Gruppenarbeit • Mindmapping	• Diskussion/ Rundgespräch • Kollegiale Beratung • Pro und Kontra • Graffiti • Aquarium	• Arbeit mit Fotos/ Bildern • Thema bildnerisch gestalten • Collage • Ausdrucksmalen • Texte schreiben	• Metapher-Meditation • Fantasiereise • Suggestopädische Methoden	• Pantomime • Rollenspiel • Planspiel

Quelle: u.a. Knoll 2007

Nimmt man vor diesem Hintergrund die einzelnen Methoden, die in der Erwachsenenbildung Verwendung finden, in den Blick, so kann man feststellen, dass diese in ganz unterschiedlicher Weise die Lernenden aktivieren oder zu kooperativem Lernen führen. So sprechen die **Methoden mit darbietendem Charakter** zumeist die Gesamtgruppe in einem Kurs an; sie gehen mit einer frontalunterrichtlichen Sozialform einher. Anders die **kommunikativ orientierten Methoden:** Hier stehen der Austausch und die Teilnehmeraktivität im Vordergrund. Ähnliches gilt auch für die **gestalterisch, meditativ** oder **spielerisch orientierten Methoden.** Nimmt man die **stofforientierten Methoden** in den Blick, so fällt auf, dass Darbietung und Stofforientierung keineswegs identisch sind. „Brainstorming", „Projektmethode" etc. sind nämlich zwar stofforientierte, aber sehr teilnehmeraktivierende Methoden.

Fragen, die ein Dozent oder eine Dozentin sich bei der Auswahl von Methoden stellen sollten:

- Welche Methode passt zu dem Thema?
  (Lehrgespräch, Informationssequenz, Demonstration/Vier-Stufen-Methode, Gruppenarbeit; allgemein: Informieren oder selbst erleben lassen)
- Inwieweit möchte / kann / muss ich bei diesem Thema die Selbstständigkeit der Auszubildenden fördern?
- Welche Methoden eignen sich besonders, um bestimmte Schlüsselqualifikationen (z.B. Selbstständigkeit, Kommunikation, Transferfähigkeit) zu fördern oder die Selbstlernkompetenz der Teilnehmenden zu stärken?
- Welche Sozialform (Einzel-, Partner-, Gruppen- oder Plenumsarbeit) wähle ich?
- Welches Ziel soll erreicht werden?
- Habe ich die erforderliche Zeit zur Verfügung?
- Habe ich die dafür erforderlichen Materialien und Medien?

9.2 Beschreibung und Beurteilung ausgewählter Methoden

Es gibt nicht die für alles geeignete Methode. Für unterschiedliche didaktische Absichten gibt es vielmehr ganz unterschiedliche methodische Realisierungsmöglichkeiten. Wichtig ist deshalb, dass Dozentinnen und Dozenten in der Erwachsenenbildung

- eine Fülle von Methoden kennen,
- abschätzen können, wofür diese geeignet sind und wofür nicht,
- auf Tipps zur erfolgreichen Verwendung der unterschiedlichen Methoden zurückgreifen können und
- insbesondere die immer noch verbreitete Methode des Vortrags ergänzen, variieren und durch didaktisch sinnvollere Formen der Ermöglichung von Lernen ablösen können.

Bernd Weidenmann beschreibt die Situation der Lernenden in frontalunterrichtlichen Lernformen als die von Fließbandarbeitern, da sie auf „getaktetes" Verarbeiten von Informationsblöcken, die in gleicher Weise an alle herangetragen werden, reduziert sind. Er stellt dazu fest:

„Zuhören strengt an, wenn man Neues aufnehmen soll, weil man den Informationsfluss nicht beeinflussen kann. Die Wörter ziehen vorbei wie Montageteile am Fließband. Man passt einen Moment nicht auf, und schon ist der Anschluss verpasst. Das Verstehen reißt ab.

Der eine Zuhörer hat eine größere Erwartungstoleranz oder Verstehensspanne, der andere eine geringere. Erwartungstoleranz ist das Ausmaß an Geduld, das man aufbringt, wenn man etwas nicht sofort versteht. Je erwartungstoleranter, desto mehr Zuversicht, das werde sich im Laufe der weiteren Ausführungen schon noch klären. Sie ist gefordert bei langen, verschachtelten Sätzen oder bei weiten Gedankenbögen. Wenn die Erwartungstoleranz überschritten wird, gibt unser Gehirn zumindest vorübergehend auf. Es ist auf Schonung der Kapazität ausgerichtet. Ein Kontrollsystem schaltet auf ‚Stopp', wenn weitere Anstrengung erfolglos scheint." (Weidenmann 2011, S. 54)

Beschreibung ausgewählter Vorlagen

	Beschreibung:	geeignet für:	Tipps:
Methoden mit darbietendem Charakter	Vortrag, Vorlesung, Referat Lehrender oder Teilnehmende referieren zu einem Thema in einer zusammenhängenden Form	• Darstellung eines Zusammenhangs • Einführung in ein Thema • Zusammenfassung	• langsam sprechen • Struktur, roten Faden (Gliederung) verdeutlichen (immer wieder darauf beziehen) • Aufbrechen des Vortrags in mehrere Impulse mit Zwischendiskussion • Ankern zentraler Aussagen (Visualisierung)
	Podiumsdiskussion Mehrere (bis max. fünf) Personen diskutieren zu einem Thema und werden dabei moderiert (vom Kursleiter oder anderen Teilnehmenden)	• Einführung in ein Thema • Erarbeitung eines kontroversen Sachverhalts • Präsentation von Ergebnissen (z.B. unterschiedlicher Arbeitsgruppen)	• klare Fragestellungen durch den Moderator • Rücknahme des Leiters bzw. der Leiterin

	Lehrgespräch Eine Präsentationsform, die zugleich Vortrag und Gespräch ist: Der Vortrag wird mit den Beiträgen der Teilnehmer/innen entwickelt	• Einführung in ein neues Thema • Erarbeitung eines Themas	• anregende Fragen stellen (nicht rhetorische) • bei den Teilnehmerbeiträgen deren Wert aufzeigen (*„Ihre Idee hilft uns weiter, weil ...“*) • echtes Gespräch, keine Quiz-Situation erzeugen
	Vier-Stufen-Methode Teilnehmende lernen durch Beobachtung: Vormachen – Nachmachen – selbstständig üben – bewerten/besprechen	• beim Erwerb von Fertigkeiten sinnvoll • deshalb in der Berufsbildung eine verbreitete Methode des Praxislernens	• erklären Sie, während Sie das Verfahren (z.B. Bearbeitung eines Werkstücks) vormachen • lassen Sie Fragen zu • lassen Sie die Lerner beim Nachmachen die einzelnen Handlungsschritte erläutern
Stofforientierte Methoden	**Textarbeit** Die Informations- bzw. Wissensvermittlung erfolgt durch Bearbeitung von ausgewählten Texten	• Erarbeitung und Vertiefung von Kenntnissen	• Es muss eine klare Aufgabenstellung der Bearbeitung zugrunde gelegt werden • Sinnvoll ist ein arbeitsteiliges Vorgehen (entweder unterschiedliche Fragen zu einem Text oder unterschiedliche Texte)
	Brainstorming Auf eine Schlüsselfrage werden Teilnehmerassoziationen gesammelt, gesichtet und strukturiert und so eine erste Struktur zu einem Thema erarbeitet	• Einstieg in das Thema • Bei erfahrungsbezogenen und erfahrungsreflektierenden Lernprozessen	• klarer und präziser Anfangsimpuls mit deutlicher Fragestellung

	Moderationstechnik Ein Moderator dokumentiert Teilnehmeräußerungen zu einer Fragestellung auf Kärtchen an einer Pinnwand. Diese werden in weiteren Schritten geordnet	• Bei erfahrungsbezogenen und erfahrungsreflektierenden Lernprozessen • Bei Lernprozessen, die auf Problemlösung, Anwendung und Transfer von Wissen gerichtet sind	• Die Impulsfragen sorgfältig vorbereiten und erwägen • Nicht zu viele Kärtchen auf eine Frage zulassen (max. fünf)
	Projektmethode Lerngegenstand ist die Bearbeitung einer komplexen Aufgabenstellung. Der Lernprozess umfasst die Planung, Durchführung und Ergebnisbewertung der Problemlösung	• Recherchieren eines Sachverhalts (z.B. Arbeitsplatzanalyse) • einen Kurs gemeinsam zu planen • Vertiefung und Anwendung von Gelerntem	• Projekte gemeinsam mit den Teilnehmenden definieren • Ausreichende Unterstützung organisieren (z.B. Zugang zu Institutionen)
Kommunikativ, gestalterisch oder spielerisch orientierte Methoden	**Thema bildnerisch gestalten, Collage** Teilnehmer drücken eine Thematik (z.B. „Die Situation in unserer Abteilung") bildnerisch aus und liefern damit Ansatzpunkte für Interpretationen, Austausch und Lernen	• als Vertiefungs- und Entspannungsphase in sachorientierten Lernprozessen • als Reflexionsanlass in verhaltensorientierten Lernprozessen (z. B. Führungstraining)	• Klare Aufgabenstellung • Materialien in ausreichender Form bereitstellen
	Fantasiereise Teilnehmende lauschen einer (z.B. mit Musik unterlegten) Geschichte (z.B. Reise zu einer einsamen Insel) und gestalten diese mit ihren eigenen inneren Bildern aus	• Einstimmung • Entspannungsphasen	• Auf ruhige, gleichmäßige Sprache achten (ggf. von einem Teilnehmenden vorlesen lassen)

Rollenspiel Eine soziale Situation (Konflikt, Verhalten) wird im Rollenspiel dargestellt, von den anderen unter bestimmten Kriterien beobachtet, es folgt Auswertungsgespräch)	• zum Erlernen und Proben neuer Verhaltensweisen (z.B. Kundenberatung) • zur Darstellung kontroverser Situationen	• klare Definition der Rollen und der Situation, die gespielt werden soll • klare Beobachtungsfragen an die übrigen Teilnehmenden im Kurs
Planspiel Komplexe Fähigkeiten werden durch Handeln in Quasi-Erstsituationen geübt (z.B. Spekulieren an der Börse, Verhalten und Steuerung in einem Entwicklungshilfeprojekt)	• Anwenden und Erproben komplexer Kompetenzen für spätere Ernstsituationen	• Geeignete Planspiele recherchieren (Eigenentwicklung zu aufwändig)

Welche Methoden können welchem Ziel dienen?

Ziel / Methoden	4-Stufen-Methode	Lehrgang	Leittext-Methode	Experiment	Erkundung	Brainstorming	Projektmethode	Planspiel	Lehrgespräch	Vortrag	Rollenspiel
Informationen beschaffen	xx	x	xx	x	xx				xx	xx	xx
kreativ denken und handeln				x		xx	xx	xx	x		
analytisch denken und handeln	x		x		xx		x	xx	xx	x	xx
synthetisch denken und handeln							x	xx	xx	x	
Planen förderndes Denken und Handeln		x	x	xx	xx		xx	x	x	x	x
Bewerten förderndes Denken und Handeln	x	x	xx	xx	xx	x	xx	xx	x	x	x
Entscheidungen treffen förderndes Denken und Handeln			x	x		xx	xx	xx	x	x	
nach Anweisungen und Vorgaben handeln	xx	xx	xx	x					x	x	
selbstständig arbeiten		x	xx	xx	x		xx	x	x	x	x
berichten und vortragen		x	x	x	x		x	x	xx	xx	x

xx = besonders gut geeignet   x = gut geeignet

9.3 Medieneinsatz

Der Begriff der „Medien“ bedeutet soviel wie „Mittler“, womit die Vorstellung verbunden war, Medien würden lediglich zwischen einem Sachverhalt und dessen Verstehen „vermitteln“, indem sie dessen Anschaulichkeit erhöhen. Heute, in der so genannten Mediengesellschaft, wurde jedoch längst erkannt, dass Medien auch eine Eigengesetzlichkeit haben. Sie lassen sich nicht mehr nur als „Mittler“ benutzen, die Tatsache, dass wir Medien haben, diese nutzen und unseren Alltag mehr und mehr bestimmen lassen, hat vielmehr Auswirkungen auf das Lernen selbst. Naheliegende Fragen der Erwachsenenpädagogik sind:

- Wie lernen Menschen, die tagtäglich vor einem Computer sitzen?
- Ist es angezeigt, auch ihre Lernprozesse stärker multimedial zu organisieren?
- Oder fordert kritisch-reflektierendes Lernen gerade die Distanz vom Computer?
- Wie viel Medien und Visualisierung „verträgt“ unsere Lernkultur, ohne dass der Erlebnis- und Unterhaltungseffekt das Selbstlernen erstickt?

Moderne Erwachsenenbildung ist ohne Mediennutzung nicht möglich. Da wir in einer Medienwelt leben, kann auch das Lernen mit Erwachsenen nicht vollständig davon absehen, dass unsere Informations- und Auseinandersetzungsgewohnheiten in starkem Maße durch die Arbeit mit Medien geprägt sind. Es kann deshalb nicht darum gehen, die Medien und insbesondere die neuen Medien zu „verteufeln“. Gleichwohl müssen Medieneinsatz und Medienauswahl erwachsenendidaktisch „begründet“ erfolgen. Man kann nicht einfach das eigene Denken und Strukturieren in Lernprozessen durch Folien und vorgefertigte Visualisierungen ersetzen. Wer ständig alles fertig entwickelt vorgesetzt bekommt, gibt irgendwann die eigenen Anstrengungen um die Entwicklung von Strukturen auf. Folgende fünf Leitfragen sollten sich Dozentinnen und Dozenten, die Medien auswählen, stellen.

Leitfragen zur Medienauswahl

1. Leitfrage: Ist aus der Zielvorstellung (den Konkretisierungen der Ziele) eine Affinität zu bestimmten Medien erkennbar? (= Zielaffinität)
2. Leitfrage: Erfordert die Auswahl eines bestimmten Unterrichtsgegenstands (Inhalts,Themas) die Verwendung bestimmter Medien? (= Gegenstandsaffinität)
3. Leitfrage: Ergibt sich aus der Vorauswahl bestimmter Methoden ein Hinweis auf notwendig einzusetzende Medien? (= Methodenaffinität)
4. Leitfrage: Verlangen bestimmte individuelle oder organisatorische Voraussetzungen die Verwendung bestimmter Medien? (= Begründungen)
5. Leitfrage: Ergeben sich aus der Absicht, ein bestimmtes Medium, eine bestimmte Medienkombination zu verwenden, Auswirkungen oder Rückwirkungen auf andere Unterrichtsfaktoren? (= didaktische Implikationen)

Einsatzmöglichkeiten unterschiedlicher Medien

	Einsatzmöglichkeiten:	Tipps:
Beamer	• Zur Visualisierung von Lernzielen, Gliederung, Seminarablauf • Zum Setzen eines Anfangs- oder Denkimpulses (z.B. Fotografie) • Zur Visualisierung von Strukturzusammenhängen (Grafiken u. Ä.) • Zur Erarbeitung von Gedankengängen und Strukturen während des Vortrags (Tafelbildfunktion)	• Ausreichende Schriftgröße wählen und die Folie von überflüssigen Details befreien! • Keine Folie ohne Titel bzw. treffende Überschrift! • Vermeide flüchtige Präsentation, d.h. zu kurzes Auflegen (nach dem Auflegen fünf Sekunden Lesepause geben)! • Konzentriere dich auf wenige, aussagestarke Folien und kommentiere diese ausreichend!
Flipchart	• Zur Unterstützung eines Vortrags durch Notizen • Zur Präsentation von vorbereiteten Texten • Zur (auch vorbereiteten) Formulierung von Arbeitsaufträgen für die Gruppenarbeit • Zur Dokumentation von Beiträgen und Fragen von Teilnehmenden • Zur Dokumentation von Beiträgen und Fragen von Teilnehmenden • Dokumentation der Flipcharts an der Seminarwand (i. S. einer Wandzeitung), um den Seminarablauf für alle sichtbar zu dokumentieren	• Auf lesbare Schrift achten (in Druckschrift mit Groß- und Kleinbuchstaben) • Immer einheitlich schreiben (persönliches Zeichenrepertoire für Überschriften, Hervorhebungen etc.) • Die Position des Stifts beim Schreiben nicht verändern • Bogen abreißen üben, weil oft attraktiv gestaltete Flipcharts beim Abreißen zerstört werden • Umweltschonende Stifte verwenden • Mit dem Flipchartpapier sparsam umgehen
Pinnwand	• Zur Sammlung, Sichtung und Strukturierung von Teilnehmerbeiträgen (drei bis fünf Methoden) • Zur Begleitung eines Vortrags (Anpinnen wichtigster Gedanken) • Zu Ermittlung eines Stimmungsbildes • Zur Erhebung und Dokumentation von Vorerfahrungen • Als Speicher (Problemspeicher) und Wandzeitung	• Pro Karte ein Gedanke oder zwei Zeilen in leserlicher (Druckbuchstaben) Schrift • Vorlesen der Karten und gemeinsames Entscheiden, welchem Cluster sie zugeordnet werden • Alle Karten werden berücksichtigt • Am Ende Betiteln der Cluster

Tonkassetten/ CDs etc.	• Zum Selbstlernen (Selbstlernaudios (z.B. im Fremdsprachenunterricht) • Als Dokumentationen (z.B. Interviews, Hörbilder der Alltagswelt etc.) (dokumentarische Audios) • Zur Dokumentation von Seminarphasen, besonderen Interaktionssequenzen, Präsentationen etc. (Ad-hoc-Audios)	• Teilnehmende können selber Audios mitbringen (z.B. Mitschnitt eines Eltern-Kind-Dialogs für ein Elternbildungsseminar) • Legen Sie sich eine eigene Audiothek zu (z.B. Pausenmusik, Musikunterlegung von bestimmten Selbstlern- oder Gruppenlernphasen)
Videos	• Zur Dokumentation von alltäglichen oder geschichtlichen Situationen • Zur Verständlichmachung schwieriger Zusammenhänge (z.B. komplizierter technischer Zusammenhänge) • Zur Ad-hoc-Dokumentation eigenen Verhaltens, um dieses analysieren und reflektieren zu können (z.B. Tennis-, Kommunikationstraining)	• Vermeide Edutainment (Unterhaltungsangebote), besser „kurze Eingreifvideos" mit max. zehn Min. Dauer) • Klare Beobachtungsaufgaben formulieren • Keine Zwischenstopps, sondern ungestörtes Ansehen
Computer und Multimedia	• Zur selbstständigen Erarbeitung von Inhalten mithilfe von Lernprogrammen (CD-ROM) • Als interaktive Hypermedia • Zur Simulation komplexer Zusammenhänge	• Die Lernsoftware selbst vor dem Einsatz gründlich kennen lernen • In der Regel geeignet für fortgeschrittene Lerner • Multimediale Lernangebote immer um Face-to-face-Situationen ergänzen

(vgl. Weidenmann 2011)

Ein„guter" Erwachsenenunterricht ist derjenige, der Medien didaktisch begründet einsetzt. „Didaktisch begründet" ist ein Medieneinsatz, wenn das gewählte Medium eine optimale Zielerreichung (z.B. Veranschaulichung komplexer Sachverhalte) verspricht. Dabei sind die Grenzen sicherlich fließend: So kann ein gutes medizinisches Fachbuch sicherlich Ähnliches leisten wie eine ausgefeilte Computersimulation. Darüber hinaus gibt es Lerner, die mit dem einen Medium (z.B. Buch) besser zurechtkommen als mit dem anderen (z.B. PC-Programm). Gleichwohl gilt es, wenig optimale Medienentscheidungen zu vermeiden. Medien sind nicht beliebig variierbar. So macht es z.B. weniger Sinn, komplexe Strukturen an einem Flipchart zu entwickeln, wenn es bereits gute Visualisierungen oder Simulationen gibt. Auch der Einsatz des PCs als Folien-Präsentator liefert oft kein didaktisch sinnvolleres Ergebnis als einfache Overhead-Folien.

10 Wie arbeite ich sinnvoll mit der Moderationsmethode?

Die Moderationsmethode (häufig auch „Metaplan“-Methode genannt) ist eine Methode der visualisierten Kommunikation (vgl. Berndt / Bingel / Bittner 2007; Klebert / Schrader / Straub 2006; dies. 2011): Auf Kärtchen werden die Antworten, Sichtweisen, Kommentare etc. der Teilnehmenden gesammelt und für jeden sichtbar an einer oder mehreren Pinnwänden angeheftet. Der Moderator oder die Moderatorin entfaltet nicht selbst den Lerninhalt, vielmehr beschränkt sich ihre Funktion darauf, durch gezieltes Fragen (Leitfragen) die Lernenden selbst den Inhalt konstituieren zu lassen. Dies geschieht dadurch, dass alle ihre Überlegungen, Sichtweisen, Meinungen und Erfahrungen zu der gestellten Leitfrage auf Kärtchen schriftlich artikulieren (deshalb auch häufig: Kärtchenmethode). Für die Arbeit mit den Kärtchen sind drei Gesichtspunkte hilfreich:

- Die Teilnehmenden sollten pro Kärtchen nicht mehr als zwei Zeilen in gedruckten Groß- und Kleinbuchstaben aufschreiben (Lesbarkeit).
- Man sollte die Zahl der maximal zu einem Aspekt auszufüllenden Kärtchen limitieren, da man sonst bei z.B. 15 Teilnehmenden leicht in den Bereich einer dreistelligen Zahl ausgefüllter Kärtchen gelangt, deren Besprechung sehr zeitaufwändig ist.
- Man sollte bei der Verteilung der Kärtchen darauf achten, dass man durch die Verwendung unterschiedlicher Farben differenzieren kann (z.B. positive Erfahrungen = grün, negative Erfahrungen = orange).

Kennzeichnend für die Moderationsmethode ist die Drei-S-Schrittfolge „Sammeln-Sichten-Strukturieren“, durch die auch die einzelnen Aufgaben für den Moderator bzw. die Moderatorin eindeutig festgelegt sind.

Beispiel

In einem Elternseminar „Erziehungsprobleme in Familie und Schule“ beginnt die Kursleiterin nach Vorstellungsrunde und kurzer Einführung mit den beiden Leitfragen „Mit welchen Erziehungsproblemen sind Sie bei Ihren Kindern konfrontiert?“ Und: „Mit welchen Erziehungsmaßnahmen haben Sie gute, mit welchen schlechte Erfahrungen gesammelt?“ Sie lässt die Antworten auf unterschiedlich gefärbte Kärtchen schreiben und an zwei Pinnwände pinnen. Der weitere Prozess besteht darin, die Problembereiche auf Vollständigkeit zu überprüfen, zu ergänzen und zu systematisieren.

Mit dieser Methode hat sie mit den Teilnehmenden nicht nur eine „Bestandsaufnahme“ zu den vorhandenen Erfahrungen, Sichtweisen und Lösungsansätze erarbeitet, sie hat gleichzeitig eine Art Seminarplan (Sammlung von Erziehungsproblemen) bzw. Anregungen für den weiteren Ablauf des Seminars entwickelt. Ihre Rolle kann dabei im weiteren Verlauf durchaus darin bestehen, den einen oder anderen Input zu geben, doch ist der entscheidende Unterschied zu einem nur expositorischen (darstellenden) didaktischen Ansatz darin zu sehen, dass sie selbst die sinnvollen Themen für solche Inputs von den Teilnehmenden definiert erhält.

Die Schritte der Drei-S-Methode

Aufgabe	Rolle des Moderators bzw. der Moderatorin
Sammeln	• Der Moderator bzw. die Moderatorin leitet nach einer Hinführung mit einer zielorientierten und präzisen Fragestellung (nicht zu weit, nicht zu eng) die Sammlungsphase ein. • Die Lernenden schreiben ihre Beiträge stichwortartig auf kleine Kärtchen und pinnen diese an die Pinnwand.
Sichten	• Nachdem alle ihre Kärtchen angepinnt haben, werden sie abgenommen, vorgelesen und es wird darüber entschieden, ob sie verständlich sind (ggf. Rückfrage an den „Autor") und ob sie wirklich die Frage beantworten. • Zuletzt werden Doppelungen (gleiche oder ähnliche Nennungen) aussortiert und es wird allmählich eine inhaltliche Struktur des Gegenstandes sichtbar.
Strukturieren	• Anzahl und thematische Eingrenzung der Cluster entstehen im Verlauf der Debatte, indem man sich gemeinsam darüber verständigt, ob ein Kärtchen unter die bereits vorhandenen Cluster subsumiert werden kann oder ein neuer Bereich „aufgemacht" werden soll.

Dieses Verfahren ermöglicht es,

- wirklich von den Erfahrungen der Teilnehmer auszugehen,
- jeden „zu Wort kommen" zu lassen,
- jeden Einzelnen zu aktivieren, weil Visualisierung Aufmerksamkeit und Beteiligung erfordert,
- die Verantwortung für den Lernprozess von Anfang an sichtbar auf die Einzelnen selbst zu übertragen,
- den Lernerfolg durch Eigeninitiative und Visualisierung zu intensivieren,
- eine produktive und zugleich arbeitsintensive Arbeitsatmosphäre zu schaffen.

Allerdings ist die Moderationsmethode auch von bestimmten Voraussetzungen abhängig und mit bestimmten Nachteilen verbunden. So kann sie zeitaufwändig und mit einem hohen Materialaufwand verbunden sein. Außerdem ist sie nur dann richtig einsetzbar, wenn die Pinnwände sowie das Moderationsmaterial (Kärtchen, Nadeln, Klebepunkte, Stifte, Tesakrepp) in einer Bildungsstätte vorhanden sind.

11 Was ist eine erwachsenengemäße und nachhaltige Weiterbildung?

Ein zentrales Thema ist in der beruflichen Weiterbildung die Frage der **Qualitätssicherung**. Diese ist angesichts der Vielfalt der Anbieter aus Gründen des Verbraucher- bzw. Teilnehmerschutzes von grundlegender Bedeutung. Einerseits haben sich in den letzten Jahren Zertifizierungsregelungen entwickelt, die darauf setzen, dass externe Instanzen (Zertifizierer) darüber befinden, ob ein Weiterbildungsanbieter ausreichende Vorkehrungen für die Sicherung der Qualität getroffen hat oder nicht, andererseits wird für die professionelle Selbstkontrolle des Weiterbildungspersonals plädiert. Dieses soll für die Qualitätssicherung „ihrer" Weiterbildungsangebote selbst zuständig sein und das Bemühen um Qualität zu einem kontinuierlichen Bestandteil ihrer Arbeit werden lassen. Darauf wird in Teil III noch mehrfach eingegangen werden. Unter dem Blickwinkel von Teil II – Didaktik und Methodik – ist zunächst festzuhalten: Von zentraler Bedeutung für den Erfolg und die Qualität der beruflichen Weiterbildung ist die **„Erwachsenengemäßheit"** des Lehren und Lernens. Als „erwachsenengemäß" kann eine Weiterbildung angesehen werden, die folgende zehn „Kriterien erwachsenengemäßen Lernens" berücksichtigt:

1. Lernziele/-inhalte/-themen können von den Teilnehmern mitbestimmt werden,
2. eigene Lernprojekte können von ihnen eingebracht und weiterbearbeitet werden,
3. die Lernorganisation ist zeit- und methodenflexibel und lässt mehrere Lernwege offen,
4. es werden gezielt Lerner-, Aktivitäts- und Selbsterschließungsmethoden eingesetzt,
5. es wird gezielt/möglichst an Lebenssituationen und/oder Berufserfahrungen angeknüpft,
6. die soziale und kommunikative Ebene des Lernprozesses wird absichtsvoll gefördert,
7. die Inhaltsauswahl ist curricular, didaktisch bzw. bildungstheoretisch begründet („Warum soll etwas gelernt werden?"),
8. angebotene Lerninhalte werden für die Teilnehmer „fassbar" reduziert,
9. angebotene Lerninhalte können selbsttätig erschlossen werden (Aktivitätsthese),
10. handlungsbezogene Problemstellungen sind explizit Thema.
(Arnold 1996, S. 199)

Um diese Aspekte in der beruflichen Weiterbildung professionell berücksichtigen zu können, ist es notwendig, dass von Dozentinnen und Dozenten grundlegende Kenntnisse der Erwachsenenpädagogik sowie der Didaktik und Methodik des Erwachsenenunterrichts erworben werden bzw. – im Sinne einer Eignungsvoraussetzung – erworben werden müssen.

Wie bereits beschrieben, findet Lernen immer auf mehreren Ebenen statt. Sie seien hier noch einmal – mit der Perspektive auf nachhaltiges Lernen in der Erwachsenenbildung – wiederholt:

1. **Sensibilisierung**: lernen, bestimmte Dinge und Prozesse differenziert wahrzunehmen und auf sie zu achten
2. **Kognitiv lernen**: Themen und Inhalte verstehen, sich Wissen aneignen, und eine innere, kognitive „Landkarte“ von Strukturen und Modellen sowie „innere Bilder“ entwickeln, die Orientierung und Sicherheit geben
3. **Affektiv lernen**: über das intellektuelle Verstehen und Behalten hinaus begreifen, worum es geht, d.h. reflektieren, erleben, fühlen, was an einem Thema bedeutungsvoll und wichtig ist
4. **Verhalten ausprobieren und einüben**: insbesondere beim Erlernen und Verbessern von Fähigkeiten ist es (mit-)entscheidend, Möglichkeiten zum Probehandeln und Trainieren zu haben. Dabei geht es darum, in einem geschützten Umfeld neue, ungewohnte Verhaltensweisen auszuprobieren
5. **Haltungen und innere Einstellungen** zu verändern und neue Verhaltensweisen dauerhaft in das eigene Verhaltensmuster bzw. -repertoire zu übernehmen, gelingt dann, wenn das Lernen auf allen Ebenen gefördert wird

Ein Beispiel für eine Lernsituation

Um greifbarer zu machen, wie verschiedene Lern-Ebenen berücksichtigt werden können, um bestmöglich nachhaltiges Lernen und gelingenden Praxistransfer zu fördern, hier als Beispiel die skizzenhafte Beschreibung einer typischen Lernsituation, wie sie immer wieder in Führungsqualifikationen vorkommen kann:

- Ein Teilnehmer bringt einen eigenen Praxisfall ein und beschreibt dabei das aus seiner individuellen Sicht und Wahrnehmung problematische Verhalten eines langjährigen Mitarbeiters; zudem formuliert er präzise sein Anliegen und den Auftrag an die kollegiale Beratergruppe.
    - ✕ Selbstgesteuertes Erzählen (durch den Fallgeber) und gezieltes Nachfragen (durch die kollegiale Beraterrunde) erzeugen ein möglichst genaues Bild der Fallsituation und ermöglichen eine erste Sensibilisierung für mögliche Zusammenhänge, Ursachen, Probleme etc. und erste Hypothesenbildungen (Lernebene 1, 2 und 3).
- Der eingebrachte Fall wird von der Gruppe oder in Teilgruppen, z.B. nach der Methode der kollegialen Praxis-/Fallberatung nach Kim-Oliver Tietze (2003, 2009) bearbeitet, darin eingebettet unterschiedliche Methoden und Verfahren der Problem- und Anliegenbearbeitung. Nach der Phase der Lösungssuche werden dem Fallgeber erste Lösungsideen vorgestellt.

- Während der Sammlung und Vorstellung der Lösungsideen findet ein Austausch dazu statt. Der Fallgeber erlebt diesen Schritt als mehr oder weniger hilfreich, passend, umsetzbar. Er überlegt, was davon aus seiner Perspektive letztlich am hilfreichsten wäre (Lernebenen 1, 2 und 3).

- Der gewählte Lösungsvorschlag, der dem Fallgeber am sinnvollsten und hilfreichsten erscheint, z.B. ein Feedback- oder Kritikgespräch mit dem Mitarbeiter zu führen, wird gewählt.

- Für die Planung und Umsetzung einer gewählten Lösungsstrategie kann der Fallgeber sich Unterstützung in Form von Probehandeln erbitten. Hierzu wird eine möglichst realitätsnahe Simulation in Form eines Rollenspiels gemeinsam vorbereitet und inszeniert.
  - Hierbei wird z.B. eine „Checkliste mit den wichtigsten Fragen zur Gesprächsvorbereitung" erarbeitet, die Gesprächsvorbereitung miteinander geübt (Gesprächsziele, wesentliche Inhalte, Vorgehen, Einstieg in das Gespräch, Rahmengestaltung etc.) (Lernebene 2).

- Das simulierte Mitarbeitergespräch wird durchgeführt, mit der Verabredung, dass es von den beteiligten Akteuren und/oder dem Trainer bei Bedarf „eingefroren" werden kann. Das Einfrieren bedeutet, auf ein verabredetes Zeichen hin zu stoppen, um dann ggf. den bisherigen Verlauf, das aktuell auftretende Problem und das weitere Vorgehen zu besprechen. Dabei wird gemeinsam über Alternativen bzw. Optimierungen im weiteren Vorgehen nachgedacht, ausgehend vom Befinden, Erleben und den Bedürfnissen der Akteure, der Einschätzung bzw. dem Feedback der beobachtenden Beratergruppe oder dem Beitrag des Trainers.
  - Für den Fallgeber bedeutet das Rollenspiel hilfreiche Sensibilisierung (1), affektives Lernen durch Einfühlen und Empfinden (3) sowie geeignetes „Probehandeln" (4) – zugleich liegt darin für alle Beteiligten die Chance des Perspektivenwechsels, insbesondere dann, wenn auch der Fallgeber zwischenzeitlich in die Rolle seines Mitarbeiters wechselt (3 und 5).

- In der Nachbereitung und Reflexion des Rollenspiels wird der Verlauf des Gespräches abschließend reflektiert und Rückmeldung gegeben. Der Fokus der Reflexion liegt zunächst auf dem Erleben und Fühlen der (direkt) Beteiligten, später auch auf dem Erleben und den Wirkungen auf die Beobachter. Inhaltlich-methodische Inputs zum Thema ergänzen die Simulation und können bei Bedarf wiederum gleich ausprobiert werden (ggf. Erweiterung der Simulation durch Rollenwechsel und auch durch neue Rollenbesetzungen). (1,2,3,4,5)
  - Sowohl für die Akteure wie für die Beobachter der Situation wird so die „innere kognitive Landkarte" und das Repertoire von Handlungsmöglichkeiten erweitert (Lernebene 2); der Fallgeber kann verschiedene

Verhaltensweisen auf ihre Auswirkungen hin prüfen (Ebene 4) und somit die Handlungsoptionen auswählen, die ihm am passendsten für sich erscheinen (Lernebenen 3 und 5).

- Nach dem Bearbeiten werden den Teilnehmern zur Nachbereitung Materialien und Texte zu den bearbeiteten Fallsituationen, z.B. „Feedback- und Kritikgespräch", „Feedback-Regeln", „Ich-Botschaften", „Vorbereitung eines Mitarbeitergespräches" etc. zur Verfügung gestellt (ggf. auch online) (Lernebene 2).
- In den darauf folgenden Wochen führt der Teilnehmer das zuvor simulierte Gespräch „live" mit seinem/ihrem Mitarbeiter durch. Bei Bedarf kann sich der Teilnehmer bei anderen Teilnehmern oder dem Trainer über die Erfahrungen austauschen. Reflektiert wird dann: Was lief gut? Was weniger gut? Was lief wie erwartet, was nicht ? Welche Probleme traten auf und welche Gründe gab es dafür? Was möchte ich zukünftig beibehalten? Was will ich noch verändern? Welche Kompetenzen brauche ich noch? (Lernebenen 1, 2 und 5).

Ein gelingender Transfer von Gelerntem in den Arbeits- und Führungsalltag ist eines der wesentlichen Kriterien, an dem sich der Erfolg einer Qualifizierungsmaßnahme messen lässt. Daher sollte auf die Anwendbarkeit von Lerninhalten, das kontinuierliche Überprüfen von Zielsetzungen und die Zielerreichung großes Augenmerk gelegt werden. Dieses Vorgehen verdient durchgängig Aufmerksamkeit, beginnend bei der Formulierung der Lern- und Entwicklungsziele, bei der Konzeption der Maßnahmen, bei der Auswahl der Trainer / Moderatoren / Berater, den Methoden und Vorgehensweisen und letztlich auch bei der Einbindung der entwicklungsverantwortlichen Führungskräfte der nächsten Hierarchieebenen (Personalentwicklung ist eine nicht delegierbare Managementaufgabe!). Transferunterstützung ist das Ergebnis einer kooperativen Zusammenarbeit zwischen internen/externen Personalentwicklern, Teilnehmer/-innen und zuständigen Führungskräften.

12 Wie gestalte ich Lernen am Arbeitsplatz?

Mit der zunehmenden Veralterungsrate des Wissens ist es immer weniger möglich und sinnvoll, Erwachsenen das jeweils aktuelle Wissen nur in speziell inszenierten Weiterbildungssituationen „zugänglich" zu machen. Es wird notwendig, Lernmöglichkeiten unmittelbar in den Arbeitsplatz bzw. in den Arbeitsprozess zu integrieren, um so Lernen und Arbeiten mehr und mehr ineinander „aufzulösen". In der Weiterbildungsgesellschaft der Zukunft werden Menschen kontinuierlich und stärker selbstgesteuert lernen müssen, wobei sich Lernen am Arbeitsplatz zu der dominanten Form des lebenslangen Lernens entwickelt.

Da die Sicherung der Wettbewerbsfähigkeit von Unternehmen nur durch die kontinuierliche Aktualisierung des Wissens der Mitarbeiter erreicht werden kann, gilt es, neue Wege in der betrieblichen Bildung zu gehen. Neben klassischen Lehrgängen oder Seminaren müssen verstärkt flexible Ansätze arbeitsprozessorientierten Lernens treten (vgl. Geldermann 2005; Loebe/Severing 2005).

Am Beispiel der alter(n)sgerechten Weiterbildung soll das Lebenslange Lernen (in Kürze) verdeutlicht werden

12.1 Alter(n)sgerechte Weiterbildung

Die demografische Entwicklung zeigt eine (neue) Tendenz auf: Organisationen müssen sich darauf einstellen, in den nächsten Jahren weniger junge und mehr ältere Arbeitskräfte zur Verfügung zu haben (vgl. Bartscher/Huber 2006; Capgemini 2007; Fuchs 2006; Krämer-Stürzl 2008; Rump 2006).

Um (auch) mit dieser demografischen Entwicklung aktiv umzugehen, ist u.a. Folgendes erforderlich:

- Eine vorausschauende Personal- und Organisationsentwicklung in den Unternehmen und eine sie flankierende präventive Qualifikations- und Beschäftigungspolitik, die sich auf das gesamte Erwerbsleben erstreckt, damit keine alterstypischen Qualifikations- und Leistungsdefizite entstehen und die Stärken von Nachwuchskräften mit der Berufserfahrung von Älteren optimal kombiniert werden können.
- Weiterbildung muss während des gesamten Berufslebens in der Informations- und Wissensgesellschaft für jeden selbstverständlich werden.
- Das Gestalten und Organisieren eines gesundheits- und altersgerechten sowie innovations- und qualifikationsfördernden Arbeitsumfeldes muss zur Norm werden.
- Der Ausgrenzung älterer Arbeitnehmer muss frühzeitig begegnet werden.
- Die Rahmenbedingungen für ein lebensbegleitendes berufliches Lernen, zur Förderung und dauerhaften Erhaltung der Beschäftigungsfähigkeit aller Bevölkerungs- und Altersgruppen müssen verbessert werden.

12.2 Maßnahmen der alter(n)sgerechten Weiterbildung

Es bieten sich viele Handlungsoptionen, um den Folgen des demografischen Wandels rechtzeitig entgegenzusteuern. Das Fraunhofer Institut für Arbeitswissenschaft und Organisation (IAO) hat folgenden Maßnahmenkatalog entwickelt:

Kurzfristig einsetzbare Maßnahmen

- Die betriebliche und bereichsspezifische Altersstruktur analysieren, um ausgewogene Altersverteilungen und daraus resultierende Problemfelder identifizieren zu können.
- Altersgemischte Teams (auch Tandems) einführen, um rechtzeitig die Übertragung von Erfahrungen und Wissen künftig ausscheidender Mitarbeiter und ihrer Nachfolger zu gewährleisten.
- Angepasste und erweiterte Rekrutierungs- und Personalentwicklungsstrategien zur Ausschöpfung der Arbeitsmarktreserven entwickeln, auch für neue Zielgruppen wie Frauen und ältere Arbeitslose.

Mittelfristig wirksame Maßnahmen

- Die Attraktivität der Arbeit im eigenen Unternehmen entwickeln und herausstellen; nur wer künftig auf dem Markt als attraktives Unternehmen wahrgenommen wird, hat eine Chance, die besten Talente anzulocken und zu halten.
- Vorurteile über die Leistungsfähigkeit Älterer abbauen und auch in Innovationsprojekten die Erfahrung Älterer zur Vermeidung von Sackgassen nutzen.
- Den älter werdenden Mitarbeitern eine Entwicklungsperspektive geben und damit die mittlerweile fest gefügte Erwartung auf vorzeitige Verrentung aufbrechen, z.B. durch die Entwicklung einer altersgerechten, lebensphasenorientierten Laufbahngestaltung und flexibler Übergänge in die Nacherwerbsphase.
- Etablierung von altersgemischten Teams zur Gewährleistung von Wissens- und Erfahrungstransfer und zur Nutzung der komplementären Stärken von Jüngeren und Älteren.

Langfristig ausgerichtete Maßnahmen

- Den Status von Fachlaufbahnen neben hierarchischen Karrieren aufwerten; Förderung der Veränderungs- und Lernfähigkeit durch Wechsel zwischen Aufgaben und Positionen.
- Lebensbegleitende Kompetenzentwicklung fördern; insbesondere Aktivierung der mittelalten und älteren Mitarbeiter durch Weiterbildung und Tätigkeitswechsel.
- Tätigkeiten, die nur begrenzte Zeit ausgeübt werden können, vermeiden; längerfristige einseitige Belastungen der Mitarbeiter verhindern und für Belastungswechsel sorgen.
- Ausgewogene betriebliche und bereichsspezifische Personal- und Alterstrukturen etablieren, um Einstellungs- und Verrentungswellen zu vermeiden.

12.3 Der erfahrungsorientierte Ansatz – (Ältere) Erwachsene lernen

Personal, dass aus der Zielgruppe Älterer rekrutiert wird, ist in vielerlei Hinsicht Experte. Ältere haben anspruchsvolle Profile, oft haben sie einen interessanten biografischen Hintergrund. Weiterbildung (und Personalentwicklung) sollte daher – auch im Sinne des lebenslangen Lernens – an den Erfahrungen dieser Zielgruppe ansetzen.

Noch einmal im Überblick in Erinnerung gerufen, was Ältere gut können und wann es problematisch wird (vgl. u.a. Freude 2004; Geldermann 2002; Lehr 2005):

Ältere können Aufgaben besser erfüllen, wenn diese ...	Problematischer für ältere Beschäftigte sind Aufgaben, die ...
• vertraut sind, • relativ selbstständig eingeteilt werden können hinsichtlich Arbeitspensum, Arbeitsrhythmus und Arbeitsablauf, • komplexe Lösungswege erfordern, • ohne Erfahrungen nicht zu bewältigen sind, • soziale Kompetenzen bedingen, • detaillierte Kenntnisse über betriebliche Abläufe und informelle Beziehungen voraussetzen. (...)	• mit extremen Umgebungseinflüssen wie Hitze, Kälte, Zugluft, hoher Luftfeuchte, Lärm, unzureichender Beleuchtung verbunden sind, • schwere körperliche Arbeit und/oder monotone, sich ständig wiederholende (repetitive) Bewegungen erfordern, • unter starkem Zeit- und Leistungsdruck erfüllt werden müssen, • wenig Selbstbestimmung beim Arbeitstempo zulassen, • keine ausreichende Erholung ermöglichen, • gute Seh- und Hörleistungen voraussetzen.
Älteren fällt das Lernen leichter ...	**Älteren fällt das Lernen schwerer ...**
• bei Einsichtigwerden des Sinnzusammenhangs, • wenn Lernen im Ganzen stattfindet, • wenn der Zeitfaktor keine bzw. weniger eine Rolle spielt, • wenn Lerntechniken (Codierungsstrategien) – ggf. noch einmal – erlernt werden, • wenn der gebotene Lehrstoff übersichtlich gegliedert ist, • wenn sie sich etwas selbst erarbeiten können, • die Lernmotivation, die innere Bereitschaft, einen Stoff aufzunehmen und sich damit auseinanderzusetzen, vorhanden ist.	• bei sinnlosem (bzw. ihnen sinnlos erscheinendem) Material, • wenn Lernen in Teilen stattfindet, • bei zu schnell dargebotenem Lehrstoff, • wenn Lerntechniken fehlen (Codierungsschwäche), • bei unstrukturiertem Vorgehen, • wenn sie etwas „mundgerecht geliefert" bekommen.

Was bedeutet dies u.a. im Allgemeinen für die ältererengerechte Didaktik (in Anlehnung an Geldermann 2005)?

Älterengerechtes Lernen

- Teilnehmerorientiert
- Gruppenorientierte Lernformen
- Erfahrungsorientierte Problembearbeitung
- Beruflicher Verwertungsbezug
- Praxisorientiert

Anforderungen an Teilnehmerinnen

- Aktive Mitarbeit
- Erfahrungen einbringen
- Kritisches Aufarbeiten der Erfahrungen
- Alternative Problemlösungsstrategien kennen lernen
- Kontinuierliche Reflexion eigenen Denkens und Handelns

Alternsgerechtes Lernen bedeutet nicht eine Didaktik nur für Ältere, sondern die Verzahnung des Lernens mit dem Berufsverlauf durch geeignete Methoden und Arrangements, sodass mit dem Altern nicht zugleich die Qualifikation veraltet. Ein solches Lernen und demzufolge auch Lehren muss sich von der berufsvorbereitenden Ausbildung von Jugendlichen unterscheiden, die durch Lernen auf Vorrat für eine Anwendung, die erst später kommt, charakterisiert ist.

Lernen von berufstätigen Erwachsenen baut dagegen auf einem vorhandenen Kenntnisstand auf und erweitert oder korrigiert ihn. Die **Lernfähigkeit von Erwachsenen** ist daher wesentlich **an Bedeutsamkeit gebunden.** Individuelle Lerngründe entstehen erst in Anwendungsbezügen, wenn verfügbare Kompetenzen zur Bewältigung einer Aufgabe nicht ausreichen (vgl. Faulstich 2003). Das heißt, Lernen muss als Erweiterung der Handlungssouveränität für eigene Intentionen erfahren und praktiziert werden können. Formen des selbst organisierten Lernens, die die Selbstbestimmung im Verhältnis zum Lernen auch im eigentlichen Lernarrangement spiegeln, bieten sich daher besonders an (vgl. Geldermann 2002).

Aus Gründen der praktischen und ökonomischen Umsetzbarkeit geht es darüber hinaus auch darum, eine Lernkultur und -organisation zu etablieren, die die vielfältigen individuellen Voraussetzungen und Gewohnheiten, die sich im Verlauf eines Berufslebens bei den Mitarbeiterinnen und Mitarbeitern herausbilden, flexibel aufgreift, fördert und entwickelt (vgl. ebd.).

Im Folgenden wird ein Lernarrangement – in Anlehnung an Frank/ Ende 2003; Geldermann 2005; – als Beispiel für eine solche betriebliche Lernorganisation vorgestellt. Es dient außerdem als Referenzmodell, an dem die Umsetzung erwachsenendidaktischer und damit alternsgerechter Prinzipien diskutiert wird:

12.4 Das Lernkonzept: Kooperatives Erfahrungslernen im Betrieb

Das Lernkonzept wurde im Rahmen des EQUAL-Projekts AQUA – **alternsgerechte Qualifizierung** – gemeinsam mit Betrieben der Region Nürnberg von der bfz Bildungsforschung entwickelt. Es handelt sich um kooperatives Lernen in der Gruppe, wobei sich Selbstlernphasen und von einem Trainer moderierte Workshops abwechseln. Die Gruppe bearbeitet im Sinne des Action Learning ein betriebliches Realprojekt, reflektiert ihr Vorgehen mit Unterstützung des Trainers und erarbeitet sich darüber zusätzliche methodische und Lernkompetenz.

Gruppenlernen
Durch die Interaktion in der Gruppe, die Sammlung und Bewertung des Wissens und die Erfahrungen der Einzelnen entlang einer gemeinsamen Aufgabe sollen individuelle Lerneffekte erzielt werden. Die Funktion des Lehrenden wird weitgehend ersetzt durch die Kooperation. Die Lehr-Lernbeziehung ist eine zwischen den Gruppenmitgliedern, wobei es keinen exklusiven Expertenstatus gibt. Daher muss auf die Auswahl und Zusammensetzung der Gruppenmitglieder besonderer Wert gelegt werden.

Für das „Instruktionsdesign" bedeutet das, dass es keine fertige Lösung gibt, die von den Lernenden in bestimmten, vorstrukturierten Schritten zu finden ist. Das Ergebnis ist offen, die Prozesse der Vermittlung und Aneignung fallen zusammen. Wissenszuwachs entsteht durch den fachlichen Austausch untereinander, durch gezielte, in der Gruppe verabredete Recherchen und die Erschließung weiterer Quellen und Ressourcen. Bei Letzterem gibt der Trainer inhaltliche Unterstützung, während er Moderations- und Feedbackfunktion übernimmt.

Selbst organisiertes Lernen
Die Teilnehmenden bestimmen weitgehend den Ablauf der Aufgabenbearbeitung, die Häufigkeit und Dauer ihrer Treffen, die Schritte, die sie gehen wollen. Sie sind selbst die Subjekte der Wissensweitergabe untereinander und der Informationsbeschaffung und -bewertung. Die Rahmenbedingungen müssen selbstverständlich (im Vorfeld) mit dem Betrieb abgestimmt werden (z.B. Zeitpunkt und -raum der Treffen, Ort, personelle Ressourcen). Auch bei der Auswahl des zu bearbeitenden Themas oder Problems werden von der verantwortlichen Führungskraft Vorgaben gemacht, wenn auch die Gruppe die genaue Zielbestimmung selbst vornimmt. Diese weitgehende Selbstbestimmung sorgt dafür, dass der Lernprozess sich an den Bedürfnissen und Möglichkeiten der Teilnehmenden orientiert. Da es sich bei diesen in der Regel um pädagogische Laien handelt, benötigen sie die Unterstützung des Moderators/der Trainerin bei der Strukturierung und vor allem bei der Reflexion ihres Vorgehens unter dem Gesichtspunkt der Lernkompetenzentwicklung.

Lernen aus und für die Praxis

Das Lernkonzept enthält Prinzipien des Action Learning. Gelernt wird anhand eines Realprojekts, Lernen wird mit Problemlösen verknüpft.

Action Learning

Man löse reale Probleme am Arbeitsplatz und verbinde damit einen intensiven Erfahrungsaustausch – das ist der zentrale Ansatz des Action Learning.

Als dessen geistiger Vater gilt der 1907 geborene britische Kernphysiker Reginald Revans. Mitte der 1940er-Jahre wurde er Mitglied einer neu gebildeten Kohlebehörde in der Grafschaft Essex. Bei seinen Zechenbesuchen beeindruckte Revans, wie sich die – überwiegend ungelernten – Bergarbeiter in gemeinsamen Gesprächen über ihre Probleme vor Ort unterhielten und nach praktischen Lösungen suchten. Seine Schlussfolgerung, dass Wissen allein ein Produkt des Handelns und der gemeinsamen Reflexion ist, manifestierte sich schließlich in der Idee des Action Learning, die er in den nächsten Jahrzehnten in zahllosen Projekten ständig weiterentwickelte.

Revans hegt seit jeher ein tiefes Misstrauen gegenüber so genanntem Expertenwissen; gängigen Management- und Führungstheorien mit ihrem überwiegend direktiven Charakter steht er äußerst kritisch gegenüber. Stattdessen plädiert er dafür, sich in Lerngruppen von Gleichgesinnten offen über die eigene Unwissenheit auszutauschen und daraus die richtigen Fragen abzuleiten.

Beim Action Learning werden Mitarbeiter ermutigt, anderen Praktikern ihre eigene Sichtweise der Probleme und ihre eigenen Lösungsvorstellungen zu erklären – getreu dem Prinzip, dass das gegenseitige Lehren die effektivste Form des Lernens ist. In seiner radikalen Form bedeutet Action Learning, Menschen mit der Lösung eines Problems zu betrauen, das völlig außerhalb ihres gewohnten Betätigungsfeldes liegt. Nur dann nämlich können sie sich nicht auf ihr vermeintliches Fachwissen berufen und sind gezwungen, sich die Lösung des Problems gemeinsam durch Versuch und Irrtum zu erarbeiten.

Auch wenn es dem Wesen des Action Learning widerspricht, fertige Strukturen und Konzepte vorzugeben, so gibt es doch einige gemeinsame Charakteristika von Action-Learning-Programmen sowie einige Voraussetzungen, damit Action Learning funktioniert:

- Bearbeitet wird ein ebenso reales wie akutes Problem mit unmittelbarem Bezug zum Arbeitsplatz, für das es keine vorgefertigten Lösungsschemata gibt.
- Der „Problemeigentümer" fungiert als Auftraggeber des Action-Learning-Programms. Er hat ein dringendes Interesse an der Problemlösung, gibt der Lerngruppe einen konkreten Auftrag und wird von dieser regelmäßig über den Stand des Projekts informiert.
- Die Teilnehmer einer Lerngruppe engagieren sich aus eigenem Interesse an dem Programm und arbeiten uneigennützig an einer Lösung zu Gunsten des Auftraggebers.

- Jeder Teilnehmer einer Lerngruppe sucht sich innerhalb der Organisation einen so genannten „Förderer" für regelmäßige persönliche Reflexionsgespräche. Der Teilnehmer erhält dadurch mehr Klarheit über sich und seinen Beitrag zur Lösung der Projektaufgabe. Der Förderer wiederum erkennt aus den Darstellungen des Teilnehmers Schwachstellen und Entwicklungspotenziale der Organisation. Er agiert damit innerhalb der Organisation als zusätzlicher Katalysator des Lernprozesses.
- Das Action-Learning-Programm wird vom Topmanagement vorbehaltlos unterstützt. Es stellt aus seinen Reihen eine Führungskraft, die für die Verlaufzeit des Programms die Rolle des Trägers übernimmt. Dieser sorgt dafür, dass der Lerngruppe die nötigen materiellen, personellen und zeitlichen Ressourcen zur Verfügung stehen.
- Die Lerngruppe ist möglichst heterogen zusammengesetzt, um eine einseitige Überbewertung des Fachwissens zu vermeiden bzw. das Fachwissen einzelner Gruppenmitglieder mit dem gesunden Menschenverstand der anderen kritisch zu spiegeln.

Einzelne Ideen der ebenso einfachen wie überzeugenden Action-Learning-Philosophie von Revans sind inzwischen in zahllosen Konzepten des arbeitsplatznahen Lernens, in Qualitätszirkeln oder in Lernprojekten adaptiert worden.

Diese Methode ist alternsgerecht, da sie die Bedeutsamkeit für die Teilnehmenden sichert und an ihrem Wissen, ihren Erfahrungen anknüpft. Dabei werden drei Ziele verfolgt:

1. **Problemlösung:**
In Abstimmung mit den Verantwortlichen im Unternehmen wählen die Teilnehmenden ein Problem aus, definieren und strukturieren es als Projekt. Dieses kann größer oder kleiner dimensioniert sein, je nach den Kapazitäten und Ressourcen, die zur Verfügung stehen, und den Kompetenzen der Teilnehmenden. Wichtig ist, dass es sich um ein reales und akutes Problem handelt. Das Lernfeld wird aus dem Arbeitsfeld nicht herausgelöst. Der „Ernst" mit allen Implikationen wie Zeitdruck, Abstimmungsproblemen, Misstrauen bei Kollegen etc. wird bewusst in Kauf genommen. Am Ende steht dafür ein Ergebnis, ein „Erfolg", der eine ganz andere Relevanz hat als ein individueller Lerneffekt, der sichtbar ist im Unternehmen und anerkannt wird.

Zu beachten ist, dass die Teilnehmenden von dem Problem, das sie bearbeiten, auch betroffen sind. Der Einsatz, den sie bringen, darf nicht ausschließlich dem Unternehmen nutzen, sondern die Lerner müssen sich auch selbst eine Verbesserung ihrer Arbeitsbedingungen versprechen. Themen können z.B. sein: Die Verbesserung der Abstimmung beim Schichtwechsel, Entwicklung eines Einarbeitungsprogramms für neue Mitarbeiter, Richtlinien für den Umgang mit schwierigen Kunden usw.

2. **Entwicklung individueller Kompetenzen:**
Durch die Aufnahme des Wissens der anderen Gruppenmitglieder und durch die gemeinsame Bewertung und Weiterentwicklung vorhandener Wissensbestände tritt ein individueller Lerneffekt ein. Die Teilnehmenden profitieren individuell vom gemeinsam Erarbeiteten. Da der Anwendungsbezug von vornherein gegeben ist, sollen Streuverluste und Transferprobleme auf ein Minimum reduziert werden.

3. **Verstärkung der Lernkultur im Unternehmen:**
Da der Aktionsbereich der Lerngruppe betriebliche Abläufe und Bereiche tangiert, zieht das Arrangement zwangsläufig über die Gruppe hinaus weitere Kreise. Bei der Informationsbeschaffung müssen u.U. zusätzliche Personen einbezogen werden, der Veränderungsvorschlag muss mit verschiedenen Stellen im Unternehmen geprüft und abgestimmt werden. Die davon betroffenen Personen müssen informiert und eingebunden werden. Das Lernprojekt wirkt einerseits als „Irritation" im Betriebsablauf, stellt aber auch ein Angebot zur Mitwirkung für weitere Zielgruppen dar, die zum Mitdenken und Wissensaustausch angeregt werden.

Reflexion
Ein wesentliches Element des Action Learning ist die Reflexion. Die Projektschritte werden in regelmäßigen Reviews, die Bestandteil der Workshops sind, reflektiert und die Ergebnisse als methodisches Inventar festgehalten. Dies entspricht dem Double-loop-Lernen von Argyris (1997): Es führt zur Revision von Handlungsstrategien. Die Ebene des Deutero-Lernens ist für das Lernarrangement zentral. Es geht nicht nur um die Verbesserung von Handlungsstrategien, sondern auch um die Explizierung und Verbesserung von Lernstrategien.

Bestandteil jeden Workshops ist ein Thema aus dem Bereich Lernen, zu dem der Moderator/die Trainerin inhaltlichen Input gibt. Beispielsweise werden folgende Inhalte angeboten:

Workshop 1: Problemanalyse und Standortbestimmung
Hier geht es einerseits um die Definition des Praxisprojekts, andererseits aber auch um die persönliche Standortbestimmung der Teilnehmenden. Sie beurteilen ihre eigenen Kompetenzen und bestimmen ihren Lernbedarf.

Workshop 2: Zielbestimmung und Problemlösestrategien
Wieder ist hier das Praxisprojekt Thema, das zum Laufen gebracht werden soll. Darüber hinaus stellt die Trainerin Methoden der Wissensgenerierung vor, die für das Vorhaben nützlich sein können. Die Teilnehmenden legen ihre persönlichen Lernziele fest.

Workshop 3: Überzeugen, präsentieren

Anhand der Vorbereitung einer Präsentation zu Zwischenergebnissen des Projekts für die Betriebsöffentlichkeit werden Methoden der Präsentation und der Argumentation besprochen.

Workshop 4: Kommunikation

Die Weitergabe von Wissen im Betrieb und die Erschließung von Wissen durch Kommunikation sind Themen in dieser Sitzung.

Workshop 5: Bildungsangebote nutzen

Die Auswahl und Beurteilung von „klassischen" Bildungsangeboten im Rahmen eines konkreten Lernprojekts wird besprochen. Dies ist die Schnittstelle zum betrieblichen Bildungswesen. Das Lernarrangement „Aktives Erfahrungslernen" im Betrieb kann nicht alle Lernbedarfe abdecken. Die Teilnehmenden sollen jedoch besser auf die Nutzung von Bildungsangeboten vorbereitet werden und für sich eventuell eine zusätzliche Lernschleife definieren.

Workshop 6: Lern- und Veränderungserfolg bilanzieren.

Im Rahmen des Abschlussreviews werden noch Methoden der Selbstevaluation des Lernens thematisiert.

Die Phasen des Lernarrangements

Eine Weiterbildungsveranstaltung nach dem Modell „Kurs" hat in der Regel die Phasen Bedarfsermittlung – Konzeptentwicklung – Dozentenrekrutierung – Teilnehmergewinnung – Planung/Organisation – Durchführung und Evaluation. Ein Lernarrangement, das keinen curricularen Inhalt hat und nicht nur im Betrieb stattfindet, sondern auch in Unternehmensprozesse eingreift, läuft anders – ähnlich der Projektbearbeitung – ab:

1. **Auftragsklärung:** Ob die Initiative vom Unternehmen ausgeht oder ob ein externer Anbieter an die Verantwortlichen herantritt, in jedem Fall ist zunächst ein ausführliches Vorgespräch zu führen, das die Modalitäten und Verantwortlichkeiten festlegt: Die mögliche Zusammensetzung der Teilnehmergruppe, die groben Eckpfeiler für das Realprojekt, der zeitliche Ablauf und die Arbeitszeitregelung müssen besprochen werden. Der oder die Verantwortlichen im Betrieb, die für die Lerngruppe und/oder die Moderatoren Ansprechpartner sind, müssen bestimmt werden.
2. **Teilnehmergewinnung:** Mit der groben Festlegung des Realprojekts ist meist schon eine Vorauswahl von Teilnehmenden verbunden. Da auf jeden Fall eine freiwillige Teilnahme wünschenswert ist, empfiehlt es sich, eine Informationsveranstaltung für einen größeren Kreis durchzuführen, bei der sich Interessierte selbst melden können.

Die Durchführenden sind damit auch gefordert, den Nutzen für die Teilnehmenden erklären zu können.

3. **Gruppenbildung:** Die Teilnehmenden kommen normalerweise nicht nur aus einer Abteilung, manchmal sind auch verschiedene Hierarchieebenen beteiligt. Bei den ersten Treffen müssen die Regeln der Zusammenarbeit und die Rollen, die in der Gruppe evtl. wechselnd verteilt werden, wie Beobachter, Protokollant, Referent etc. festgelegt werden.
4. **Vorstrukturierung der moderierten Workshops:** Gemeinsam mit der Gruppe müssen beim ersten Treffen die Abfolge, die Themen und die Frequenz der Workshops abgestimmt werden.
5. **Durchführung:** Problembearbeitung und kontinuierliche Evaluation in den Workshops, Input durch Moderatoren und evtl. externe Experten.
6. **Information des betrieblichen Umfelds:** Schon von Anfang an ist festzulegen, wie nicht nur das Management, sondern auch die weitere Betriebsöffentlichkeit einbezogen und informiert werden soll. Da es sich um einen realen Veränderungsprozess im Betrieb handelt, den die Teilnehmenden bearbeiten, sind sie auf vielfältige Kooperationen angewiesen und dürfen nicht durch Misstrauen bei den Kollegen blockiert werden.
7. **Präsentation der erarbeiteten Lösung vor den Verantwortlichen.**
8. **Gemeinsame Bilanzierung des individuellen Lernerfolgs.**

Die Darstellung des AQUA-Lernarrangements diente dazu, **Bildung als kontinuierliche, arbeitsbegleitende Aktivität** zu beschreiben. Selbstverständlich werden auch formalisierte, fachsystematisch aufbereitete Lehrgänge in Zukunft ihren Platz behalten, ein großer Teil des Lernens wird sich jedoch aus Fragestellungen der Arbeitstätigkeit ergeben, die unmittelbar zu Lernanlässen werden. Dieses informelle Lernen bewusst zu machen, zu gestalten und damit aus der Zufälligkeit herauszuführen und zu effektivieren, ist der Sinn einer Infrastruktur des Lernens, die als selbstverständlicher Bestandteil der betrieblichen Arbeitsorganisation alle Hierarchiestufen und Altersgruppen anspricht.

Fazit: Motivation ist entscheidend

Untersuchungen zeigen, dass die Motivation bei älteren Menschen stark von der Beachtung folgender Bedürfnisse abhängt (u.a. Bundesanstalt für Arbeitsschutz und Arbeitsmedizin 2004; Geldermann 2002; Ilmarinen/Tempel 2002; Lehr 2005):

- Einsichtigkeit der Sinnhaftigkeit des Tuns
- Chancengleichheit bzw. Fairness bei Beförderungen und der Weiterbildung
- Respektvolles, wertschätzendes Führungsverhalten

- Angepasste Arbeitsumgebung
- Abbau von Vorurteilen aufgrund des Alters
- Angepasste Methoden
- Anknüpfen an und Aufbauen auf bestehendem Wissen und existierenden Erfahrungen
- Möglichst nahe Verbindung mit der praktischen Arbeit

Das Lernen im Prozess der Arbeit bzw. im Rahmen informeller beruflicher Weiterbildung ist eine in ihrer Bedeutung nicht zu unterschätzende Form beruflicher Kompetenzentwicklung . Diese Bedeutung ist zweifellos auf die besonders qualifizierenden Kräfte des Lernens am Arbeitplatz zurückzuführen, welches immer ein Lernen „in der Ernstsituation" ist.

Man kann beim **Lernen am Arbeitsplatz** sowohl organisierte Formen feststellen, als auch nicht organisierte bzw. informelle Formen. Zu den organisierten Formen gehören u.a. **„Anlernen"** am Arbeitsplatz und **„Qualitätszirkel"**, während informelles Lernen im Arbeitsprozess weitgehend selbstorganisiert abläuft. „Anlernen" geschieht in Unterweisungssequenzen, in denen eine neue Fachkraft die für einen Arbeitskontext notwendigen Kompetenzen erwirbt.

Die „Vorzüge" des Lernens am Arbeitsplatz werden insbesondere darin gesehen, dass hier das Lernen in der Ernstsituation geschieht und immer mit konkreten Aufgaben verbunden ist. Es entfällt weitgehend der Transfer des Gelernten in die praktische Anwendungssituation, da Lernen und Anwenden integriert sind. Dies ist auch für die Lernmotivation von überwiegend praktisch orientiertem Lernen wesentlich. In den letzten Jahren hat das Lernen am Arbeitsplatz stark an Bedeutung gewonnen.

Geplante und organisierte Formen des Lernens am Arbeitsplatz

Lernformen	Kurzbeschreibung
Qualitätszirkel	Ziel ist, dass Mitarbeiter in Problemlösungs-/Entscheidungsprozesse einbezogen werden; Kleingruppen treffen sich regelmäßig für kurze Zeit (ein bis drei Stunden), um über ausgewählte oder aktuelle Themen, Probleme, Aufgaben des Arbeitsbereiches zu sprechen und Lösungen zu suchen; ein Moderator unterstützt diese Arbeit; QZ sind also auf Dauer angelegte Kleingruppen, die regelmäßig Problemlösungsvorschläge erarbeiten und sich gegenseitig über Wissensinhalte informieren.

Lernstatt-konzepte	Zeitlich befristete Kleingruppe mit einem gemeinsamen Bezugspunkt (z.B. Produkt, Material, Verfahren, Zusammenarbeit), die Teilnehme treffen sich freiwillig regelmäßig während der Arbeitszeit in einem Raum in der Nähe des Arbeitsplatzes mit dem Vorgesetzten und besprechen bzw. bearbeiten Probleme ihrer Arbeit; Sach- und Mitarbeiterorientierung werden als gleichrangig gesehen / Förderung der Fach- und Sozialkompetenz großgeschrieben.
Lerninseln	Nebeneinander von Arbeits- und Lernplätzen; ausgewählte Produktionsschritte werden aus der Ablauforganisation der Produktion an besondere Arbeitsplätze (Lerninseln) ausgegliedert; die Arbeitstätigkeiten werden unter Anleitung erlernt und ausgeführt und/oder selbstständig geplant, ausgeführt und kontrolliert.
Erkundungen	Ziele: Orientierung, Vermittlung fachlicher Inhalte, Verbesserung der Zusammenarbeit, Transparenz der Abteilungen, Verstehen betrieblicher Zusammenhänge; planmäßige und angeleitete Erkundungen, die durch Leitfragen der Lernenden vorbereitet werden.
Job-Rotations-Programme	Systematischer Arbeitsplatz-/Aufgabenwechsel; befristete und angeleitete Ausübung verschiedener, meist fachverwandter Funktionen; ermöglicht gleichzeitig zusätzliche, fachlich vertiefte Kenntnisse zu erwerben, bereichsübergreifende Zusammenhänge kennen zu lernen und Sozialkompetenzen zu fördern.
Betriebliche Einarbeitungs-programme, auch Mentoring	Systematisches Heranführen der Beschäftigten an Anforderungen von für sie neuen Arbeitsplätzen/-aufgaben; zur Einarbeitung gehören Vorbereitung, Einführung, Anpassung oder Vertrautmachen eines Mitarbeiters in eine neue Arbeitstätigkeit sowie die Erläuterung des Umfeldes der Arbeitssituation / des Arbeitsplatzes; findet fast immer am Arbeitsplatz statt; Weiterbildungsinhalte verbinden sich mit betrieblichen Anweisungen und der Förderung sozialer Kompetenzen; Ziele: fachliche und persönliche Eingliederung in den Arbeitsprozess.
Training am Arbeitsplatz, Einarbeitungs-coaching	Vermittlung von Qualifikationen durch unmittelbare Aufgabe am Arbeitsplatz mit dem Ziel, „Selbstläufer" zu werden. Systematisches Beratungs- und Handlungskonzept; in einem zielorientierten Beratungsprozess wird die persönliche Entwicklung, Leistungsfähigkeit und Funktion des Systems verbessert; Anlässe: Umstrukturierungen, Konflikte, Nachbereitung von Führungstrainings.
Selbstlernen	Alle Maßnahmen, bei denen die Lernenden weitgehend selbstmotiviert und -gesteuert lernen, z.B. Leittexte, CBT-Programme, Fernstudium; Selbstverstärkungs- und Selbstregulations-Prozess stehen im Vordergrund; Unterscheidung zwischen individueller und kollektiver oder kooperativer Selbstqualifizierung.

(Quelle: Krämer-Stürzl 1997; vgl. u.a. Meier 1995; Mentzel 1985; Severing 1994)

Die qualifizierende Kraft des Arbeitsplatzes

Die qualifizierende Kraft des Arbeitsplatzes resultiert vor allem aus folgenden Gegebenheiten:

- Das Lernen geschieht in der Ernstsituation. Es ist nicht Selbstzweck, sondern Mittel zur konkreten Aufgabenbewältigung.
- Die Transferstrecke (vom Lernen zur Anwendung) ist sehr kurz, zum Teil gleich null, weil Lernen und Anwenden integriert sind.
- Das Lernen in der Ernstsituation und die daraus resultierende ständige Belohnung des Lernens durch konkrete Lernerfolge (Arbeitsergebnisse) stellen starke Motivationsfaktoren dar.
- Handeln kann letztlich nur durch Handeln gelernt werden. Insofern ist der Arbeitsplatz besonders geeignet, Sozialkompetenz und Methodenkompetenz und damit Handlungskompetenz zu entwickeln.

Voraussetzungen

Diese qualifizierende Kraft vermag der Arbeitsplatz allerdings nur unter bestimmten Voraussetzungen zu entfalten. Zum Beispiel erfüllen Arbeitsplätze in einer durch starke Arbeitsteilung und Arbeitszerlegung bestimmten Arbeitsorganisation diese Voraussetzungen nicht. Ihre Ermöglichungsbedingungen für Lernen sind eng und einseitig, stellen keine Lernherausforderungen dar und wirken mit ihrer Armut an Anforderungen demotivierend. Wichtig sind Anforderungsreichtum und Abwechslungsreichtum der Arbeitsprozesse und Arbeitsaufgaben. Sofern diese im Team bewältigt werden, kommt als zusätzliche Ermöglichungsbedingung die kooperative Selbstqualifikation, Mitarbeiter lernen voneinander, hinzu. Wenn das Lernen am Arbeitsplatz wieder zunehmende Bedeutung erhält, so auch deshalb, weil sich aufgrund neuer arbeitsorganisatorischer Konzepte im Sinne ganzheitlichen und selbstverantwortlichen Arbeitens und aufgrund der neuen Informations- und Steuerungstechnologien zunehmend eine Reintegration enger Einzelarbeitsaufgaben vollzieht.

13 Wie verändert sich die Rolle und Aufgabe des „Lehrenden"?

Um auch in der Weiterbildung die heute notwendigen übergreifenden Kompetenzen (Selbstlernfähigkeit, Schlüsselqualifikationen usw.) zu gewährleisten, ist es notwendig, dass auch bei den Beteiligten einige vertraute Denkvoraussetzungen überprüft werden. Diese Denkvoraussetzungen betreffen zum einen das Menschenbild, das sich die Institution vom Lernenden macht, und andererseits die Vorstellung der Lehrenden über effektives Lernen und die eigene Rolle des Lehrenden. Zu überwinden ist u.a. die fragwürdige Hypothese, dass die Präsentation von Informationen bereits automatisch zum Lernen führt (= Lehr-Lern-Kurzschluss). Überwunden werden muss allerdings auch die Steigerung dieser Hypothese, dass die Präsentation von noch mehr Informationen zu noch mehr Lernen führt.

Eine Konzeption lebendiger und handlungsorientierter Weiterbildung geht vielmehr davon aus, dass relevantes Lernen stets die Veränderung der eigenen Person des Lernenden mit einschließt und wirkliches Lernen oft exemplarisches Lernen ist. Den Lernenden muss eine Verantwortung für den Lernprozess zugestanden werden, es muss anerkannt werden, dass sie – wie alle Menschen – ein natürliches Potenzial zum Lernen besitzen, das durch eine bessere Ausbildungsorganisation gefördert und entfaltet werden kann. Diese Hypothese einer humanistischen Psychologie löst gewissermaßen die negative Anthropologie des fremdorganisierten Lernens ab, das die Lernenden als manipulierbare Objekte und nicht als Personen verstand und u.a. zu der Einschätzung führte, dass Prüfungen ein geeignetes Mittel sind, um herauszufinden, welche beruflichen Qualifikationen Studenten erworben haben. Demgegenüber ist davon auszugehen, dass ein Lernen, das auf Eigeninitiative beruht, die eindringlichste Form von Lernen ist und den am längsten anhaltenden Lerneffekt zufolge hat. Nachhaltiges und signifikantes Lernen findet – so wissen wir aus der Lehr-Lern-Forschung – dann statt, wenn der Lerninhalt vom Lernenden als für seine eigenen Zwecke relevant wahrgenommen wird. Auch die Weiterbildung muss demzufolge dafür sorgen, dass die Lerninhalte von den Lernenden als für ihre eigenen Zwecke relevant wahrgenommen werden können. Dies ist nicht nur eine Frage der Inhaltsauswahl und ihrer Exemplifizierung, sondern auch die Frage eines stärker handlungsorientierten didaktischen Arrangements.

Totes Lernen		**Lebendiges Lernen**
Die bloße Präsentation von Information durch den Lehrenden führt automatisch zum Lernen.	⟷	Relevantes Lernen schließt stets die Veränderung der eigenen Person mit ein. Wirkliches Lernen ist oft exemplarisches Lernen.
Den Lernenden kann keine Verantwortung für ihren eigenen Lernprozess anvertraut werden.	⟷	Lernende besitzen – wie alle Menschen – ein natürliches Potenzial zum Lernen, das durch eine bessere Ausbildungsorganisation gefördert und entfaltet werden kann.
Lernende betrachtet man am besten als manipulierbare Objekte und nicht als Person.	⟷	Lernen, das auf Eigeninitiative beruht, mit Beteiligung der ganzen Person – Gefühl wie Intellekt –, ist das eindringlichste und hat den am längsten anhaltenden Lerneffekt zur Folge.
Prüfungen sind ein geeignetes Mittel, um herauszufinden, welche beruflichen Qualifikationen Lernende erworben haben.	⟷	Nachhaltiges und signifikantes Lernen findet statt, wenn der Lerninhalt vom Lernenden als für seine Zwecke relevant wahrgenommen wird.

Vom toten zum lebendigen Lernen (nach C. Rogers)

Um ein lebendiges und handlungsorientiertes Lernen in der Weiterbildung inszenieren zu können, muss sich jedoch auch die Rolle der Lehrenden ändern. Früher war der Lehrende Unterweiser, der seine Lehre u.a. nach den Prinzipien des Vormachens und Nachmachens bzw. des Vordenkens strukturierte. Heute wird er mehr zum Lernberater, der den Lernenden Aufgabenstellungen (so genannte Arbeitsaufträge) übergibt und sie zum selbstständigen Durchdenken und Durcharbeiten dieser Aufgabenstellungen motiviert. Früher hat der Lehrende nahezu alle Informationen vorgegeben und die Lernenden Schritt für Schritt angeleitet, während er heute viele der notwendigen Informationen selbst beschaffen lässt, sich zurückhält und den Lernprozess beobachtet, für Rückfragen zur Verfügung steht und abwartet, ob und wann er wirklich eingreifen muss. Früher hat der Lehrende dazu verholfen, dass die richtige Lösung nachvollzogen werden konnte. Heute lässt er eigene Erfahrungen und Lösungen zu und versucht, den Lernenden durch Fragen selbst einen richtigen Weg finden zu lassen.

Teil III

Organisation und Management in der Weiterbildung

Teil III dieses Buches beschäftigt sich mit den Aufgaben, die im Bereich Management auf Verantwortliche im Bildungsbereich zukommen bzw. zugekommen sind. Dies sind neben Leitern von Bildungsabteilungen auch z.B. Dozenten und Trainer, die ihren Blick weiten möchten, Aufgaben aus dem Bereich Management übernehmen oder selbstständig sind.

Die hier beschriebenen Inhalte beziehen sich in erster Linie auf betriebliche Erwachsenenbildung bzw. Weiterbildung, mit dem Ziel, einen ersten Einblick in das Themenfeld und die zur Debatte stehenden Erkenntnisse und Fragen des Weiterbildungsmanagements zu geben. Es werden an dieser Stelle aus diesem sehr umfangreichen Thema spezifische Aspekte und Diskussionspunkte herausgegriffen. In diesem Fall werden insbesondere die Bereiche Bildung als Managementaufgabe, Zielsetzung und Planung, Bildungsmarketing, Bildungsbedarfsanalyse sowie Erfolgssicherung und darüber hinaus Transfer sowie das Gestalten von Informations- und Kommunikationsprozessen betrachtet.

Sie orientieren sich dabei an den folgenden Leitfragen:

- Ist Weiterbildung eine Managementaufgabe?
- Welche Trends zeichnen sich in der Bildungsarbeit ab?
- Welche Management-Instrumente finden Berücksichtigung?
- Wie kann ein Zielsetzungs- und Planungsprozess verlaufen?
- Wie kann eine Bildungsbedarfsanalyse durchgeführt werden?
- Was sollte bei der Weiterbildungsberatung beachtet werden?
- Was sollte bei der Budgetierung von Bildungsmaßnahmen beachtet werden?
- Wie kann die Erfolgssicherung durchgeführt werden?
- Wie sollte die Information und Kommunikation gestaltet sein?
- Welche Aufgaben hat das Weiterbildungsmanagement?

Es versteht sich von selbst, dass eine solche Ausarbeitung kein Rezept „für alle Fälle sein“ sein kann, sondern dass sie allgemeine Regeln und Grundsätze weitergibt, die je nach Rahmenbedingungen und Situation der individuellen Reflexion und Übertragung auf die jeweilige berufliche bzw. betriebliche Situation bedarf.

14 Worum geht es im Einzelnen?

Das erfolgreiche Gestalten und Steuern von didaktisch-methodischen Prozessen ist eine Seite der Medaille in der Bildungsarbeit. Die zweite Seite betrifft die Gestaltung des gesellschaftlichen, ökonomischen und sachlichen Umfeldes. Finanzielle, organisatorische und planerische Aufgaben nehmen einen breiten Raum in der Bildungsarbeit ein und sind zentrale Aufgaben von Leitern, Fachbereichsleitern, Dozenten, sprich: von für Bildungsmaßnahmen Verantwortlichen.

Weiterbildung sowie Erwachsenenbildung nehmen eine Schlüsselfunktion bei der Erhaltung und Erweiterung der Wettbewerbsfähigkeit ein. Nur flexibel, schnell und transferfähiges Wissen und Können schaffen Vorsprünge. Es genügt nicht, Qualifikation „nachzureichen", sondern immer wichtiger wird es, vorausschauend strategisch zu denken, zu handeln und qualifizierend Kompetenzen zu entwickeln. In diesem Sinne entwickeln sich Weiterbildung sowie Erwachsenenbildung zu einem Bildungsmanagement. Management bedeutet letztlich das Gestalten und Steuern von Prozessen, anders ausgedrückt: es geht darum, alles Nötige zu veranlassen, damit in der Organisation bestimmte Ziele bzw. Ergebnisse erreicht werden können. Dies kann sich u.a. auf Lern- oder Arbeitsprozesse beziehen als auch auf Organisationsprozesse oder persönliche Entwicklungsmaßnahmen von Mitarbeitern. Managementgrundsätze und -instrumente ergänzen bzw. durchdringen dabei immer die Planung und Durchführung von Lehr- und Lernprozessen.

Weiterbildungsmanagement versteht sich als interaktiver Prozess, der sowohl den Bedürfnissen des Einzelnen als auch der Unternehmen bzw. Organisationen und der Gesellschaft verpflichtet ist, sie entwickelt und koordiniert. Es wird *„als professionelles Handeln zur Erreichung einer innovativen und effizienten Dienstleistung, die dem Lehren und Lernen der Erwachsenen dient, definiert."* (Merk 2005, S. 335)

Weiterbildung ist im Kern eine Dienstleistung, die dabei unterstützt, Problemlösungen zu entwickeln und neue Sichtweisen zu eröffnen. Sie befindet sich damit in unmittelbarer Nähe zur Personal- und Organisationsentwicklung und entwickelt sich als integrativer Bestandteil zu einem Markt bzw. marktwirtschaftlichen Geschehen, bei dem Angebot und Nachfrage abgestimmt werden. In diesem Sinne gelangt Weiterbildung immer näher an die unternehmensprägenden Entscheidungen heran. Sie hat sich als eine der die Entwicklung tragenden Säulen etabliert. Die Begleitung dieser systematischen und strategischen Prozesse kann nur durch professionelle Mitarbeiter geleistet werden.

Ein komplexes, sich ständig veränderndes offenes Weiter-Lern-System braucht ein Bildungsmanagement und Bildungsmanager, die – neben der aktiven Beratung und vor dem Hintergrund strategischer, innovationsorientierter Überlegungen – u.a. in der Lage sind:

- Die Lernveränderungen bzw. den Bildungsbedarf abzuschätzen
- Das vorhandene Bildungspozential zu fördern und zu entwickeln

- Neue Weiterbildungskonzepte,- formen, -methoden zur Kompetenzentwicklung zu entwickeln
- Die notwendigen Bildungsmittel zu kalkulieren und zu budgetieren
- Lehr-Lern-Prozesse effektiv, zielorientiert und strategisch zu gestalten

15 Welche Trends haben sich in der Weiterbildung bewährt?

In der Weiterbildungslandschaft lässt sich eine Reihe von Trends nachzeichnen, die hier in Stichworten zusammengefasst werden. Die im engeren Sinn auf das Erwachsenenlernen bezogenen sind ebenso wie die Entwicklungen zum Lernen am Arbeitsplatz im jeweiligen Kontext der Teile I und II dieses Buches schon angesprochen worden. Hier geht der Blick nun mehr vom bzw. von dem Mitarbeiter als Lernenden und vom Qualifikationsbegriff aus.

Trend 1: Systematisierung und Institutionalisierung

- Weiterbildung (in Form von Beratung, Qualitätszirkeln, Seminaren, Workshops etc.) als „Kompetenzförderung“
- Verstärken der Vor- und Nachbereitung als Element der unternehmerischen Gesamtstrategie (z.B. durch gezielte Bedarfsanalysen; Gespräche; Transferhilfen)
- Förderung individueller, selbstgesteuerter Formen des Lernens (z.B. Selbstlernzentren, Coaching-Angebote) und in Gruppen (z.B. Werkstattgruppen, Qualitätszirkel, Lerngruppen)
- Systematisierung von Arbeitsprozessen, konsequente Kundenorientierung und Qualitätsmanagement
- Entwicklung von Controlling-Instrumenten; gestiegenes Kosten- und Erfolgsbewusstsein als selbstverständlicher Bestandteil der Weiterbildungsprozesse
- Human Resource Management und Personalentwicklung als explizite Führungsaufgabe

Trend 2: Neue Auffassung vom Lehren und Lernen

- Der kontinuierliche Wandel erfordert ständiges Lernen („lebenslanges Lernen“)
- Aufgaben- und projektbezogene Arbeiten erfordern Lernarrangements und selbstorganisierte Lernprozesse; erwachsenengerechte Lernformen; Ermöglichen eigener Lernprozesse (Selbsterschließung der Inhalte; Ermöglichungsdidaktik; Entwickeln von Lernarrangements)
- Im Mittelpunkt der Betrachtung stehen (verstärkt) die Potenziale und Ressourcen der Mitarbeiter (potenzialorientierte Weiterbildung); Fähigkeiten und Kompetenzen stehen im Mittelpunkt, nicht Defizite
- Reflexive Wissensformen im Sinne einer Handlungs- und Selbstkompetenz (Fach-, Methoden-, Reflexions- und Persönlichkeitswissen) gewinnen an Bedeutung
- Förderung der Eigenverantwortung der Mitarbeiter
- Führungskräfte sind für die Qualifikation und Entwicklung ihrer Mitarbeiter verantwortlich

- Reflexives Lernen, indem sich die Lernenden ihrer eigenen Lerninteressen, -bedürfnisse, Lernstärken und -schwächen sowie Lernstile und -gewohnheiten und der damit verbundenen eigenen emotionalen Barrieren bewusst werden

Trend 3: Reale Arbeitszusammenhänge bzw. Problemorientierung

- Problemorientierter und projektbezogener Ausbau von Kompetenzen statt „Lernen auf Vorrat"; Zusammenhang zwischen realer Arbeitssituation und Lernen ist unmittelbar(er)
- Entwicklung von „maßgeschneiderten" Lösungen, die auf den konkreten Bedarf und Problemstellungen ausgerichtet sind
- Ziel der Weiterbildung: Einführung, Begleitung und Umsetzung geplanter Veränderungen im Unternehmen: Sie hat damit (auch) organisationsverändernde Funktion als Teil der Personalentwicklungsstrategie (früher ausschließlich Sicherung der Arbeitsfähigkeit)
- Mitarbeiter werden in die Arbeits- und Lernprozesse eingebunden, um sinnvolle Lösungen zu erarbeiten (arbeitsprozessorientierte Weiterbildung)

Trend 4: Dezentralisierung

- Dezentralisierung von Verantwortung; Förderung des Engagements der Mitarbeiter; Weiterbildung ist Aufgabe jedes Einzelnen, jedes Teams, jeder Abteilung, jeder Führungskraft; Bildungsprozesse und ihre Erfolge transparent machen.
- Dezentralisierung der Weiterbildungsplanung; Bildungsbudgets in den Abteilungen, bei Führungskräften, Projekt- bzw. Prozessverantwortlichen ansiedeln; Bildungsbedarf erheben, Bildungsziele vereinbaren; Führungsverantwortliche für ihre Weiterbildungs- bzw. Personalentwicklungsaufgabe vorbereiten und in dieser unterstützen; Bildungscontrolling i.S. der Steuerung von Bildungsaktivitäten einführen.
- Interne Dienstleistung in Sachen Bildung organisieren; Dienstleistungen für dezentral gesteuerte Bildungsprozesse vorhalten (z.B. Informationen über interne/externe Beratungsangebote, interne/externe Weiterbildungsangebote, Lehr- und Informationsmaterialien, Moderatorendienste, Checklisten, Handreichungen); zentrales Bildungs- und Informationssystem als Steuerungsinstrument organisieren (Beratung und Unterstützung; „Werbung für Weiterbildung", langfristige Nachwuchsförderung, übergreifende Bildungsaufgaben).

Trend 5: Weiterbildung als Dienstleistung

Es ist immer bedeutsamer, Weiterbildungsmaßnahmen zu entwickeln, die an den jeweiligen Bedingungen und Bedarfen ausgerichtet sind. Das Weiterbildungsspektrum, das (intern oder extern; oder: intern und/oder extern) den „Kunden" angeboten werden muss, erweitert sich auf stärker individualisierte Dienstleistungen. Beispiele für Dienstleistungen in der Weiterbildung sind u.a.:

- Planen und Durchführen von Seminaren, Moderation und Workshops
- Beratung und Weiterbildung des internen Weiterbildungspersonals
- Beratung und Weiterbildung der Führungskräfte, die Verantwortung für Weiterbildung/Personalentwicklung übernehmen werden
- Erstellen von Selbstlernmaterialien, Handreichungen und Checklisten
- Coaching, individuelle Unterstützung der Fach- und Führungskräfte
- Planung und Betreuung von Projekten
- Unterstützung bei der Entwicklung eines Weiterbildungskonzepts
- „Offene" Seminare
- Individuelle Inhalte und Methoden („Maßgeschneiderte Seminare")
- Einsatz von handlungsorientierten Methoden (Projektarbeiten, neue Medien, arbeitsplatznahes Arbeiten und Lernen)
- Im Bildungsprozess vor- und nachgelagerte Dienstleistungen (Bedarfsermittlung, Evaluation)
- Weiterbildungsberatung; Lernberatung
- Betreuung von Weiterbildungsprojekten
- Betreuung selbstgesteuerter Lernprozesse
- Qualifizierung von Personalentwicklungs- und Weiterbildungspersonal

Trend 6: Verändertes Führungsverständnis

Die Analyse der Tätigkeiten von Bildungsmanagern bringt ein Verständnis für das Zusammenwirken der Aufgaben in der Praxis und dem Handlungsvollzug. Zwei Funktionsebenen sind von besonderer Bedeutung:

1. Die Dispositionsfunktion bezieht sich auf die Leitung, Organisation, Planung, Beratung und Auswertung.
2. Die Lehrfunktion hat fachlich-pädagogischen Kriterien zu folgen.

Zu den leitenden Tätigkeiten gehören z.B.:

- Visionen entwickeln und weitergeben
- Ziele vereinbaren und gemeinsam kontrollieren
- Kultur prägen; Vorbild geben
- Rückmeldungen geben
- Strategien verfolgen
- Kompetenzen fördern
- Zielgerichtet informieren; Transparenz herstellen
- Ziele des Unternehmens repräsentieren
- Konflikte wahrnehmen und die Problemlösung steuern
- Festlegen der Unternehmensziele und -politik
- Gewährleisten des Betriebserfolgs (fachlich, finanziell)
- Koordination der betrieblichen Organisation
- Konzeptionelle Ausrichtung des Bildungsprogramms
- Personalentwicklung und Besetzung der Führungspositionen

- Effektivieren der Marketingstrategie
- Öffentlichkeitsarbeit und Imagepflege

Zu den lehrenden und planenden Tätigkeiten zählen z.B.:
- Passung von Unternehmensstrategie, Personalentwicklungsstrategie und Weiterbildung
- Planen, Vorbereiten und Durchführen von Angeboten
- Ermitteln des potenziellen und realen Bildungsbedarfs
- Konzipieren maßgeschneiderter Veranstaltungen
- Auswahl von Trainern und Dozenten
- Gewährleisten der Organisation der Veranstaltungen
- Weiterbildungsberatung (Teilnehmer, Betriebe)
- Evaluieren der Lehr- und Lernsituationen.

Trend 7: Zusammenspiel von strategischem, operativem und funktionalem Weiterbildungsmanagement

Weiterbildungsmanagement umfasst die Analyse, Organisation und Planung, die Entscheidung und Durchführung sowie die Wirkungskontrolle der Veranstaltungen. Es handelt in einem Gesamtzusammenhang, der von Merk (2005, S. 62 f.) auf drei Ebenen beschrieben wird: Strategisches Management, Operatives Management, Funktionales Management. In diesen drei unterschiedlichen Funktionsebenen unterscheidet man verschiedene Weiterbildungsaufgaben, die im Folgenden kurz wiedergegeben werden.

Weiterbildungseinrichtungen sind Organisationen mit Leistungszielen, die im Bereich des Lehrens und Lernens liegen. Das **strategische Management** zielt auf eine lebensfähige Beziehung zwischen Organisation und Umwelt. In diesem Sinne macht sich strategisches Bildungsmanagement Vorstellungen über zukünftige Herausforderungen, systematisiert diese und leitet aus dem Vergleich Maßnahmen für eine optimale Gestaltung der Lern- und Arbeitsprozesse ab. Übergeordnete Bedingungen, die diese Vorstellungen (mit-)prägen, sind u.a.:
- Welche zukünftigen Anforderungen werden an die Mitarbeiter, die Teilnehmer („Kunden"), die Organisation, den Betrieb gestellt?
- Welche Ziele haben die Organisation, der Betrieb, die Mitarbeiter, die Teilnehmer?
- Wie verändert sich die Umwelt- und Marktsituation?
- Welche ökonomischen, personellen, räumlichen Ressourcen stehen zur Verfügung?
- Welche spezifischen Fähigkeiten hat die Organisation, die sich (noch) weiter ausbauen lassen?

Indem strategisches Bildungsmanagement auf zukünftige Entwicklungen ausgerichtet ist, hat es vorausschauende Aufgaben. Es soll möglichst früh Bildungs- und Entwicklungsmaßnahmen aus sich verändernden Umweltgegebenheiten ableiten, auf neue Ziele der Organisation in Form der Bereitstellung der Qualifikationen und Kompetenzen antworten, entsprechende, zielorientierte Problemlösungen, Konzepte und Qualifikationsangebote bereitstellen und die entsprechenden Umsetzungsprozesse an- bzw. einleiten.

Bildungsmanagement

= vorausschauende, zukunftsbezogene Umfeldanalyse und Planung der Aufgabenbereiche Sachgestaltung, personenbezogene Entwicklung, Prozessgestaltung und –Steuerung

Aufgabenbereiche	Beschreibung	Kriterien u.a.
Sachgestaltung	• Lerngestaltung (z.B. Erstellen einer Weiterbildungskonzeption) • betriebswirtschaftliche (z.B. Kalkulation, Finanzierung) • organisatorische Gestaltung	• planen, organisieren • finanzieren, budgetieren • Marketing • Controlling
Personenbezogene Entwicklung	• den Führungsprozess, das Beraten, Begleiten der Lernenden und Mitarbeiter	• Initiieren von Lernprozessen • beraten • fördern, unterstützen
Prozessgestaltung und -steuerung	• alle Aufgaben der Steuerung von Prozessen, Organisationsentwicklung, Information und Kommunikation	• Kommunizieren und informieren • Team, Gruppenarbeit • Beteiligung

Strategische Programmplanung der Bildungsmaßnahmen (nach Decker 1995)

Im Mittelpunkt des **operativen Managements** steht das Bildungsgeschäft selbst: Veranstaltungen werden konzipiert, organisiert, durchgeführt. Das, was aus Sicht des Gesamtunternehmens die Richtung ausmacht, muss in konkrete Bildungsmaßnahmen umgesetzt werden. Vor Ort müssen Auftraggeber akquiriert und Teilnehmer gewonnen werden. Im operativen Bereich werden die Maßnahmen durchgeführt. Während strategisches Management sein Augenmerk auf die Unternehmens- und Organisationsziele richtet, erfolgt im operativen Feld die Umsetzung.

Das Kursgeschehen ist vorzubereiten und durchzuführen; der Mitarbeitereinsatz darauf abzustimmen; die Lehr- und Ausbildungspläne sind einzuhalten; mit neuen Auftraggebern und Teilnehmern ist zu beraten und zu verhandeln. Finanz- und Personalpläne müssen erarbeitet werden, der betriebswirtschaftliche Erfolg ist sicherzustellen. So sind z.B. die Weiterentwicklung von Lehrgangsangeboten und der Soll-Ist-Vergleich des Betriebsergebnisses notwendige Verfahren, um die Qualität des Angebots zu gewährleisten.

Strategisches und operatives Management müssen zusammenwirken, um eine möglichst exakte „Passung" zu finden. Je erfolgreicher das Alltagsgeschäft ist, umso konstruktiver kann die strategische Planung wirken; und umgekehrt muss das strategische Management Perspektiven aufzeigen, damit Marktpotenziale operativ erschlossen werden können.

Fragen, die hinter der Planung des operativen Managements stehen, lauten z.B.:

- Wie werden Bildungsveranstaltungen – auf der Basis der Unternehmensziele und „Philosophie" – konkret geplant und organisiert?
- Welche Stärken sollen weiter ausgebaut werden? Welche Schwächen vermindert bzw. abgestellt?
- Wie kann bei der Durchführung von Bildungsmaßnahmen konsequent nach strategischen Überlegungen vorgegangen werden?
- Wie lässt sich der Lern- bzw. Transfererfolg kontrollieren?
- Welche Konsequenzen können aus den erzielten Ergebnissen gezogen werden?

Das **funktionale Management** vollzieht sich in erster Linie als integraler Bestandteil der Aufgabenerledigung. Es werden die Prinzipien entwickelt und betrachtet, die für die Aufgabenerfüllung effektiv sein können. Dabei spielt z.B. die Zusammenarbeit und das Umgehen der Mitarbeiter untereinander eine große Rolle. Sind z.B. die Mitarbeiter ein „eingespieltes Team", die Kommunikations- und Informationswege transparent und die Ziele klar, wird der Handlungsvollzug zwischen allen Beteiligten abgesprochen. Wie konkret gehandelt wird, muss abgestimmt und vereinbart sowie ständig reflektiert werden. Unter funktionalen Aspekten sind Entscheidungs-, Kommunikations-, Motivations-, Planungs- und Organisationstätigkeiten optimal zu gestalten.

Fragen, die sich im Rahmen der Planung des funktionalen Managements stellen, lauten z.B.:

- Wie „leben" wir unsere Unternehmensphilosophie?
- Wie informieren wir uns?
- Wie kommunizieren wir miteinander?
- Wie werden unsere Entscheidungen getroffen?
- Wie effektiv ist unser Planungs- und Organisationsmanagement?

Für das Weiterbildungsmanagement ist die „Passung" dieser drei Ebenen/Aspekte von wesentlicher Bedeutung. Wie spielen sie ineinander? Sind sie aufeinander abgestimmt? Ist das Konzept nach innen und außen glaubwürdig? Wie werden die Aspekte weiterentwickelt, hinterfragt, reflektiert, an Neuerungen angepasst?

Heute vollzieht sich der Wandel als permanenter, manchmal auch radikaler Prozess. Die erfahrbaren Veränderungen sind dabei zum Teil umfassend und sehr komplex. Sie verlaufen als offener Prozess und können häufig nicht in klare, eindeutige Veränderungsschritte aufgelöst werden. Die Vorstellung einer langfristigen Planung gehört damit der Vergangenheit an. Gestiegene Komplexität und Dynamik erhöhen die Unsicherheit in der Planung und stellen daher Anforderungen, die nicht durch eine noch bessere Planung erfüllt werden können. Die Illusion der Planbarkeit wird aus diesem Grunde „abgelöst" von einer strategischen und potenzialorientierten Sichtweise. Operative Aufgaben werden unter diesem Fokus beleuchtet.

Für die Weiterbildung bedeutet dies: Potenziale zu bilden und Kompetenzen neu aufzubauen. Enge und definierte Ziele, die sich aus geplanten Projekten ableiten, werden zunehmend ergänzt durch übergreifende Ziele, wie z.B. Innovationsfähigkeit, Konfliktstärke, Kommunikationsfähigkeit.

Aus den Trends ergeben sich Chancen für neue Aufgabenfelder in der Weiterbildung, denn die Umsetzung moderner Unternehmenskonzepte (z.B. Lernende Organisation, Lean Management, Business Reengineering, Fraktale Organisation) lassen sich ohne Weiterbildung und damit gezielte, umfassende und kontinuierliche Qualifizierung nicht realisieren.

16 Bildung als Managementaufgabe?

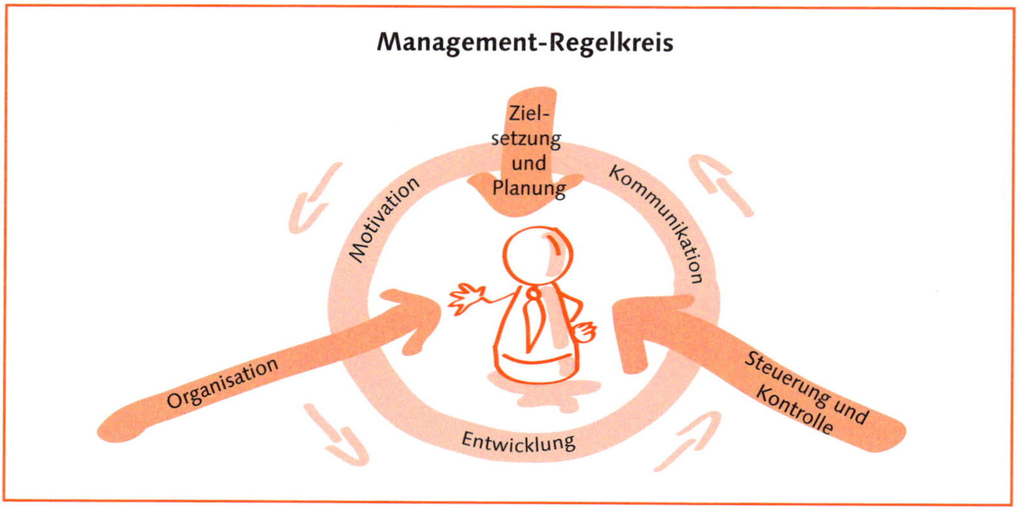

Wie bereits auf den vorhergehenden Seiten beschrieben, beantwortet Management letztlich die Frage: Wie kann das vorhandene Wissen gemeinsam und effektiv auf das Erzielen von Ergebnissen angewendet werden?

Dabei wird zunehmend erkannt, dass Persönlichkeit, Lernen, soziale Beziehungen und Wissen die wichtigsten Ressourcen bilden, die es zu entwickeln, zu gestalten und zu steuern gilt. Management trägt zur Gestaltung der Veränderung, zur Selbstentwicklung von Menschen und Organisationen bei. Es bedeutet, die Ressource Mensch in die Kriterien Selbstkompetenz, Prozess- und Entwicklungsfähigkeit, Motivation und Wertschöpfungsverantwortung so zu entfalten, dass sie den Anforderungen im Hinblick auf Innovation, Qualität, Effektivität, Produktivität entsprechen.

Seit langem ist es ist unumstritten, dass zur erfolgreichen Unternehmensführung die Umsetzung und Verwirklichung konkreter Erfolgsfaktoren gehört. Dazu zählen u.a. neben klaren, längerfristigen Strategien, flexibler Organisation, effizientem Informationssystem und Kundenorientierung das Nutzen der Mitarbeiterpotenziale und der Aufbau eines wirkungsvollen Managementsystems. Die Ressourcen der Mitarbeiter tragen entscheidend zu dem Unternehmenserfolg bei. Insofern wird die Weiterbildung zu dem Schlüsselfaktor für erfolgreiches Handeln. Sie unterstützt die Mitarbeiter, die Führungskräfte, das Unternehmen als Ganzes auf deren Weg zur lernenden Organisation (vgl. Krämer-Stürzl 1998b).

Bildung, Lehren und Lernen sowie Management und Führen wachsen zusammen. Lernen wird zu einem Instrument der Führung und des Managements. Wenn Führungskräfte ihre Organisationen den Markt-, Nachfrage- und Wettbewerbsbedingungen anpassen wollen, müssen sie z.B. lernen, wie man lehrt, wie man das Lernen lehrt, Ziele vereinbart, Visionen entwickelt, mit Neuerungen, Problemen und evtl. entstehenden Konflikten umgeht (s. auch Kap. 15 „Trends in der Weiterbildung“, Trend 6: Verändertes Führungsverständnis).

Management wird oft als Regelkreis abgebildet (siehe Abb. auf der vorigen Seite), um alle Management-Instrumente zu erfassen und in einen Zusammenhang zu stellen.

Die Organisationsstruktur (Ergebnisverantwortung, Entscheidungsbefugnisse) muss zielkonform sein. Der Steuerrahmen ergibt sich einerseits aus der Organisationsstruktur und Zielsetzung und führt andererseits zu effektiverer Zielerreichung, weil durch Steuerung leistungshemmende Umwege vermieden werden.

Durch kontinuierliche Kontrollen wird festgestellt, ob Ziele erreicht wurden bzw. das Aufstellen neuer Ziele erforderlich ist. Als Management-Instrumente wirken Zielsetzung und Planung, Organisation sowie Steuerung und Kontrolle auf das Unternehmen bzw. auf dessen Mitarbeiter.

Diese Management-Instrumente sollen mit dem Mitarbeiter / der Mitarbeiterin vereinbart bzw. transparent gemacht werden (Kommunikation), er/sie muss zu Leistung angeregt werden (Motivation) und es sollten Hilfen zur Leistungserstellung zur Verfügung stehen (Mitarbeiterentwicklung).

In der Regelkreis-Abbildung wird deutlich, dass Management immer als eine Einheit zu verstehen ist. Werden z.B. Ziele vereinbart, hat dies Einfluss auf die Motivation und Kommunikation.

In diesen übergeordneten Management-Regelkreis passt sich der **Weiterbildungs-Regelkreis** ein. Die Phasen des Weiterbildungsmanagements bzw. Grundfunktionen der Weiterbildung, die zu einer konkreten, zielgerichteten Maßnahme führen, werden in der Regel wie folgt beschrieben werden:

- *„Den Bildungsbedarf zu analysieren*
- *aus übergeordneten Zielsetzungen Ziele ableiten und – bezogen auf einzelne Bildungsaktivitäten – Lernziele zu formulieren*
- *Bildungsmaßnahmen organisatorisch sowie methodisch-didaktisch zu planen*
- *Bildungsmaßnahmen zu realisieren sowie*
- *den Erfolg der Bildungsmaßnahme zu kontrollieren und Transferunterstützung zu leisten“* (Hölterhoff/Becker 1986, S. 78)

Dabei geht es nicht darum, die einzelnen Phasen nacheinander „abzuarbeiten“, sondern eine „prozessorientierte Sichtweise“ einzunehmen.

Im Zusammenhang z.B. mit der Kontrolle wird offensichtlich, dass es zweckmäßiger ist, wenn sie frühzeitig und prozessorientiert erfolgt, und nicht erst am Ende des Weiterbildungsmanagement-Zyklus.

Weiterbildung in diesem Sinne stellt einen „permanenten Kreislauf“ dar, eine dauerhaft und kontinuierlich laufende Aktivität ohne Anfang und Ende sowie die ständige Verbesserung durch permanente Rückkopplung, und spiegelt die dynamische Komponente betrieblicher Weiterbildungsarbeit wider: Bewährtes ausbauen, Neuerungen anwenden, erprobte Bildungsansätze und Methoden umsetzen. In diesem Sinne lässt sich der Weiterbildungsprozess im Unternehmen auch als Kreislauf darstellen:

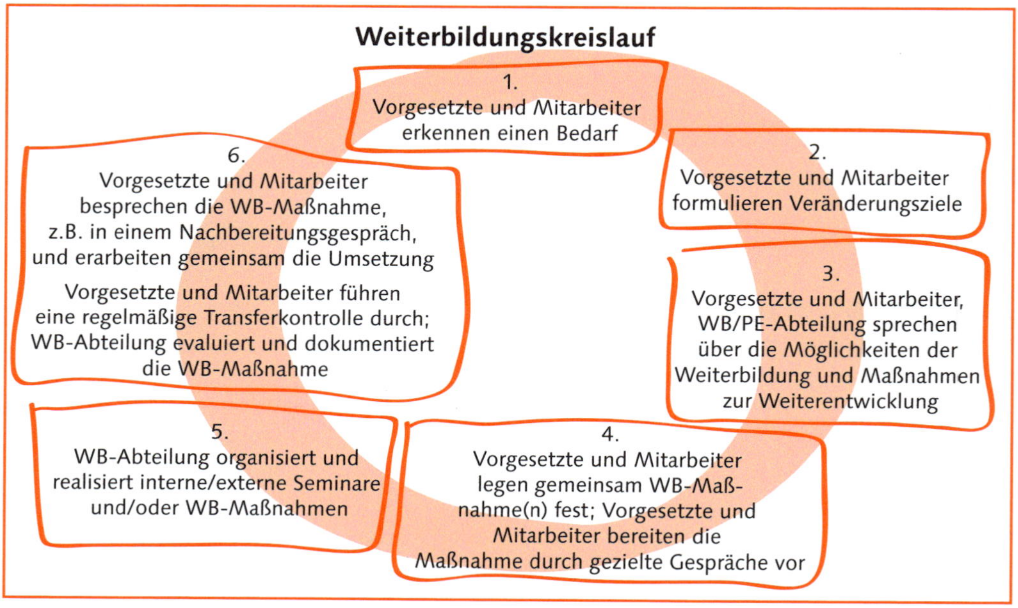

Klären Sie Ihren persönlichen Standort

- Welche Aufgaben nehmen Sie in Ihrem Bereich zurzeit wahr?
- Welche Aufgaben halten Sie für die Zukunft Ihrer Bildungseinrichtung und für Ihr persönliches Fortkommen für unbedingt ausbaubar?
- Welche Kompetenzen haben Sie bereits, um diese Aufgaben zu erfüllen?
- Welche Kompetenzen benötigen Sie dafür noch? Wie werden Sie sich diese „beschaffen“?

17 Einzelne Management-Instrumente

17.1 Zielsetzung und Planung – Wie kann ein Analyseprozess systematisch angegangen werden?

Zielsetzung und Planung als Management-Instrument heißt, in einem formellen Entscheidungsprozess festzulegen:

1. Wo stehen wir? (Bestandsanalyse)
2. Wohin wollen wir? (Zielsetzung)
3. Wie kommen wir dorthin? (Festlegen der Vorgehensweise)

Zielsetzung und Planung bezieht sich dabei auf zukünftige Auswirkungen von Entscheidungen heute. Daher ist eine Aufstellung eines „Idealzustandes“ (Soll-Zustandes), an dem die Ist-Entwicklung gemessen werden kann, erforderlich.

Beispiel

Interessant in diesem Kontext war u.a. die Reihenfolge der einzelnen Schritte des Apollo-Projekts der Amerikaner. Im Vorfeld bestanden bestimmte Wertvorstellungen (kreative Kräfte der Nation neu entfalten, neue Technologien entwickeln). Erster Planungsschritt – Bestandsanalyse: Entwicklungsstand der Raumfahrt der Sowjetunion ermitteln, finanzielle Möglichkeiten überprüfen, Technologie analysieren, Entwicklungsstand der Elektronik und Raketentechnik überprüfen etc. Zweiter Schritt – Zielformulierung: Vor Ablauf des Jahrzehnts soll der erste Amerikaner seinen Fuß auf den Mond setzen und wieder gesund zurückkommen. Dann wurde als dritter Schritt die Vorgehensweise bestimmt und die Frage gestellt: Was müssen wir unternehmen, um dieses Ziel zu erreichen? Ausgangspunkt war also das Endziel, in dessen Folge Einzelziele aufgestellt wurden.

Unternehmensplanung zählt zu den wichtigsten Management-Instrumenten. Aus diesem Grund ist sie eine nicht delegierbare Managementaufgabe und sollte als kontinuierliche Routinetätigkeit verstanden werden.

Modell für den Zielsetzungs- und Planungsprozess

Wo stehen wir?
Unternehmenswertvorstellungen
Unternehmenszweck
Umfeldanalyse
Stärken- und Schwächen-Analyse
Ertragspotenzial

Wo wollen wir hin?
Annahmen
Ziele

Wie kommen wir dorthin?
Richtlinien
Budgets

Diese einzelnen Aspekte des Zielsetzungs- und Planungsprozesses werden im Folgenden stichwortartig mit Fragestellungen unterlegt. Sie dienen als eine Art Checkliste für die Reflexion der eigenen Bildungsarbeit:

Wo stehen wir?

Aspekt	Fragestellungen u.a.
Unternehmenswertvorstellungen ... auf Normen und Ideale gerichtete Absichtserklärungen, die von der Unternehmensleitung festgelegt werden und für die Unternehmenstätigkeit bestimmend sind	• Wie ist unsere Organisationsstruktur? (Organisationskonzept, Entscheidungsbefugnisse) • Was sind unsere Qualitätsstandards? • Welchen gesellschaftlichen Beitrag leistet unser Unternehmen? • Welchen Anteil des Umsatzes investieren wir in Forschung und Entwicklung?
Unternehmenszweck ... ist der allgemeine Betätigungsrahmen des Unternehmens	• Was ist unser Kerngeschäft? • Warum machen wir das und nicht auch ...? • Welche Art der Produkte bzw. Dienstleistungen vertreten wir? • In welchem Markt bewegen wir uns?
Umfeldanalyse Klärung und Bewertung der wichtigsten, außerhalb des Unternehmens liegenden Einflussfaktoren	Absatzmarkt: • Wer sind unsere Kunden? • Unsere Marktanteile? • Haben unsere heutigen Vertriebswege Zukunft? • Welchen Nutzen ziehen die Kunden aus unseren Produkten/Dienstleistungen? Wettbewerb: • Wer sind unsere Mitbewerber? • Was hat sich in letzter Zeit bei ihnen verändert? Substitution: • Wodurch ließen sich unsere derzeitigen Produkte/Dienstleistungen ersetzen, sodass wir vom Markt verdrängt werden? Umwelteinflüsse: • Welche Umfeldfaktoren beeinflussen uns am stärksten? • Welche Faktoren hindern uns, unsere Marktanteile auszubauen? • Welchen Einfluss hat die Kaufkraftentwicklung?

Stärken- und Schwächenanalyse Vorteile oder Nachteile eines Unternehmens gegenüber anderen Unternehmen	• Was machen wir besser als unsere Mitbewerber? • Was machen unsere Mitbewerber besser als wir? • Welche Erfolge und Misserfolge hatte das Unternehmen in der Vergangenheit? • Welche Stärken ergeben sich daraus?
Ertragspotenzial ... ist ein Geschäftsbereich, in dem das Unternehmen Chancen sieht, Erfolge zu erzielen und Erträge zu erwirtschaften	Ertragspotenziale: • Wie gut ist der Markt? Wie stark wächst er? • Wie gut ist unsere Position am Markt? Welchen Wettbewerbsvorsprung haben wir? • Welche neuen Produkte/Dienstleistungen haben wir in Planung? • Was sind die Produktrenner von morgen? ... von gestern?

Wo wollen wir hin?

Annahmen ... ist die auf einen bestimmten Zeitpunkt bezogene Abschätzung eines außerhalb des eigenen Einflussbereichs liegenden Entwicklungstrends	• Wirtschaft: Situation der Wirtschaft? Arbeitslosigkeit? • Bevölkerungsentwicklung: wesentliche Trends? • Unternehmensführung: Internationalisierung? Unternehmensorganisation? Motivation? Generationswechsel? • Arbeitswelt: Arbeitszeitflexibilisierung? Arbeitsorganisation? • Marketing: Produktlebenszyklen? Absatzwege? Verbraucherverhalten: Informationsbedürfnis? Nachfrage? • Neue Technologien: Wesentliche Auswirkungen?
Ziele ... sind eine Willenserklärung, ein erstrebenswertes zukünftiges Ergebnis, das zu einem bestimmten Zeitpunkt erreicht werden soll	• Welche Ziele haben wir? • Bewegen sich die Ziele innerhalb des Unternehmenszwecks und stützen sich auf unsere Annahmen? • Sind unsere Ziele messbar (kontrollierbar), erreichbar formuliert? • Sind unsere Ziele für alle transparent und wurden sie vereinbart? • Sind unsere Ziele herausfordernd? • Sind unsere Ziele mit den einzelnen Unternehmensbereichen koordiniert, abgestimmt?

Wie kommen wir dorthin?	
Richtlinien ... sind Rahmenbedingungen, die die Unternehmenspolitik widerspiegeln und einzelnen Mitarbeitern Richtschnur für Ergebnisverantwortung und Entscheidungsbefugnis sein sollen	• Welche Richtlinien haben wir? • Sind sie transparent? • Sind sie messbar ausgedrückt? • Präzisieren sie die Unternehmensvorstellungen und den Unternehmenszweck für die einzelnen Funktionsbereiche? • Steuern sie die Zielerreichung?
Budget ... die in Geld ausgedrückten, auf einer Zeitachse aufgetragenen und mit Zuständigkeiten versehenen Ziele und Maßnahmen	• Basiert die Budgetaufstellung auf dem vorher gegangenen Zielsetzungsprozess? • Wer entwickelt und „verwaltet" das Budget? • Sind die Budgets organisationskompatibel? • Wie werden die Budgets überwacht?

Zunehmende Konkretisierung ↓	Systematischer Analyseprozess	
	Die Vision ist Leitfaden für alle Maßnahmen und Aktivitäten.	**Wo wollen wir hin?** **Wer wollen wir sein?**
	Jede Einheit entwickelt, daraus abgeleitet, eine Strategie, auf welche Art und Weise die Vision zu realisieren ist.	**Wie kommen wir dahin?**
	Ausgehend von der Strategie können dann konkrete Ziele formuliert werden.	**Was muss wer bis wann erreicht haben?**
	Hier muss sich die Frage anschließen, ob es im Hinblick auf die Ziele Qualifizierungsbedarf gibt. Es erfolgt also eine Bildungsbedarfsanalyse.	**Gibt es dazu Qualifizierungsbedarf?**
	Aus den Zielen lassen sich Projekte und Weiterbildungsmaßnahmen ableiten, die in einem vorgegebenen Zeitrahmen durchzuführen sind und damit eine fristgerechte Zielerreichung gewährleisten.	**Was muss dafür getan werden?**

(Kolmerer/Kuhn-Krainick 1998, S. 141)

Eine alternative Form des systematischen Analyseprozesses, die in der Praxis häufig Anwendung findet, ist in obigem Schema dargestellt. Die Fragen in der rechten Spalte werden z.B. in Workshops gemeinsam bearbeitet.

Aktives Zielmanagement wird z.B. in regelmäßigen Zielvereinbarungsgesprächen angewendet. In mehreren Schritten werden dabei z.B. folgende Leitfragen beantwortet.

Nutzen Sie die Checklisten zur Klärung Ihrer Situation

- Finden Sie Antworten auf die Fragen in der Checkliste „Zielsetzung und Planung" bzw. „systematischer Analyseprozess".
- Entwickeln Sie bei Bedarf weitere Fragen, die für Ihre berufliche Situation relevant sind und die Sie in diesem Zusammenhang klären möchten.

Leitfragen für aktives Zielmanagement

1. Schritt: Leitfragen:	Arbeitsergebnisse der zurückliegenden Zeit • Was ist erreicht worden? Was ist noch nicht abgeschlossen? • Was ist besonders gut? Wo müssen wir noch „nacharbeiten"? • Was hat die Ergebnisse gefördert bzw. behindert?
2. Schritt: Leitfragen:	Zukünftige Aufgaben • Wie können heutige und zukünftige Aufgaben noch besser gelöst werden? Welche Unterstützung ist dazu wichtig? • Welche neuen Aufgaben stehen an? Sind die Ziele, die dahinterstehen, allen klar? • Welche Tätigkeiten könnten selbstständiger als bisher erledigt werden? Welche (zusätzlichen) Kompetenzen sind dafür erforderlich?
3. Schritt: Leitfragen:	Zwischenbilanz der Zusammenarbeit • Fließen die Informationen, die gebraucht werden? Wird in Entscheidungen miteinbezogen? • Wie groß ist der Gestaltungs- und Handlungsspielraum bei der Arbeit? • Wie verläuft die Zusammenarbeit? Wo ist sie gut? Wo gibt es Verbesserungsmöglichkeiten?
4. Schritt: Leitfragen:	Einsatz und Entwicklung am Arbeitsplatz • Welche Kenntnisse, Fähigkeiten, Fertigkeiten können auf dem derzeitigen Arbeitsplatz zielgerichtet eingesetzt werden? • Welche Potenziale liegen vor und haben bisher keine Berücksichtigung finden können? • Welche Tätigkeitsbereiche sollten ausgebaut werden?

	• Wie wird die Entwicklung an dem Arbeitsplatz aussehen? Welche Kompetenzen bzw. Potenziale hat der Mitarbeiter? Welche braucht er noch?
5. Schritt: Leitfragen:	Gemeinsame Vereinbarungen • Was ist als gemeinsame Vereinbarung festzuhalten? • Welche Ziele werden angestrebt? • Welche Qualifikationen braucht der Mitarbeiter dafür? Wie erreicht er sie? • Wer ist für was verantwortlich? Bis wann werden die Ziele erreicht?
6. Schritt: Leitfragen:	(in einem neuen Zielvereinbarungsgespräch): Kontrolle der erreichten Ziele • Welche der vereinbarten Ziele wurden erreicht? Welche konnten nicht erreicht werden? • Was ist zu tun, damit diese Ziele (auch noch) erreicht werden können? • Haben sich in der Bearbeitung der vereinbarten Ziele neue Bedarfe oder Ziele ergeben?

17.1.1 Wie werden Ziele gesetzt? Wie werden Ziele formuliert?

Um die Ziele konkret, zielgerichtet und verbindlich zu formulieren, denn es geht ja um konkrete Vereinbarungen, die zu treffen und zu kontrollieren sind, ist es wichtig, sich über die Formulierung der Ziele zu verständigen. Denn Ziele sind Aussagen darüber, was mit den zukünftigen Lösungen bzw. Vorhaben erreicht bzw. vermieden werden soll.

! Ziele sind weder Maßnahmen noch Lösungen!

Ziel	Maßnahmen
• Wohin will ich? • Was will ich erreichen? Was vermeiden? • Welchen Endzustand strebe ich an? • Wann will ich es erreicht haben? • Welche Randbedingungen muss ich bedenken?	• Wie komme ich dahin? • Welche Unterstützung/ Mittel brauche ich dazu? • Was muss ich tun, um das Ziel zu erreichen?

Eine Zielformulierung ist damit Grundlage für die Erarbeitung von Lösungsprinzipien und Grobkonzepten. Sie muss daher alle notwendigen Angaben enthalten, die für die weitere Arbeit wichtig sind. Generell gelten für die Zielformulierung folgende Grundsätze:

- Ziele sollten möglichst „lösungsneutral“ formuliert werden, um nicht Lösungen vorwegzunehmen.
- Ziele sollten alle Kriterien beinhalten, nach welchen eine Lösung später beurteilt werden soll.
- Die Zielformulierung soll sowohl gewünschte Kriterien (Was wollen wir erreichen?) als auch negative Kriterien (Was ist zu vermeiden?) enthalten.
- Ziele sollen möglichst operational formuliert werden, d.h. verständlich, klar, eindeutig beurteilbar.
- Ziele sollen realistisch sein.

Als Gedankenstütze für die Grundregeln der Zielformulierung werden alternativ u.a. folgende herangezogen:

1. OPAL	2. SMART
O = Operational (Erreichbarkeit eindeutig nachweisbar) P = Phasengerecht A = Anspruchsvoll, herausfordernd L = Lösungsneutral	S = Spezifisch M = Messbar A = Ausführbar R = Relevant T = Terminiert

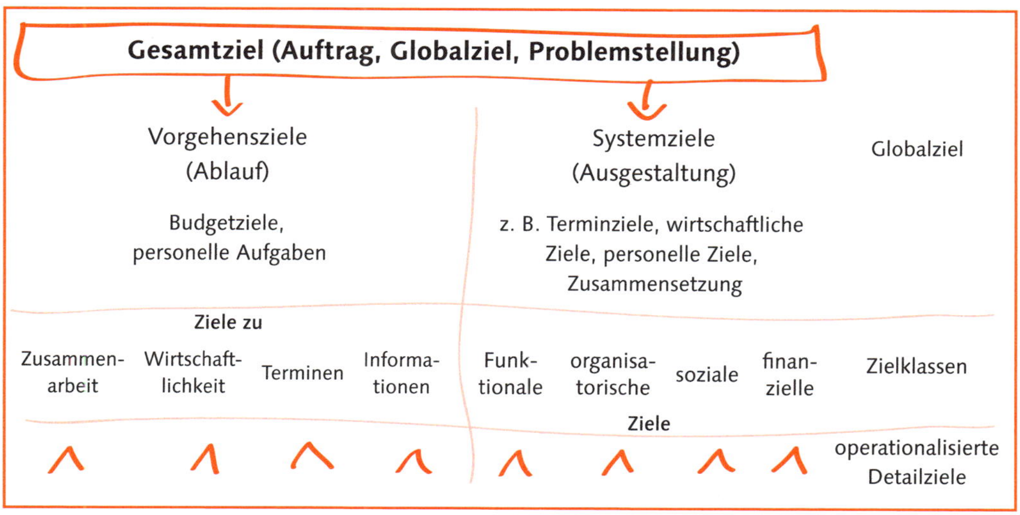

Da eine Zielformulierung meist zu einer längeren Liste von Detailzielen führt, sollte eine solche Liste zur besseren Übersicht sinnvoll strukturiert werden. Eine Gliederungsmöglichkeit ist die Unterteilung in Systemziele und Vorgehensziele, so wie dies im Schema oben gezeigt wird.

Das **Globalziel** beinhaltet eine prägnante Aussage zu:

- WAS? Was soll erreicht werden?
- WER? Durch wen (welche Person, Personengruppe)?
- WANN? (zeitliche Begrenzung)

Systemziele sind dabei die Beurteilungskriterien für die Lösung (z.B. Leistungsziele, Qualitätsziele, wirtschaftliche Ziele).

Vorgehensziele umfassen alle Angaben, die während des Ablaufs bzw. der Problemlösungssuche zu erfüllen sind (z.B. festgelegte Meilensteine, Berücksichtigung bestimmter Personen, Auflagen).

Systemziele und Vorgehensziele können noch einmal in so genannte **Zielklassen** untergliedert werden. Diese wiederum in (operationalisierte) **Detailziele**, die die konkreten Anforderungen darstellen.

Auch wenn Detailziele in der Regel sehr genau formuliert sind, bestehen Unsicherheiten in der Interpretation, da z.B. die Formulierung „es soll ... erreicht werden" nicht eindeutig festlegt, wie dringlich dieses Ziel erreicht werden soll.

Daher hat sich die Unterteilung der Detailziele in zwei Kategorien durchgesetzt:

1. Mussziele: Bedingungen bzw. Restriktionen sind zwingend einzuhalten, auch wenn es mehr kostet oder länger dauert.
2. Wunschziele: sind zu beachten; ihre Einhaltung ist erwünscht.

An dem Beispiel einer Zielformulierung für das Projekt „Interne Post" wird dies deutlich (Witschi 1996, S. 38):

Vereinfachtes Beispiel einer Zielformulierung Projekt „Interne Post"				
		Zielkategorie		
Nr.	Detailziele	Muss	Wunsch	Gewichtung
1	Leistungsziele und betriebliche Ziele	x		...
1.1	Verteilorte: gemäß separatem Verteilplan (Beilage 1)	x	...	
1.2	Zustellzeiten zwischen 2 Orten: unter 2 Stunden			
1.3	Dimensionen der Einzelsendung: max. A4 x 5 cm Dicke Rollen: max. 5 cm Ø x 30 cm			
1.4	Gewicht der Einzelsendung: max. 1 kg	x		...
1.5	Verteilhäufigkeit pro Station: min. 2 pro Tag	x		...

	Verteilhäufigkeit pro Station: bis 6 pro Tag		x	8
1.6	Verteilnetz erweiterungsbedürftig um 50 %		x	50
1.7	Geringer Platzbedarf		x	5
1.8	Geräuscharm in Büroräumen und Gängen		x	10
2	Finanzielle und Kosten-Ziele			
2.1	Minimale jährliche Kosten (incl. Abschreibungen)		x	20
2.2	Investition (nach extern): max. XX Fr.		x	2
3	Termin-Ziel			
3.1	Interne Post betriebsbereit in 1 Jahr		x	5
				(100)
(Witschi 1996, S. 38)				

Reflexionsfragen / Checkliste eigener Ziele	
Nehmen Sie bitte ein Blatt und definieren Sie Ihre zurzeit wichtigsten Arbeitsziele und deren Teilziele.	
Meine wichtigsten Ziele zurzeit:	Meine Teilziele:

Definieren Sie möglichst genau die Ziele für ein Projekt, das Sie in naher Zukunft angehen möchten.			
Jahresziele:			Datum:
Ziele/Teilziele	Verantwortlich	Termin	Bemerkungen

17.1.2 Wie kann eine Ablauf- und Terminplanung gestaltet bzw. vorgenommen werden?

In die strategische Planung gab bereits das letzte Kapitel einen Einblick. Eine Planung verweist auf die Tätigkeiten, die bei Festlegung verschiedener Teilprojekte notwendig sind. Die Gesamtaufgabe, der Problemkomplex, wird in Teilprojekte untergliedert oder strukturiert, diese wiederum in einzelne Fachaufgaben. Eine Teilaufgabe ist z.B. die Ablauf- und Terminplanung, eine andere die Bugetierung der Weiterbildungsmaßnahmen.

Projektplanung – Ausgangspunkt Alltagsbeispiel

Stellen Sie sich vor, Sie möchten z.B. ein Haus bauen. Zu Ihrem persönlichen Auftrag sind Ihnen bis jetzt nur folgende Punkte bekannt: Einfamilienhaus, Garage; Grundstück ist vorhanden.

Zählen Sie die Punkte auf, die Sie bei der Planung dieses Projekts (noch) berücksichtigen müssen, und beschreiben Sie, was zu tun ist.

- In welcher Reihenfolge sind die Aufgaben zu bearbeiten?
- Wann müssen von wem die Arbeitsergebnisse vorliegen?
- Wie viel Personal und Betriebsmittel (Maschinen, Anlagen) werden benötigt?
- Wie viel Geld ist wann und für was bereitzustellen?

Ziele der **Ablaufplanung** sind das Erkennen und Koordinieren von Tätigkeiten und ihren Abhängigkeiten sowie das Schaffen von Transparenz im Ablauf. Grundsätze bei der Ablauf- und Terminplanung:

- Mit dem Ablaufplan wird ein chronologischer Ablauf festgelegt, welcher die Grundlage für die Planung aller beteiligten Mitarbeiter bildet.
- Vor dem Aufbau der Termin- und Ablaufplanung ist Klarheit darüber zu schaffen, was für wen in der Planung erfasst werden soll (Tätigkeitsliste).
- Bei starken Abhängigkeiten der Aktivitäten müssen vernetzte Ablauf- und Terminpläne erstellt werden.
- Der Umfang und der Aufbau der Termin- und Ablaufplanung ist dem Umfang und der Komplexität eines Projektes anzupassen.
- Die Ablaufplanung wird vom Team gemeinsam erarbeitet, nicht vom Leiter allein.

Nachdem festgelegt wurde, was zu tun ist, ist nun die Reihenfolge des „Abarbeitens" der Arbeitspakete zu bestimmen. Dazu wird ein Projektablaufplan/PAP aufgestellt und es werden folgende Fragen beantwortet:

- In welcher logischen Reihenfolge sind die einzelnen Arbeitspakete auszuführen?
- Welche Arbeitspakete können parallel bearbeitet werden?
- Welcher Kapazitäts- und Zeitbedarf ist für die Bearbeitung der einzelnen Arbeitspakete notwendig?

Die Übersicht über die einzelnen Tätigkeiten auf der nächsten Seite bildet die Grundlage für die nachfolgende Tätigkeitsliste oder Aktivitätenliste.

Der **Terminplan** gibt Auskunft darüber, wann, von wem, welche Arbeitsergebnisse vorliegen müssen. Sie ermitteln dazu für jedes Arbeitspaket:

- den Anfangs- und Endtermin,
- die Verantwortlichen und Beteiligten.

Auf der folgenden Seite ist ein Beispiel für die Auflistung von Tätigkeiten einschließlich Terminen und Verantwortlichem aus dem Umfeld des Weiterbildungsmanagements dargestellt.

Tätigkeitsliste						
PROJEKT:					Blatt	
Tätigkeiten und Termine					Datum	
					Ersteller	
Nr.	Tätig-keiten, Vorgang	Verant-wortlich	Vorläufer	Aufwand	Dauer	Termin-plan

Tätigkeits- und Terminplan

1. Konzeptionelle und organisatorische Veranstaltungsplanung
Verantwortlich: Anfangstermin: Endtermin:

2. Rahmenbedingungen klären
Verantwortlich: Anfangstermin: Endtermin:

3. Finanzielle Planung und Finanzübersicht
Verantwortlich: Anfangstermin: Endtermin:

4. Festlegen von Veranstaltungsort und -zeit
Verantwortlich: Anfangstermin: Endtermin:

5. Ausgestaltung der Veranstaltungsstätte
Verantwortlich: Anfangstermin: Endtermin:

6. Technische Ausstattung des Veranstaltungsraums
Verantwortlich: Anfangstermin: Endtermin:

7. Auswahl der Referenten
Verantwortlich: Anfangstermin: Endtermin:

8. Veranstaltungsunterlagen
Verantwortlich: Anfangstermin: Endtermin:

9. Veranstaltungsbegleitende Maßnahmen
Verantwortlich: Anfangstermin: Endtermin:

10. Marketingmaßnahmen
Verantwortlich: Anfangstermin: Endtermin:

11. Einladung und Teilnehmerbetreuung

Verantwortlich: Anfangstermin: Endtermin:

12. Fachgerechte Verwendung der Kommunikationsmedien

Verantwortlich: Anfangstermin: Endtermin:

13. Auswahlkriterien bei Kauf/Miete von Kommunikationsmedien

Verantwortlich: Anfangstermin: Endtermin:

14. Durchführung der Veranstaltung („Eröffnung")

Verantwortlich: Anfangstermin: Endtermin:

15. Seminarbeurteilung als Planungshilfe für Folgeveranstaltungen

Verantwortlich: Anfangstermin: Endtermin:

16. Nachbereitung, Auswertung und Bewertung der Veranstaltung

Verantwortlich: Anfangstermin: Endtermin:

17. Vorbereitung von Folgemaßnahmen

Verantwortlich: Anfangstermin: Endtermin:

Im Allgemeinen wird der Terminplan am anschaulichsten als Balkendiagramm dargestellt. Auf S. 169 ist ein Beispiel wiedergegeben, das diese Form der Darstellung zeigt.

Übung für Ihre Praxis

Nehmen Sie sich ein Projekt vor, das in nächster Zeit ansteht und formulieren Sie die einzelnen Tätigkeiten etc. nach dem Vorschlag in der Abbildung „Tätigkeitsliste" oder nach dem „Beispiel für einen allgemeinen Tätigkeits- und Terminplan".

Ablauf und Terminplandarstellung mithilfe von Balkendiagrammen

Nr.	Tätigkeit/ Maßnahme	Verantw.	Vorgäng.	Dauer	2011 Q2/Q3/Q4	2012 Q1/Q2/Q3/Q4	2013 Q1/Q2
01	Entwicklung			160			
02	Design			154			
03	Vorstudie		GL1	56			
04	... Prototyp	03	GL1	28			
05	... testen	04	GL1	56			
06	... verbessern	05	GL1	14			
07	Fertigung			77			
08	... Planung		GL2	14			
09	... Konstruktion	03	GL2	28			
10	... Arb.vorb.	09	GL3	35			
11	Marketing			42			
12	... Werbeplan	05	GL4	7			
13	... Servicekonzept	05	GL3/4	14			
14	... Vertriebsplan	05	GL4	14			
15	... Budgetierung	14	GL4	7			
16	Meilenstein A	05,15	PrL	0			
17	Nullserie	16		180			
...							
43	Meilenstein B	... 42	PrL	0			
44	Abschluss	43		50			
...							
48	Projektende	47	alle	0			

17.2 Wie können Weiterbildungsmaßnahmen budgetiert werden?

Basis für die Bildungsbudgetplanung sind die von der Unternehmensplanung abgeleiteten Vorgaben und Bildungsziele, die den Rahmen der Weiterbildung umreißen und durch entsprechende Maßnahmen zu erreichen sind. Da Bildungsarbeit Kontinuität erfordert, sollte eine jährlich durchzuführende Budgetplanung angelegt werden. (Um die Transparenz der Kosten zu erhöhen, kann die Planung nach Kostenstellen getrennt durchgeführt werden.)

Folgendes Schema stellt eine Zusammenstellung für einen Kostenstellenplan dar, den wir im Laufe eines zitierten Fallbeispiels auch gleich noch exemplarisch ausfüllen werden. Eine weitere Alternative dazu finden Sie im Anhang (Kap. 19.4).

Kostenstellenplan	
Büromaterial und Fachliteratur Übriges Material MATERIALKOSTEN Löhne Gehälter Gesetzliche Sozialkosten Übrige Sozialkosten (freiwillige Leistungen) PERSONALKOSTEN Instandhaltung Umstellungsarbeiten und Umzüge Steuern, öffentl. Geb. und Beiträge Mieten und Pachten bzw. Leasingkosten Transportkosten Entwicklungsarbeiten, Patent- und Lizenzkosten Beratungskosten, Prüfungsgebühren und Beiträge Versicherungen Werbekosten Telefonkosten Übrige Postkosten und Zahlungsverkehr Reisekosten Bewirtungskosten Provisionen und sonstige Kosten VERSCHIEDENE KOSTEN ÜBERGERECHN. KALK. KOSTEN	KOSTEN VOR WEITERBERECHNUNG Anlastung v. Kostenstellen GESAMTKOSTEN BRUTTO ABGEGB. WEITERVERRECHNUNGEN (davon an Fremde) KOSTENSALDO Sachanlagenzugang und Software (davon Betriebs- und Geschäftsausstattung) (davon Datenverarbeitungsanlagen) PERSONALPLAN Lohnempfänger (LE) Gehaltsempfänger (GE) In Ausbildung Befindliche (IAB) GESAMTPERSONAL (Stichtag) PERSONALPLAN Lohnempfänger (LE) Gehaltsempfänger (GE) In Ausbildung Befindliche (IAB) GESAMTPERSONAL (Durchschnitt) Diese Übersicht ist zusammengestellt nach Cramer 1998a, S. 10/11; Planungserläuterungen finden Sie im Anhang. Einen vollständigen Kostenstellenplan finden Sie (als Beispiel) auf S. 172 ff.

Fallstudie

Wir stellen eine Fallstudie zur operativen Budgetplanung der Weiterbildung vor (zitiert n. Cramer 1998b). Dabei wird von fiktiven Geschäftsdaten ausgegangen:

Umsatz:	**147 Mio. €**
Stundenleistung:	800.000 Arbeitsstunden (Ah)
Personalkosten:	**58,1 Mio. €**
Davon Lohn und Gehalt:	34,2 Mio. €
Mitarbeiter insgesamt:	**500**
Lohnempfänger (LE):	260
Davon mit Berufsausbildung (BA):	140
Gehaltsempfänger (GE):	210

Die Geschäftsplanung sieht vor, dass vom zu planenden Geschäftsjahr an ein zunächst auf zwei Jahre begrenztes Projekt „Qualitätsverbesserungsprozess" (QVP) eingeleitet werden soll. Entsprechende Schulungsmaßnahmen sollen das Projekt unterstützend begleiten und zusätzlich zu den bisherigen Weiterbildungsaktivitäten fachliche Weiterbildung, Führungs- und Vertriebstraining und Fremdsprachen durchgeführt werden.

Planungsgrundlage ist ein Mengengerüst, welches die Eckdaten der laufenden Weiterbildungsaktivitäten und der Weiterbildungsziele der nächsten Geschäftsjahre innerhalb der mittelfristigen Planung aufnimmt. Soweit keine Weiterbildungsbedarfsermittlung vorliegt, sind qualifizierte Schätzwerte in die Planung aufzunehmen.

	Prognose	Budget	2. Planjahr	3. Planjahr
Anzahl der Veranstaltungen	18	40	40	24
Teilnehmer	240	470	400	280
davon an externen Veranstaltungen	60	45	50	60
Teilnehmerstunden	8.700	9.200	9.000	8.200
davon in der Arbeitszeit	7.400	6.400	6.200	5.700

Für die Kostenstelle Weiterbildung werden folgende Personalzahlen eingesetzt:

	Prognose	Budget	2.Planjahr	3. Planjahr
Gehaltsempfänger (Durchschnitt)	1,5	1,5	1,5	1,5

Die Prognose wird, wie üblich, aus dem Soll/Ist-Vergleich des laufenden Geschäftsjahres abgeleitet. Unter Einbeziehung der Geschäftsziele ist die mittelfristige Planung zu erstellen, wobei davon ausgegangen wird, dass sich durch die Einführung des Projektes „Qualitätsverbesserungsprozess" in den kommenden zwei Geschäftsjahren die Weiterbildungsaktivitäten intensivieren werden. Für die Modellrechnung wurden in den Planungsschritten Prognose, Budget und Folgejahre folgende Gesamtkosten (Brutto) ermittelt, deren Einzelwerte nachstehend erläutert werden.

Prognose laufendes Geschäftsjahr:	217.000 €
Budget Planjahr:	288.000 €
2. Planjahr:	281.000 €
3. Planjahr:	259.000 €

Kostenstellenplan				
Aus- und Weiterbildung	Meldende Stellen: Abt. Weiterbildung			
Position	– in T€			
	Prognose lfd. Geschäftsj.	Budget Planjahr	2. Planjahr	3. Planjahr
Büromaterial und Fachliteratur	12,0	13,0		
Übriges Material	12,0	24,0		
MATERIALKOSTEN	24,0	37,0	36,0	31,0
Löhne				
Gehälter	64,0	68,0		
Gesetzliche Sozialkosten	19,0	20,0		
Übrige Sozialkosten	80,0	31,0		
(freiwillige Leistungen)				
PERSONALKOSTEN	163,0	119,0	97,0	102,0
Instandhaltung	6,0	6,0		
Umstellungsarbeiten und Umzüge				
Steuern, öffentl. Geb. und Beiträge	2,0	2,0		
Mieten und Pachten bzw. Leasingkosten	3,0	3,0		
Transportkosten	1,0	1,0		
Beratungskosten, Prüfungsgebühren und Beiträge	10,0			
Versicherungen				
Werbekosten				
Telefonkosten	3,0	3,0		
Übrige Postkosten und Zahlungsverkehr	3,0	3,0		
Reisekosten	22,0	42,0		
Bewirtungskosten	6,0	6,0		

Provisionen und sonstige Kosten	34,0	54,0		
VERSCHIEDENE KOSTEN	90,0	120,0	114,0	92,0
VERRECHN. KALK. KOSTEN	4,0 % 11,0	4,0 % 11,0	6,0 % 15,0	6,0 % 13,5
KOSTEN VOR WEITERBERECHNUNG	266,0	265,0	232,0	222,5
Anlastung v. Kostenstellen	24,0	26,0	28,0	28,0
GESAMTKOSTEN BRUTTO	290,0	291,0	260,0	255,5
ABGEGEBENE WEITERBERECHNUNGEN	290,0	291,0	260,0	255,5
(davon an Fremde)				
KOSTENSALDO	0,0	0,0	0,0	0,0
Sachanlagenzugang und Software	10,0	22,0	20,0	20,0
(davon Betriebs- und Geschäftsausstattung)	6,0	6,0		
(davon Datenverarbeitungsanlagen)	4,0	16,0		
PERSONALPLAN				
Lohnempfänger (LE)				
Gehaltsempfänger (GE)	1,5	1,5	1,5	1,5
In Ausbildung Befindliche (IAB)				
GESAMTPERSONAL (Stichtag)	1,5	1,5	1,5	1,5
PERSONALPLAN				
Lohnempfänger (LE)				
Gehaltsempfänger (GE)	1,5	1,5	1,5	1,5
In Ausbildung Befindliche (IAB)				
GESAMTPERSONAL	1,5	1,5	1,5	1,5
(Durchschnitt)				

Bearbeiter: Telefon:

Muster des Kostenstellenplans nach Cramer 1998a, S. 5/6;
Planungserläuterungen finden Sie im Anhang (Kap. 19.2 / 19.3)

Anmerkung

Diese Modellrechnung ist überwiegend auf die Erfordernisse klein- und mittelständischer Unternehmen ausgerichtet. Je nach Unternehmensgröße sind die entsprechenden Anpassungen vorzunehmen. Auch treffen nicht alle Kostenarten in diesem Beispiel zu.

Ferner erfasst das in der Planung ausgewiesene Budget nur die Kosten der Abteilung Weiterbildung, die etwa 0,2 Prozent vom Umsatz ausmachen. Die Kosten für zur Weiterbildung entsandte Mitarbeiter (Seminargebühren und Reisekosten) sind damit nicht eingeplant. Diese Kosten haben die jeweiligen Kostenstellen für die dort beschäftigten Mitarbeiter einzuplanen. Um die Gesamtkosten der Weiterbildung darzustellen, sind die kalkulatorisch errechneten Arbeitszeit-Ausfallkosten gesondert zu ermitteln.

Das ökonomische Gesetz des optimalen Mitteleinsatzes im Hinblick auf einen vorher festgelegten Erfolg ist von zahlreichen Unplanbarkeiten begleitet. Wichtig ist zum einen die optimale Kombination aller Instrumente des Marketings, zum anderen die Prüfung „aller" Möglichkeiten und der zwischen den Instrumenten bestehenden Wirkungszusammenhänge, um wirklich praktikable Lösungen zu finden.

Daher ist es wichtig, „Frühwarnsysteme" bzw. controls zu installieren und daran die eigenen Entscheidungen zu reflektieren. Mögliche quantifizierbare Variablen sind z.B. die Anmeldungen und Interessenten als Reaktion auf eine ausgeschriebene Maßnahme. Hier gilt es in der Planung festzulegen, ab wann, ab welchem Break-even-Point, eine Maßnahme durchgeführt wird.

Nutzen für Teilnehmer/Financiers – Entscheidungsfelder

Notwendige Personalqualifikation/Weiterbildungsbedarf

Problemlösungen, Bildungsmaßnahme/-themen

Räumlichkeiten und Ausstattung

Anerkennungen, Zertifizierungen

Innovationen / Optimierung Workflow

Gegenleistung/Preis

Lehr-/Lernmethoden / Ambiente / Klima

(Falk 1996, S.35)

Eine alternative Budgetplanung ist – im Auszug und am Beispiel einer Tagung – nachstehend als Schema einer „Checkliste Budgetplan“ abgedruckt. Zunächst wird eine Übersicht über mögliche Posten bei einem Budgetplan gegeben. Es folgen dann Beispiele zur Ausgestaltung dieser einzelnen Posten für

- Einnahmen,
- personenbezogene Kosten (Referenten),
- sachbezogene Kosten (Technik und Werbung).

Reflektieren Sie Ihre Praxis!

Wie budgetieren Sie derzeit Ihre Weiterbildungsmaßnahmen? Welche Vor- und Nachteile hat diese Vorgehensweise? Wo könnte/müsste die Budgetierung noch konkreter vorgenommen werden?

„Checkliste Budgetplan“
(Auszug am Beispiel einer Tagung)

Soll	Ist	Einnahmen	Soll	Ist	Personenbezogene Kosten
		Budget vom Auftraggeber			Programmausschuss/ Organisation
		Teilnehmergebühren			Referenten
		Ausstellung			Teilnehmer/Gäste
		Inserate			Presseempfang
		Spenden			Dolmetscher
		Sponsoring			Organisationspersonal
		Summe			Sonstiges
Soll	**Ist**	**Sachbezogene Kosten**			Summe
		Räume	**Soll**	**Ist**	**Sonstige Kosten**
		Technik			Rahmenprogramm
		Werbung			Hilfskräfte/Aushilfen
		Tagungsunterlagen			Ausstellungsakquisition
		Verwaltungskosten			Anzeigenakquisition
		Sonstiges			Sonstiges
		Summe			Summe

Einnahmen

Soll	Ist	**Budget Auftraggeber**
		Personal
		Sachaufwendungen
		Sonstige Aufwendungen
		Summe

Soll	Ist	**Teilnehmergebühren**
		Vollzahler
		Ermäßigte Gebühren
		Summe

Soll	Ist	**Ausstellung**
		Standgebühren
		Sonstige Einnahmen
		Summe

Soll	Ist	**Inserate**
		Einnahmen
		Summe

Soll	Ist	**Sponsoring**
		Einnahmen
		Summe

Soll	Ist	**Spenden**
		Einnahmen
		Summe

Personenbezogene Kosten

Soll	Ist	**Referenten**
		Reisen
		Übernachtungen
		Bewirtungen
		Honorare
		Nebenkosten
		Summe

Sachbezogene Kosten

Soll	Ist	**Technik**
		Miete
		• Mikrofon
		• Overheadprojektor
		• Videoanlage
		• Leinwand-Reisen
		Transport von AV-Medien
		Telefon
		EDV-Leitungen
		• Installation
		• Betriebskosten
		Versicherungen
		Auf- und Abbau
		Betreuung
		Notdienst
		Energiekosten
		Summe

Soll	Ist	**Werbung**
		Anzeigen
		Mailings
		• Entwurf
		• Druck
		• Versand
		• Porto

Beilage	
• Programm	
• Zeitschrift	
Telemarketing	
• Telefongebühren	
Presseempfang	
• Raummiete	
• Pressemappen	
Sonstiges	
Summe	

Budget-Endabrechnung		
Soll	Ist	
		Einnahmen
		Personenbezogene Kosten
		Sachbezogene Kosten
		Sonstige Kosten
		Ergebnis

17.3 Welche Aspekte spielen beim Bildungsmarketing eine Rolle?

Unter Bildungsmarketing wird ein spezielles Dienstleistungsmarketing im Bildungsbereich verstanden, das die zielgerichtete markt- und kundenorientierte Führung eines Bildungsunternehmens unter Beachtung der erziehungswissenschaftlichen Spezifik dieses Tätigkeitsfeldes umfasst (vgl. Reupold et al. (2009, S. 90 ff.).
Ziele des Bildungsmarketings sind u.a.

- höhere Zufriedenheit der Teilnehmer bzw. zukünftigen Kunden,
- optimale Gestaltung und Durchführung der Produktentwicklung,
- Preisbildung,
- Kommunikation und Vertrieb,
- effektivere Weiterbildung,
- bessere und schnellere Entscheidungen bzw. Problemlösungen,
- Erreichen unterschiedlicher Zielgruppen,
- Vernetzen der innerbetrieblichen Ziele mit denen des Marktes,
- Überzeugen aller Beteiligten von dem „Programm“.

Diese Ziele zeigen die Nähe insbesondere zu dem Kap. 17.1 „Zielsetzung und Planung“.

Als Kunden einer Bildungseinrichtung werden u.a. Teilnehmer, Dozenten, Lehrkräfte, Mitarbeiter, Presse, Lieferanten, Konkurrenten, öffentliche Behörden, Einrichtungen, Banken, Auftraggeber betrachtet.

Um Bildungs„käufer“ (Unternehmen als Auftraggeber und Teilnehmer) durch ziel- und zielgruppengerechte Maßnahmen zu gewinnen, ist eine grundsätzliche Auseinandersetzung mit dem angebotenen bzw. zu entwickelnden Produkt erforderlich (s. Kap. 17.1 „Zielsetzung und Planung"). Fehlt diese, wird die Chance vertan, mithilfe des Bildungsmarketings die eigene Bildungsarbeit zu reflektieren, sie aktiv zu gestalten und eine entsprechende Nachfrage zu schaffen. Erforderlich wäre in diesem Zusammenhang die Analyse der Ziele und Aufgaben, des eigenen Selbstverständnisses unter dem Gesichtspunkt des Nutzens für den Abnehmer und Geldgeber.

Die Aufgabe eines zukunftsorientierten Bildungsmarketings ist es, durch gezielte Informationen, Analysen des Bildungsbedarfs etc. eine strategische Richtung zu entwickeln und an den Kunden weiterzugeben. Daher ist die systematische Informationsgewinnung der Schlüssel für erfolgreiches, zielgerichtetes Marketingverhalten.

Entsprechend der Dienstleistungsfunktion von Bildung wird der Kunde (individuelle Teilnehmer ebenso wie ganze Abteilungen oder Unternehmen) zum Mittelpunkt der Überlegungen. Die Bildungswünsche und -interessen der (potenziellen) Teilnehmer finden mehr Berücksichtigung. In der Weiterbildung erwarten die Unternehmen ein „maßgeschneidertes", auf ihre Bedürfnisse und Erfordernisse zugeschnittenes Bildungspaket.

Dies umfasst z.B.:

- die Unterstützung bei der Analyse des Bildungsbedarfs,
- die Beratung zur optimalen Deckung des Bildungsbedarfs,
- die erforderliche Qualifizierung,
- einen nachweisbaren Bildungstransfer,
- ein praktikables Bildungscontrolling und
- die erforderliche Unterstützung und Beratung nach der (eigentlichen) Maßnahme.

Die **Planung** des Marketings umfasst die Vorbereitung aller Aktivitäten, um Kundennutzen zu stiften und um zugleich erfolgreich auf dem Markt zu agieren. Auf der Grundlage einer Informationsanalyse werden Ziele und Strategien entwickelt, die Grundlage für die Ausarbeitung eines Bildungskonzeptes sind. Die Umsetzung wird durch Analysen begleitet, um daraus Konsequenzen für die Aktualisierung und Veränderung der Ziele, Konzepte, Produkte etc. zu ziehen. Marketing kann dazu beitragen, das Bildungsangebot den wechselnden Anforderungen des Marktes anzupassen.

17.3.1 Kernaspekte des Bildungsmarketings

Als Grundlage des Marketings in der Bildungsarbeit sollen hier insbesondere drei Aspekte hervorgehoben werden (s. auch Kap. 17.1 „Zielsetzung und Planung"):

1. die Zielfindung,
2. die Marktanalyse und
3. die Programmgestaltung und Marketingorganisation.

Diese drei Aspekte werden zunächst kurz beschrieben, anschließend mithilfe einer Fragen-Checkliste verdeutlicht:

Zielfindung

Bildungsträger treffen, wenn sie ihre Ziele formulieren möchten, auf eine Vielzahl unterschiedlicher, teils widersprüchlicher Erwartungen und sind mit Anforderungen konfrontiert, die wenig greifbar und transparent zu machen sind. Gründe für das schwierige Erfassen der Ziele liegen u.a. in pluralistischen Interessengruppen (Teilnehmer – Geldgeber), pluralistischen Zielen (Realisieren mehrerer gleichgewichtiger Ziele erschwert die Bewertung strategischer Zieldefinitionen), Dienstleistungen (subjektive Leistungen sind häufig schwer zu bewerten), öffentlichem Interesse (formal-inhaltliche bzw. soziale inhaltliche Einflussnahme auf die Gestaltung der Maßnahmen z.B. bei Förderung durch staatliche Mittel) (vgl. Falk 1996, S. 12 f.). Je problematischer die Zielfindung aufgrund o.g. widersprüchlicher Erwartungen ist, umso größer ist die Gefahr, sie nicht oder nicht so detailliert durchzuführen, oder einfach auf „Altbewährtes“, z.B. erfolgreiche Angebote, zurückzugreifen.

Dennoch ist gerade die Zielbeschreibung zum einen für die Bildungsträger, die in ihr die Chance begreifen, ihre eigene Bildungsarbeit zu überprüfen und aktiv zu gestalten, und zum anderen für den potenziellen Teilnehmer, der sich für ein Bildungsangebot entscheiden möchte, von unschätzbarer Bedeutung (s. auch Kap. 17.4 „Weiterbildungs- und Lernberatung“). Damit Bildung effektiv verlaufen kann, ist es erforderlich, dass die Bildungsmaßnahme ausgewählt wird, die für das Erreichen des jeweiligen individuellen Bildungsziels unter Berücksichtigung der Vorkenntnisse und Leistungsfähigkeit die optimale Lösung darstellt. Hierzu müssen die Teilnehmer wissen, welches (konkrete) Ziel mit einer Bildungsmaßnahme erreicht werden soll, wie sie strukturiert ist, welche Voraussetzungen vorhanden sein müssen etc. Diese Informationen zu liefern, ist u.a. Aufgabe des Bildungsmarketings.

Marktanalyse

Für den Bildungsträger ist von Bedeutung, dass er dem Bildungsmarketing ein strategisches Vorgehen zu Grunde legt. Es geht um einen „Prozess strategischen Suchens“ (vgl. Falk 1996), bei dem zum einen die eigenen Leistungen und die Leistungen der Konkurrenten analysiert, und zum anderen die Ziele und Zielgruppen konkretisiert werden und darüber hinaus nach strategischen Problemlösungen für die eigene Organisation gesucht wird.

Programmgestaltung und Marketingorganisation

Die Profilierung und Professionalisierung eines Bildungsanbieters wird durch die Gestaltung seines Maßnahmenangebots unterstützt. Strukturierte, übersichtliche, transparente Bildungsangebote erleichtern dem Kunden seine Entscheidung für oder gegen ein Bildungsangebot. Kleinere Bildungsträger bieten in der Regel einen

Maßnahmentyp an, während größere ihre Angebote zielgruppenspezifisch in Angebotslinien oder nach Art der Themen unterteilen. Es werden zum einen Angebote gemacht, die inhaltlich gleich bzw. ähnlich sind, aber für unterschiedliche Zielgruppen angeboten werden (z.B. als Teilzeitangebot, um Berufstätigen den Zugang zu erleichtern), zum anderen werden komplementäre Angebote eröffnet, die aufeinander aufbauen, neue Inhalte mit alten koppeln (z.B. modularer Aufbau). Strategisch bedeutsam für die Bildungsträger sind die Überlegungen, welches „Kerngeschäft" sie selbst – in Abgrenzung zu anderen – verfolgen (wollen) und wie sie es verwirklichen.

Bildungsmarketing in diesem Sinne ist ein Instrument der aktiven Teilnehmerorientierung in der Weiterbildung und wird als Gestaltung der Bildungsarbeit „vom Kunden her" bzw. als Dienstleistung gesehen. Es verlangt die Abkehr von der angebotsorientierten, isolierten Bildung und den Aufbau einer aktiven, strategischen, bedarfs- bzw. nachfrageorientierten Bildung für Formen selbstgesteuerten Lernens (vgl. Geldermann et al. 2006, S. 113), die wiederum einer aktiven Auseinandersetzung und intensiven Reflexion bisheriger und zukünftiger Aktivitäten seitens der Bildungsträger bedarf.

Reflektieren Sie Ihre Praxis!

- Wie sieht Ihr Bildungsmarketing in Ihrem Unternehmen, Ihrer Institution aus? Worauf wird besonderer Wert gelegt?
- Gehen Sie die Fragen, die unter den Kap. 17.1 „Zielsetzung und Planung" und 17.3 „Bildungsmarketing" im Hinblick auf die Bestandsanalyse aufgeworfen wurden, durch und beantworten Sie diese für Ihre Bildungsarbeit.

Zielfindung, Marktanalyse und Programmgestaltung als Basis für ein strategieorientiertes Bildungsmarketing

Grundlegende Aspekte	Mögliche Fragen zur Konkretisierung der Aspekte
1. Zielfindung	• Welche Zielbereiche verfolgen wir konkret? • Welche Ziele haben die (potenziellen) Kunden? • Welche pädagogisch-didaktischen Ziele haben wir? • Welche ökonomischen Ziele haben wir? • Sprechen wir unterschiedliche Zielgruppen mit ihren jeweils unterschiedlichen Zielen an? • Wie können wir innovative, qualitativ hochstehende und relativ preisgünstige Angebote machen? • Wollen wir die Zielgruppe ändern/wechseln?

2. Markt-analyse/ Umfeldanalyse	• Was sind für uns die wichtigsten Märkte und Interessengruppen? In welche Segmente lassen sich die Märkte aufteilen? Wie lassen sich die Märkte bzw. die Marktsegmente charakterisieren? Was sind deren Kennzeichen? • Welche sind die Hauptkonkurrenten der Organisation? Welche Trends lassen sich bei ihnen ausmachen? • Ist es sinnvoll, die Produkte selbst anzubieten? • Wie sehen die Kunden und andere Interessengruppen unsere Organisation? Wie fällen die Kunden die Entscheidung für die Übernahme eines Bildungsangebots? Welche Aussagen können über den derzeitigen und zukünftigen Stand der Kundenbedürfnisse gemacht werden? Unter welchen Bedingungen interessieren sich die Kunden für unsere Bildungsprodukte? • Welche Trends (z.B. Bevölkerungsentwicklung, Werteinstellungen, kulturelle Entwicklungen, gesetzliche Veränderungen) werden sich auf die Organisation auswirken?
3. Programm-gestaltung	• Wie sieht die Kernstrategie, sehen die Kerngeschäfte der Organisation zur Erreichung unserer Ziele aus? Was sind unsere Stärken? Worin liegt unsere Besonderheit? Welcher Service wird nur bei uns geboten? Was ist das „Typische" an unserem Angebot? • Stehen genügend Mittel für Marketingaktionen zur Verfügung? Wie sind die Mittel zugeteilt? (Umfang, Struktur) • Wird ein jährlicher Marketingplan entwickelt? Sind regelmäßige Fortschrittskontrollen integriert, die die Ziele überprüfen (monatlich, halbjährlich; Effektivität, Wirtschaftlichkeit)? • Wer führt das Marketing durch (z.B. Spezialisten auf Führungsebene)? Besteht Weiterbildungsbedarf?

17.3.2 Zusätzliche Aspekte des Bildungsmarketings

Auf der Basis der soeben beschriebenen Überlegungen (Zielfindung, Marktanalyse, Programmgestaltung) werden im Folgenden weitere Aspekte dargestellt, die zum Instrumentarium des Marketings gehören. Dies sind u.a.:

1. die Produkt- und Herstellentscheidung,
2. die Preisentscheidung,
3. die Distributionsentscheidung,
4. die Kommunikationsentscheidung (vgl. Merk 2005, S. 103 f.).

Produkt- und Herstellentscheidung

Das Produkt umfasst, was am Markt zur Befriedigung eines Wunsches angeboten wird:

- den Bildungsinhalt als Kern,

- die Qualität des Produktes,
- den Nutzen der Bildungsmaßnahme,
- die Organisation und zeitliche Gestaltung,
- Qualifikation des Personals.

In der Regel befinden sich die einzelnen Angebote eines Bildungsträgers in unterschiedlichen „Reifestadien“. Es gibt etablierte, bereits seit Langem erfolgreich durchgeführte Angebote, neue Angebote im Einführungsstadium, weitere im Wachstumsstadium und andere im Rückgangsstadium. Hinter der Entscheidung für eine Produktaufnahme, -veränderung oder -aufgabe stehen z.B. folgende Überlegungen:

Entscheidungsform und Überlegungen über Produktaufnahme, -veränderung, -aufgabe

Entscheidungsform	Überlegungen bzw. Aktivitäten
Entscheidung über Produktaufnahme	Produktinnovationsprozess: 1. Ideensuche und Vorauswahl 2. Konzeptauswahl 3. Konzept-Testing 4. Wirtschaftlichkeitsanalyse 5. Produktentwicklung 6. Test-Marketing 7. Produkteinführung
Entscheidung über Produktverände-rung	Entscheidung in Bezug auf: • Modifizierung • Aktualisierung • Produkteigenschaften (Qualität, Abschluss) • Inhaltsgestaltung
Entscheidung über Produktaufgabe	• Evtl. über Veränderung des Angebots nachdenken (Teilzeit/Vollzeit; Seminar/Tagung) • Ursachen reflektieren

Preisentscheidung

Bildungsarbeit ist wie alle anderen Funktionsbereiche dem zu erreichenden Betriebsergebnis verpflichtet, und der Notwendigkeit, Bildungsarbeit nicht nur pädagogisch, sondern auch wirtschaftlich zu betrachten, kommt immer größere Bedeutung zu. Grundlage für die Preisentscheidung ist eine mittelfristig angelegte operative Finanzplanung, die die Transparenz über Kosten und Erträge ermöglicht und zugleich die Grundlage für kontinuierliche Bildungsarbeit liefert (vgl. Kap. 17.2 „Budgetierung“).

Fragen, die hinter der Preisbildung stehen, sind u.a.: Gibt es staatlich bzw. öffentlich-rechtlich oder durch Vereinbarung zwischen Kostenträgern und Leistungserbringern festgesetzte Preise (z.B. in Krankenhäusern)? Werden die Preise subventioniert, z.B. durch den Staat, die Arbeitsverwaltung, die eigene Organisation für ihre Bildungsabteilung, bei Volkshochschulen? Richten sich die Preise für Bildungsmaßnahmen von freien Marktanbietern nach dem Markt bzw. der Zielgruppe?

In der Regel orientieren sich die Preisbildungsentscheidungen an den Kostenüberlegungen. Die Kosten werden z.B. anhand eines Schemas ermittelt, das für die einzelnen Wirtschaftsbereiche unterschiedlich aufgebaut und meist an den Herstellungs- bzw. Planungsprozess angelehnt ist. Auf der folgenden Seite finden Sie ein Beispiel für ein solches Kalkulationsschema.

Diese Kalkulation wird dann auf Nachfrage- und Konkurrenzverträglichkeit geprüft werden. Dabei stellen sich z.B. Fragen wie: Ist ein solcher Preis für die anvisierte Zielgruppe durchsetzbar? Zu welchem Preis bietet die Konkurrenz das Produkt (wenn auch etwas anders) an? Unter anderem diese Überlegungen können zu einer Korrektur der Kalkulation führen (siehe auch Kap. 17.2 „Budgetierung von Weiterbildungsmaßnahmen").

Distributionsentscheidung

Bei der Distributionsentscheidung geht es um die „Verteilung" des Bildungsgutes bzw. der entsprechenden Dienstleistungen, d.h. um die Frage, wie die Angebote/Produkte die potenziellen Kunden erreichen und umgekehrt. Dabei geht es z.B. um:

1. Standortwahl, Einrichtungen, Seminarzentren (z.B. räumliche Verteilung, Anzahl der Standorte),
2. Vertriebswege, Zielgruppen, Dauer und Form der Maßnahmen (z.B. Multiplikatoren; Zielgruppen der Weiterbildung, Beratung von Gruppen, die von einem Angebot nicht angesprochen werden; Block- oder Teilzeit- oder Wochenend-Veranstaltungen),
3. Niveau und Qualität des Kundenservice (z.B. Zusenden von Selbstlernmaterialien, von Info-Blättern, Korrektur von Einsendungen, telefonische Sprechstunde),
4. Dozentenqualifikation (z.B. Qualifizierung, berufliche Erfahrung, Einsatz von Methoden).

Kalkulationsschema für eine Bildungsmaßnahme

1. Maßnahmen-Gesamtkalkulation

1.1 Seminar-Vorbereitungskosten

+ ____________________ Materialkosten (z.B. Papier, Kopierkosten)
+ ____________________ Marketingkosten (z.B. Porto, Briefe, Werbung)
+ ____________________ Personalkosten
+ ____________________ anteilige Gemeinkosten (Raum; Energie, Telefon)
+ ____________________ Produkt- und Konzeptentwicklungskosten

1.2 Durchführungskosten

+ ____________________ Materialkosten (z.B. Medien, Arbeitsmittel, Bewirtungskosten)
+ ____________________ Honorar- und Betreuungs- und Personalkosten
+ ____________________ Raumkosten, Reisekosten
+ ____________________ Gemeinkosten (z.B. Energie, Telefon, Regiekosten)
+ ____________________ Prüfungskosten

1.3 Seminar-Folgekosten

+ ____________________ Korrektur- und Auswertungskosten
+ ____________________ Andere Kosten
+ ____________________ Abschreibungen

1.4 Seminarkosten

+ ____________________ Gewinnanteile

1.5 Gesamtkosten

+ ____________________ Mehrwertsteuer, andere Steuern (z.B. Lohn-, Einkommens-, Gewerbesteuer)

1.6 Gesamtkostenendpreis

2. Teilnehmer-Preiskalkulation

Gesamtendpreis

= ____________________ Gesamtpreis pro Teilnehmer

Zahl der Teilnehmer ____________________

(Decker 1995, S. 193)

Kommunikationsentscheidung

Je besser die Kommunikation mit den (potenziellen) Kunden, der jeweiligen Zielgruppe, gelingt, desto größer ist die Wahrscheinlichkeit, dass sie ein Angebot wahrnehmen. Die Kommunikationspolitik hat im Allgemeinen das Ziel, Zielgruppen überzeugende Argumente zu übermitteln, die in ihnen den Wunsch nach einem Bildungsprodukt fördern bzw. wecken. Infrage kommen u.a.:

Werbung:

- Werbeziele sind u.a., den Kunden mit den Zielen und Inhalten der Bildungsprodukte vertraut machen, neue Teilnehmer überzeugen und gewinnen, bisherige Teilnehmer erhalten und aktivieren, vorhandene Interessen und Bedürfnisse wecken.
- Werbemittel sind u.a. die Sprache (z.B. Verkaufsgespräche, Informationsveranstaltungen, Telemarketing); Schrift (z.B. Weiterbildungsbroschüren, Aushänge an schwarzen Brettern, Anzeigen, Zeitschriften, Artikel in (Fach-)Zeitschriften, Internet); Bilder (z.B. Plakate, Filme, Fernsehen, Videoclips); Werbezugaben (z.B. Werbegeschenke, Kalender).
- Deutlich verstärkt hat sich in den letzten Jahren die Nutzung von Sonderpublikationen in einschlägigen (Fach-)Zeitschriften.

Persönliche Kontaktaufnahme:

- Ziele sind z.B. Aufbau von Vertrauen und Weitergeben von Informationen über das Bildungsprodukt bzw. die Bildungseinrichtung sowie Verkaufen des Bildungsproduktes.
- Angesichts der mit der Weiterbildung für den Einzelnen verbundenen direkten und indirekten Kosten, der oft hohen zeitlichen und familiären Belastung und der mit einem Abschluss verbundenen Erwartungen muss eine Hilfestellung in Bezug auf seine individuellen und zielgerichteten Bildungsmöglichkeiten gegeben werden.
- Werbemittel sind z.B. neben Telefonaktionen oder Telemarketing insbesondere die persönliche Beratung auf Informationsständen, aber auch (informelle) Gespräche während laufender Seminare, Sprechstunden, direkte Ansprache von Mitarbeitern oder Abteilungen, Angebote der Bildungsberatung für Einzelne oder Gruppen.

Anreiz-Angebote:

- Zu Anreiz-Angeboten gehören z.B. kostenlose Besuche von Info-Seminaren, Gutscheine, um letzte Hemmnisse oder Bedenken zu beseitigen, Incentives für Mitarbeiter, die die Bildungsarbeit in besonderer Weise unterstützen.

Öffentlichkeitsarbeit:

- Ziele sind u.a., das Image der Organisation zu fördern, die Bildungsprodukte bekannt zu machen.
- Im Vergleich zu Werbemaßnahmen gehören zu der Öffentlichkeitsarbeit z.B. Berichte über Veranstaltungen, Geschäftsberichte, Pressekonferenzen, Tag der offenen Tür, Messestand, Internet.

Sowohl in der Werbung bzw. Öffentlichkeitsarbeit, als auch in der Information und Beratung zeigt sich die professionelle Strategie nach außen. Transparenz und Zielgruppenorientierung erleichtern dem Leser die (erste) Auswahl einer Veranstaltung und dem Interessierten die Entscheidung für oder gegen Bildungsangebote.

Vergleichen Sie Ankündigungen von Bildungsangeboten!
Schauen Sie sich die Angebote verschiedener Bildungsanbieter an. Wie sprechen sie die Kunden an? Welche Vorgehensweise wurde gewählt? Worin unterscheiden sie sich? Wo liegen Ihrer Meinung nach die Stärken und Schwächen? Vergleichen Sie auch mit den Angeboten der eigenen Institution!

17.4 Wie können eine Weiterbildungsberatung und aktive Lernberatung gestaltet werden?

Weiterbildung nach Maß – das ist eine nicht nur oft gehörte Forderung der Unternehmen (intern und extern) und von Teilnehmern an die Bildungsanbieter. Weiterbildung nach Maß mit umfassender Beratung zur nachfrageorientierten Angebotsentwicklung im Vorfeld sichert auch den Erfolg der Qualifizierung und damit der Investition.

Weiterbildungsberatung bedeutet mehr als nur die Weitergabe von Informationen, wann, wo evtl., mit welchen Inhalten eine Weiterbildung (ob Seminar, Beratung, Training on the Job, Workshop) stattfindet – das wurde bereits in dem Kap. 17.3 „Bildungsmarketing" deutlich. Sie schließt die individuelle Teilnehmerberatung ebenso ein wie die Beratung von Unternehmen und anderen Organisationen.

Gerade in der aktiven Beratung liegt ein zentraler Erfolgsfaktor. Denn der Beratende rät nicht durch Ratschlag, sondern erschließt durch Fragen, um individuelle und passgenaue Konzepte zu entwickeln. Nur mithilfe intensiver Beratung der Abteilungen ist auf Dauer sicherzustellen, dass das Bildungswesen seiner Dienstleistungsfunktion sowohl gegenüber dem Unternehmen als auch gegenüber den einzelnen Mitarbeitern und Gruppen im Unternehmen gerecht werden kann. Gleich, ob es sich um einen Bildungsanbieter im Profit- oder Non-Profit-Bereich handelt.

Aufgabe des Bildungsberaters in diesem Sinne ist es, die individuellen Lernbedürfnisse der potenziellen Teilnehmer zu konkretisieren, sie gemeinsam herauszuarbeiten und dann den bzw. die besten Bildungsweg(e) aufzuzeigen. Das schließt die Kenntnisse des Bildungswesens einerseits, der Qualifikationsentwicklung andererseits und Kenntnisse des Weiterbildungsmarktes mit ein.

Zu der Teilnehmerberatung gehört u.a.:

- Die Beratung bei der Auswahl von Seminaren, Workshops in Kenntnis der beruflichen und persönlichen Lebenssituation des Teilnehmers.

- Die Information über die Anforderungen und Zulassungsvoraussetzungen verschiedener Bildungsgänge und Prüfungen.
- Das Beurteilen der Qualität und Zukunftsorientierung von Bildungsangeboten.
- Das Benennen geeigneter Bildungsinstitute, Trainer und Berater (vgl. Merk 2005, S. 55).

Folgende Fragen kann der Bildungsberater einem potenziellen Teilnehmer stellen:
- Wie ist Ihr (Lern)Kompetenzstand? Welche Kenntnisse, Fähigkeiten, Erfahrungen haben Sie in ...?
- Wie lernen Sie in erster Linie?
- Wie viel Zeit steht Ihnen zur Verfügung?
- Welche personellen/technischen Unterstützungen stehen Ihnen zur Verfügung?
- Welche kurz-, mittel- und langfristigen Anforderungen kommen auf Sie zu?
- Welche Erwartungen und Befürchtungen haben Sie hinsichtlich des Lerngegenstandes, -vollzugs und -ergebnisses?

Sowohl für Interessenten als auch für die Bildungsträger ist es von Bedeutung, dass sich die potenziellen Teilnehmer vor der Anmeldung zu einem Seminar bzw. einer Veranstaltung mit den Zielen, den Inhalten etc. der Maßnahmen auseinandersetzen, um eine Entscheidung für oder gegen die Maßnahme treffen zu können.

Auch vonseiten der Teilnehmer selbst ist eine gezielte Vorbereitung auf Weiterbildungsmaßnahmen wichtig. Mit jeder richtigen Vorbereitung gewinnt die Maßnahme an Effektivität. Fragen, die sich der Teilnehmer z.B. stellen kann, sind u.a.:
- Was will ich erreichen (Ziel und Teilziele)?
- Welches Interesse, welche Motivation habe ich?
- Mit welchen Aktivitäten will/kann ich dies erreichen (Schritte und Teilschritte)?
- Mit wem will ich zusammenarbeiten?
- Welche Kenntnisse, Kompetenzen, Fähigkeiten bringe ich mit bzw. muss ich mir noch aneignen?
- Welche Mittel bzw. Materialien brauche ich?
- Welche Kontakte können mir hilfreich sein?
- Wie viel Zeit steht mir zur Verfügung?
- Welche Befürchtungen habe ich?
- Wie will ich meine Ergebnisse beurteilen?

Steht die Maßnahme, z.B. ein Seminar, fest, können als weitere Fragen hilfreich sein:
- Welche Erwartungen habe ich?
- Welche persönlichen Lernziele setze ich mir?
- Kann ich mich vor Seminarbeginn in Literatur einarbeiten?
- Welche konkreten Fragen habe ich, welche Informationen brauche ich noch?
- Wie kann ich meine Kenntnisse und Erfahrungen einbringen?

Nach dem Seminar, zur Reflexion, bieten sich u.a. folgende Fragen an:

- Was war mir (besonders) wichtig?
- Was möchte ich künftig beachten oder verändern?
- Was muss ich konkret dafür tun?
- Welche Hemmnisse kann es geben? Wie kann ich sie überwinden?
- Wem, was und wie werde ich über das Seminar berichten?

In der Literatur findet man jeweils etwas anders gegliederte, aber im Prinzip gleichwertige Checklisten als Entscheidungshilfen für die Teilnahme an Weiterbildung (z.B. www.bibb.de/checkliste). Ein Beispiel für eine schrittig aufgebaute Reihe von Checklisten, die zunächst der Klärung der Interessenlage der Teilnehmer dient und dann auf die Wahl des richtigen Angebots zielt, findet sich in Möllenbeck 1997; die Reihe berücksichtigt sieben unterschiedliche Aspekte:

Motive, persönliche Voraussetzungen, fremde Sprachen lernen, Anpassungsfortbildung, Aufstiegsfortbildung, Studium im Lebensweg, Beurteilung von Bildungsmaßnahmen.

Die Bedeutung der Bildungsmotivation, die hier zuerst abgefragt wird, ist ausführlich in Teil I dieses Buches dargestellt worden. Sie wird bei Möllenbeck durch die Klärung der individuellen Voraussetzungen fortgeführt. Beide Checklisten sind im Anhang abgedruckt, ebenso diejenige zur Beurteilung von Bildungsmaßnahmen. Nachfolgend sehen Sie exemplarisch die für den Kontext des vorliegenden Teils III treffendste Checkliste zur Anpassungsfortbildung wiedergegeben.

Eine andere, kurze und leichter handhabbare Checkliste, die hilft, bei offenen Seminaren die richtige Auswahl zu treffen, stammt vom Wuppertaler Kreis e.V. (1996, S. 42); sie wird auf S. 190 wiedergegeben.

Checkliste Anpassungsfortbildung

1. Sie möchten oder müssen sich an neue Entwicklungen anpassen – rekapitulieren Sie zunächst Ihre Antworten auf die Fragen zu Ihrer Weiterbildungsmotivation. Erweitern Sie Ihre Überlegungen und klären Sie insbesondere folgende Alternativen:

1.1 Sie möchten bevorzugt
- ○ sich einzelnen konkreten Themen zuwenden
- ○ Ihre Fähigkeiten grundlegend auf Stand bringen

1.2 Sie halten für ausreichend bzw. nötig
- ○ Kurse und Seminare, kürzer und berufsbegleitend
- ○ längerfristige Maßnahmen

1.3 Sie brauchen
- ○ Methodenwissen
- ○ Fachwissen
- ○ beides

2. Wenn Sie Methodenwissen benötigen: Lassen Sie Ihren beruflichen Alltag gedanklich Revue passieren und benennen Sie möglichst konkrete Situationen, wo Sie das Gefühl hatten, dass Sie nicht gut genug zurechtgekommen sind, oder wo Sie unzufrieden mit sich waren. Sprechen Sie möglichst auch mit Kollegen, zu denen Sie ein gutes Gesprächsverhältnis haben. Nehmen Sie die Themenliste (...) als Anregung und stellen Sie für sich zusammen, welche Thematiken für Sie besonders wichtig sind.

3. Wenn Sie Fachwissen benötigen, so klären Sie zunächst die Dringlichkeit Ihrer Fortbildung und die Klarheit der Inhalte ab.
   - ○ Gibt es konkrete Arbeitssituationen, wo Ihre Kenntnisse und Fertigkeiten nicht ausreichen? Wenn ja, fahren Sie mit Punkt 4 der Checkliste fort.
   - ○ Kommen Sie zwar mit Ihrer Arbeit noch ganz gut zurecht, aber denken Sie, dass Sie grundsätzlich Anschluss halten müssen? Wenn ja, dann fahren Sie mit Punkt 5 fort.

4. Sie verspüren Defizite in konkreten Arbeitssituationen:
   - ○ Wissen Sie bereits, mit welchen Inhalten Sie sich befassen müssen? Dann wenden Sie sich Punkt 6 der Checkliste zu.
   - ○ Sind Sie noch unsicher zu Inhalten? Dann suchen Sie Information (Punkt 5 der Checkliste) und Beratung. Klären Sie ab, mit wem Sie sprechen können, ohne dass eine Offenlegung Ihres Anliegens Ihnen beruflich schadet:
     - Lebenspartner/-in, Bekannte (z.B. Kollegen anderer Betriebe)
     - Kolleginnen und Kollegen aus dem eigenen Betrieb
     - Personalabteilung, Weiterbildungsabteilung des Betriebs
     - Betriebs- oder Personalrat
     - Ihr Vorgesetzter / Ihre Vorgesetzte
     - externe Stellen (siehe unten)

5. Sie benötigen Information oder Beratung. Informationen erhalten Sie beispielsweise durch
   - Lektüre von Fachzeitschriften (regelmäßig empfohlen),
   - Informationen der Berufs- und der Fachverbände,

   Mitgliederversammlungen, Tagungen und Kongresse der Berufs- und Fachverbände, Informationsveranstaltungen.
   Nutzen Sie auch die Auswertung von Stellenanzeigen zur Informationsgewinnung – Sie ersehen daraus, welche Anforderungen anderswo formuliert werden!
   Externe Beratung finden Sie in Weiterbildungsberatungsstellen, bei den Arbeitsämtern und teils auch bei den Verbänden.

6. Sobald Ihnen Motive und Inhalte einer sinnvollen Fortbildung hinreichend klar sind, können Sie darangehen, sich die Programme der Anbieter Ihrer Region zu beschaffen und zu sichten. Dies rückt Ihre Sichtweise evtl. noch einmal zurecht.
   Beschränken Sie sich auch nicht auf die Prüfung der Angebote reiner Anpassungsfortbildung, solche der Aufstiegsfortbildung können Ihren Erfordernissen gegebenenfalls auch gerecht werden!

(Möllenbeck 1997, S. 78 f.)

Offene Seminare – Das richtige Angebot auswählen

	Informationen ausreichend	Nach-fragen!
1. Lernziele der Veranstaltung	○	○
2. Differenzierte Übersicht über die Inhalte	○	○
3. Lernmethoden (Vortrag, Übungen etc.)	○	○
4. Dozent • Name • beruflicher Hintergrund	○	○
5. Teilnahmevoraussetzungen	○	○
6. Teilnehmerkreis • betriebliche Funktionen • Einordnung in die Unternehmenshierarchie	○	○
7. Teilnehmerzahl • Mindestteilnehmerzahl • Höchstteilnehmerzahl	○	○
8. Abschluss • Werden Teilnehmerprüfungen durchgeführt? • Erhalten die Teilnehmer zum Abschluss ein Zeugnis oder Zertifikat?	○	○
9. Einordnung der Veranstaltung • Ist die Veranstaltung Bestandteil einer Reihe oder eines Zyklus? • Ist die Teilnahme an einzelnen Teilen der Veranstaltung sinnvoll?	○	○
10. Zeiten • Termin der Veranstaltung • Ausweichtage vorhanden? • Unterrichtstage • Unterrichtsstunden	○	○
11. Kosten • Teilnehmerbetrag (Umsatzsteuer?) • Nebenkosten (Unterkunft, Prüfungsgebühren)	○	○

(Wuppertaler Kreis e. V. 1996, S. 42)

Auch die Qualitätskriterien, die in der Diskussion um die Qualitätssicherung der Weiterbildung von Bildungsinstitutionen aufgestellt werden bzw. wurden, liefern Grundlagen und Hinweise für mögliche Teilnehmer und Unternehmen, um sich über ein Bildungsunternehmen, seine „Philosophie“ und seine Schwerpunkte zu informieren und gegebenenfalls im Gespräch mit den Bildungsanbietern darauf Bezug zu nehmen. Nachfolgend wird eine Aufstellung von **Qualitätskriterien** in einem Schema wiedergegeben, aus dem – bei Bedarf – Leitfragen entwickelt werden könnten.

Mindestanforderungen an Bildungsveranstaltungen, die es erleichtern, die für die eigenen Bedürfnisse und Ziele geeignete Weiterbildungsmaßnahme auszuwählen, hat Merk (2005) in einem Zehnpunktekatalog zusammengestellt (S. 192).

Qualitätsstandards im Wuppertaler Kreis

Anforderungsprofil an Mitglieder

- Durchführung von Weiterbildungsveranstaltungen für Fach- und Führungskräfte
- Sie sind unabhängig und selbstständig
- Sie gewährleisten
  - → systematische Konzeption
  - → gleich bleibend hohen Qualitätsstandard
  - → Aktualität und Kontinuität
  - → ständige Anpassung an Wissenschaft und Praxis

Die Weiterbildungsveranstaltungen sind

- zukunftsorientiert
- zielgruppengerecht
- aktuell
- praxisorientiert
- von hohem Qualitätsstandard
- gestützt auf ein Qualitätsmanagementsystem
- objektiv, produkt- und firmenneutral
- Sie vermitteln spezielle Fachthemen und übergreifende Zusammenhänge

Die Referenten

- haben hohe Fachkompetenz
- kommen aus: Industrie, Wirtschaft, Verwaltung, Forschung und Lehre
- vermitteln ihr Wissen nach modernen methodischen und didaktischen Gesichtspunkten

Die Veranstaltungsprogramme enthalten

- inhaltliche Angaben
- Ziel und Inhalt der Veranstaltung
- Zielgruppe
- Leiter, Moderator und Referenten
- Form, Methode und Lehrmittel
- organisatorische Hinweise wie Datum, Zeit, Ort, Gebühren und Geschäftsbedingungen

Die Teilnehmerunterlagen sind

- veranstaltungsbegleitend
- veranstaltungsbezogen und
- zum Nachstudium vorgesehen

Die Teilnehmer erhalten

- eine Teilnahmebestätigung (ohne Prüfung) mit Angaben: Bezeichnung der Veranstaltung, Thema, Ort, Datum, vollständige Anschrift des Trägers, Teilnehmerangaben (Name, Vorname, Titel), Unterschrift des Trägerverantwortlichen
- ein Zeugnis (bei Abschlussprüfung) mit den zusätzlichen Angaben zu Geburtsdatum, Prüfungsnote und Unterschrift des Prüfers

(Keuper, R. u.a. o. J., S. 113/114)

Zehnpunktekatalog für Mindestanforderungen (vgl. Merk 2005)

1. **Image eines Bildungsträgers** (Philosophie des Trägers sollte erkennbar sein und die Bedeutung, die auf Qualität und Kontinuität gelegt wird).
2. **Titel und Thema eines Seminars** (evtl. Angabe von Untertiteln, Art und Umfang, Themenbereich und Level des angebotenen Knowhows sollten erkennbar sein).
3. **Ziel des Seminars** (Was will die Veranstaltung? Welcher Art sind die Ergebnisse? Welche Erfolge können die Teilnehmer erzielen? Worin liegt der Nutzen?).
4. Zielgruppe, Teilnehmerorientierung, Erwartungshaltung (Homogenität oder Heterogenität? Präzisierung der Zielgruppe ist in der Seminarankündigung unbedingtes Muss).
5. **Seminarprogramm und Inhalte** (Konzeption und innere Logik sollten erkennbar sein).
6. **Seminarleiter, Dozenten, Trainer** (fachliches und didaktisch-methodisches Knowhow von entscheidender Bedeutung, Angabe von Namen, Funktionen und Qualifikationen).
7. **Termine, Dauer, Zeiten** (genaue Zeitangaben, auf Störungen/Ausfälle vorbereitet sein, Angaben zum Anmeldeschluss und Umgang mit Wartelisten)
8. **Tagungsort, Räume, Service** (Ort und Infrastruktur bzw. Klima transparent machen).

9. **Seminar-/Teilnehmergebühr, Nebenkosten** (angemessenes Preis-Leistungs-Verhältnis?, Angabe der vollständigen Seminargebühren, Teilnahme- und Zugangsbedingungen).
10. **Methodik und Didaktik** (erwachsenenpädagogische Lehr-Lern-Arrangements schaffen, das Wissen und Können der Teilnehmer als Ausgangspunkt nehmen).

Zwei Übungsbeispiele

Sie sind Führungskraft in einem mittelständischen Unternehmen. Herr X, Mitarbeiter der Personalentwicklung, kommt auf Sie zu. Er möchte an einer dreitägigen Weiterbildung zum Thema „Anwendungskompetenz Multimedia für Trainer" teilnehmen. Die Weiterbildung kostet 2.500 Euro.

Überlegen Sie sich bitte Leitfragen, die Sie Herrn X stellen würden, um sicher zu sein, dass sich diese Investition auch lohnt.

Frau Y ist seit vielen Jahren in einem mittelständischen Unternehmen als Sachbearbeiterin im Einkauf beschäftigt. Sie hat sich (aus beruflichen und privaten Gründen) nicht weiterqualifizieren können, spürt aber jetzt, dass sie sich qualifizieren muss, um ihren Arbeitsplatz zu behalten.

Was fragen Sie Frau Y, um ihr die „richtige" Weiterbildung empfehlen zu können?

17.5 Wie kann eine Bildungsbedarfsanalyse durchgeführt werden?

Um Weiterbildungsmaßnahmen ziel- bzw. ergebnisorientiert planen und gestalten zu können, sollte der Ausgangspunkt für jede Weiterbildungsplanung eine Bedarfsermittlung sein. Nachfrageorientierte Weiterbildung nimmt die konkreten Anforderungen, die z.B. Arbeitsplätze an Mitarbeiter stellen, zum Ausgangspunkt der Weiterbildungsentwicklungsplanung.

Der Ablauf der (klassischen) Bildungsbedarfsanalyse wird im Folgenden (einschließlich möglicher Alternativen) dargestellt:

Möglichkeiten der Bedarfsanalyse

Ermittlungen der Anforderungen des jeweiligen Arbeitsplatzes (Soll)	Feststellung des Qualifikationsniveaus des Stelleninhabers (Ist)
Ermittlung der Anforderungen der jeweiligen Arbeitsplätze, die von den Änderungen/Investitionen etc. betroffen werden (Soll)	Feststellung des Qualifikationsniveaus des vorgesehenen Stelleninhabers (Ist)

Prognose der zukünftigen Anforderungsmuster je Tätigkeitsfeld	Prognose der zukünftigen Qualifikationsentwicklung der eigenen Mitarbeiter / der zukünftigen Mitarbeiter
Stellenbeschreibungen Qualifikations-/Anforderungsprofile Potenzialanalyse der Mitarbeiter Analysen der Marktentwicklung	Mitarbeiterbeurteilungen/ Fähigkeitsprofile Prognose des zukünftigen Personalbedarfs (Aufgabeninhalte, Arbeitsplätze, Tätigkeitsfelder, Funktionsbereiche) Analysen der Qualifikationsentwicklung

Formulare (Soll-Ist-Abgleich) – Vorgesetztenbefragung – Mitarbeiterbefragung
Qualitative Gesprächsleitfäden – Gutachten
Anforderungen von neuen Anforderungsmustern:
Neue Märkte, neue Technologien, neue Führungssysteme (abgeflachte Hierarchien), neue Organisationsformen, Arbeitsmarktveränderungen, Schulentwicklung, Berufswahlverhalten, Anspruchsniveau der Mitarbeiter …

Ermittlung der Qualifikationslücke – Qualifikationsbedarf

Hilfsmittel: Soll-Ist-Vergleich

Vergleich von prognostizierten Fähigkeitspotenzialen und Anforderungsmustern

Bewertung und Auswahl von Entwicklungsmaßnahmen

(Merk 2005, S. 116)

Klassisch-traditionell wird der Bildungs- oder Qualifikationsbedarf als „Differenz zwischen Ist-Qualifikation und Soll-Qualifikation“ definiert. Es wird dabei vorausgesetzt, dass die Soll-Qualifikation eines Mitarbeiters in Stellenprofilen, Anforderungsprofilen und Organisationshandbüchern klar beschrieben ist.

Ein solch statischer Begriff widerspricht jedoch der Realität in den meisten Unternehmen, den Zielen moderner Unternehmensorganisation, die Flexibilität und Dynamik fordern, anstatt Anforderungen festzuschreiben. Hinzu kommt, dass so der Abbau von Defiziten als Hauptziel der Weiterbildung dargestellt wird. Ein strategischer, chancen- oder potenzialorientierter Einsatz der Qualifikationen tritt demgegenüber in den Hintergrund.

Sinnvoller erscheint es, den Weiterbildungsbedarf an den heutigen und zukünftigen Unternehmenszielen problemorientiert zu definieren. Sind die Mitarbeiter und organisatorischen Einheiten ausreichend qualifiziert, diese Ziele zu erfüllen? Welche Qualifikationsmaßnahmen können dazu beitragen, diese Ziele sicherer zu erreichen?

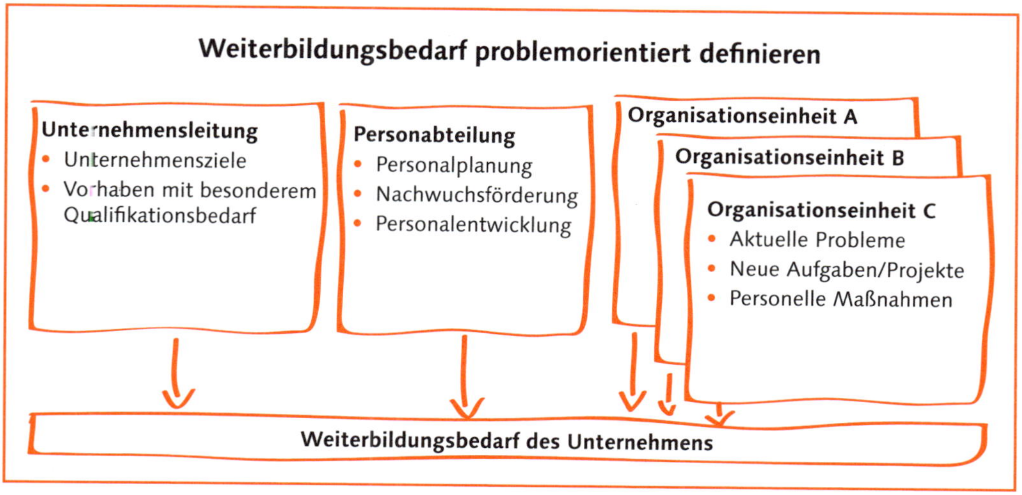

Individueller Bildungsbedarf ist da zu erkennen, wo die Qualifikationen eines Mitarbeiters nicht ausreichen, um die Anforderungen seiner Aufgabe zu erfüllen.

Im Gegensatz dazu besteht **kollektiver Bildungsbedarf**, wenn die Leistungsfähigkeit eines Teams oder einer Abteilung durch gemeinsame Bildungsaktivitäten verbessert werden kann. Eine weitere Dimension bildet der **Zeithorizont** des Bildungsbedarfs:

Aktueller Bildungsbedarf besteht dann, wenn die fehlende Qualifikation bereits heute zu Leistungsdefiziten führt (Bildung als „Feuerwehr" oder „Reparaturbetrieb"). Darüber hinaus den **prospektiven Bildungsbedarf** zu erkennen, ist die wichtigste Aufgabe der Personalentwicklung bei organisatorischen Veränderungen (Bildung als Mittel zur Realisierung geplanter Veränderungen).

Um Informationen über Bildungsbedarfe möglichst aktuell und vollständig verfügbar zu haben, werden günstigerweise regelmäßige Erhebungen durchgeführt.

Der quantitative und qualitative Bedarf an Weiterbildung kann u.a. ermittelt werden durch:

- schriftliche Befragungen (a) bei Mitarbeitern; b) bei Führungskräften),
- Bedarfserfassung bei Workshops:
  a) Workshop mit Führungskräften unterschiedlicher Funktionsbereiche,
  b) Workshops innerhalb organisatorischer Einheiten,
  c) funktionsübergreifende (an den Prozessen orientierte) Workshops,
- Assessmentcenter/Potenzialbewertung,
- Beobachtung am Arbeitsplatz,
- eigenverantwortliche „Anmeldung" von Bildungsbedarf durch die Mitarbeiter,
- „Anmeldung" von Bildungsbedarf durch die Führungskräfte,

- regelmäßige Beurteilungsgespräche mit Zielvereinbarungen (s. Kap. 17.1 „Zielsetzung und Planung"),
- Erhebungen von Qualifikationsbedarf durch Auswertung von Sekundärinformationen (z.B. Mitarbeiterbefragungen zu Führungsstilen; Vergleich mit anderen Unternehmen zu Größen wie z.B. Fehlzeiten, Kundenzufriedenheit),
- systematische Ermittlung durch Vergleich der Anforderungen bei geplanten Veränderungen.

Ein Beispiel und eine bewährte Methode ist die **dialogische Bildungsbedarfsanalyse** (vgl. Müller/Stürzl 1992).

Im Hinblick auf die Förderung beruflicher Handlungskompetenz, Einbeziehung der Mitarbeiter, Verantwortungsübernahme und -übergabe ist ihr, trotz des vielleicht höheren zeitlichen, finanziellen, und personellen Aufwandes, der Vorzug vor einer schriftlichen Befragung zu geben.

Das persönliche Gespräch ermöglicht Nachfragen und eventuell notwendige Korrekturen. Zudem kann neben der Datensammlung für das zu entwickelnde Konzept noch einmal das Problembewusstsein für die Notwendigkeit der Qualifizierung geschärft werden.

Der Bedarfsermittler führt im Falle des Interviews anhand eines Leitfadens ein offenes Gespräch, aus dem er Informationen bekommt, aber auch selbst Informationen geben kann.

Als Alternative zu der (individuellen) Befragung wäre es auch möglich, einen Workshop durchzuführen, mit dem Ziel, den Bildungsbedarf zu erheben, ein grobes Konzept für die Qualifizierung zu entwickeln und erste Maßnahmen zur Umsetzung zu planen. Der Weiterbildner schlägt eine Gruppenarbeit für die Kleingruppe vor. Die zu bearbeitenden Themen sind als Arbeitsauftrag formuliert und z.B. auf einem Flipchart visualisiert.

Als Inhalte können z.B. folgende Fragen bearbeitet werden:

Analyse des Bildungsbedarfs	
Wo wollen wir hin? (SOLL) • Wie sieht unsere Arbeitssituation in der Ausbildung zukünftig aus? • Welche Aufgaben kommen auf uns zu? • Wie verändert sich meine Rolle als Ausbilder? • Wie verändert sich unsere Zusammenarbeit?	Wo stehen wir heute? (IST) • Welche Themen sind für uns derzeit wichtig? • Wo liegen die schwerwiegendsten Probleme? • Welche Aufgaben erfüllen wir zurzeit? • Welche Arbeitsorganisation haben wir?

Welche Widerstände müssen wir überwinden?	Was müssen wir tun?
• Was verhindert die Umsetzung des Ziels? • Wo liegen die Ursachen? • Was ist das Gute an der bisherigen Situation? • Welche Veränderungen können wir mittragen?	• Welche konkreten Aufgaben müssen wir bearbeiten? • Welche Maßnahmen müssen im Einzelnen ergriffen werden? • Womit fangen wir an? • Was können wir sofort umsetzen? • Was fehlt uns an Unterstützung, Information etc.? • Wer ist für was, bis wann, mit wem verantwortlich? • Wie wird das Ergebnis kontrolliert?
(Krämer-Stürzl 1998a, S. 211)	

Die Kleingruppe bearbeitet den Arbeitsauftrag. Die Ergebnisse werden im Plenum durch einen Vertreter der Gruppe vorgestellt. In der gemeinsamen Reflexion der Präsentationen fasst der Weiterbildner die wesentlichen Resultate zusammen und regt eine Diskussion im Plenum an, in der zum einen noch einmal die Ergebnisse analysiert, zum anderen ein Feedback über das Erlebte und Erfahrene gegeben wird. Der Weiterbildner dokumentiert die Ergebnisse z.B. auf einer Metaplanwand oder einem Flipchart.

Diese Vorgehensweise weist einen hohen Beteiligungsgrad der Mitarbeiter an der didaktisch-methodischen Planung des Qualifizierungskonzepts, der Lernorganisation sowie der Arbeitsorganisation auf. Zudem wird das Problembewusstsein für die notwendigen Veränderungen und die Akzeptanz dieser Veränderungen innerhalb des Unternehmens bzw. der Abteilung geschärft bzw. entwickelt.

Die **potenzialorientierte Bedarfserhebung** ist eine Kombination aus Selbst- und Fremdeinschätzung, strukturiertem Interview und Befragung (vgl. Pössnecker 1993, S. 193). Zielsetzungen der Potenzialanalyse sind u.a. langfristige Planung der Führungskräftenachfolge, Bewusstmachen und gezielter Einsatz der Stärken einzelner Mitarbeiter, Annähern von Fremd- und Selbstbild, Optimieren der Zusammenarbeit und Kommunikation mit den Vorgesetzten, individuelle Planung von Personalentwicklungsmaßnahmen.

Der Ablauf einer Potenzialanalyse kann – grob beschrieben – z.B. wie folgt aussehen (ebd., S. 194):

1. Vorgesetzte der Potentials definieren im fachlichen und persönlichen Bereich
   - Stärken und Entwicklungsmöglichkeiten im fachlichen und persönlichen Bereich,
   - mögliche zukünftige Tätigkeitsfelder,
   - zielgerichtete Entwicklungsmaßnahmen.

2. Vorgesetzte informieren Potentials über das weitere Verfahren.
3. Die Potentials geben mit Unterstützung der Personalabteilung eine Selbstbeschreibung zu den unter 1. genannten Aspekten ab (siehe nachfolgendes Schema Fremdbild/Selbstbild). Vorgesetzte erhalten im Anschluss die Selbstbeschreibung.
4. Den Abschluss bildet ein Potenzialgespräch zwischen Vorgesetzten und Potentials, evtl. mit der Personalabteilung (ein Schema für die Potenzialanalyse finden Sie unten auf der Seite).

Der wichtigste Teil des Verfahrens ist das **Potenzialgespräch** zwischen Vorgesetztem und Mitarbeitern. Hier werden Selbst- und Fremdbild miteinander verglichen und Weiterbildungs- bzw. Personalentwicklungsmaßnahmen gemeinsam vereinbart und geplant (s. auch Kap. 17.1.1 „Ziele setzen – Zielvereinbarungsgespräch"). Zur Transfersicherung werden Vereinbarungen festgehalten. Eine Evaluation der vereinbarten Maßnahmen erfolgt (nach einem halben oder einem Jahr) in weiteren Gesprächen zwischen Vorgesetztem und Mitarbeitern. Wiederholt werden soll die Potenzialanalyse nach zwei Jahren.

Potenzialanalyse

Fremdbild

Bitte beschreiben Sie Ihren Mitarbeiter anhand der folgenden Kategorien:

Name		Abteilung
		Datum
	Stärken	Entwicklungsmöglichkeiten
fachlich		
persönlich		

- Zu welchem Prozentsatz stimmen die Stärken mit den aktuellen Aufgaben überein?
- In welchem Aufgabengebiet kommen die Stärken am besten zur Geltung?
- Welche Personalentwicklungsmaßnahme leitet sich daraus ab?

Anmerkung: Die Formulare „Fremdbild und Selbstbild" sind, bis auf die Überschrift, identisch.

Fremdbild

Bitte beschreiben Sie Ihren Mitarbeiter anhand der folgenden Kategorien:

Name		Abteilung			
		Datum			
Ausprägung	stark		durchschnittlich		schwach
	5	4	3	2	1
Teamfähigkeit					
Kostenbewusstsein					
Einsatzbereitschaft					
Entscheidungsfähigkeit					
Belastbarkeit					
Lernbereitschaft					
Analytisches Denken					
Selbstständigkeit					
Initiative					
Unternehmerisches Handeln					

Ermitteln und reflektieren Sie die Situation Ihres Unternehmens

Wie erheben Sie den Bildungsbedarf in Ihrem Unternehmen? Welche Vor- und Nachteile hat die Vorgehensweise? Streben Sie Veränderungen an? Bis wann möchten Sie diese Veränderungen umgesetzt haben?

17.6 Welche Möglichkeiten der Transfer- und Erfolgskontrolle gibt es?

Erfolgskontrolle (oder Evaluation) ist eng mit der Frage verbunden, ob der Transfer des Gelernten in die Praxis gezielt vorbereitet, durchgeführt und umgesetzt wurde. Damit wiederum hängen Fragen zusammen, die z.B. lauten:

- Wurde das Weiterbildungs-Budget effektiv eingesetzt?
- Muss der Veränderungsprozess durch weitere Maßnahmen unterstützt werden?
- Wurden die richtigen Interventionen gewählt?
- Was können/müssen die Beteiligten weiterhin tun?

Erfolgskontrolle bzw. Evaluation sind im Weiterbildungskreislauf (siehe Abbildung S. 156) als sechste Station genannt und es ist deutlich, wie eng der Zusammenhang zu den vorherigen „Stationen" im diesen Kreislauf ist. Darum ist es auch so wichtig, die Transfer- und Erfolgskontrolle bereits im Vorfeld der Maßnahmen zu planen und prozessorientiert umzusetzen.

Nicht zu verwechseln ist die hier auf den Erfolg einer Bildungsmaßnahme bezogene Kontrolle mit der „Lernerfolgskontrolle" durch Bewerten/Kontrollieren der individuellen Lernleistung als Phase in einer Lerneinheit (vgl. S. 103 f.).

Die betriebliche Weiterbildungsevaluation lässt sich (nach einer Studie der Arbeitsgemeinschaft Betriebliche Weiterbildungsforschung 1992; vgl. Arnold/Krämer-Stürzl 1992) in einer idealtypischen Betrachtung grob zu vier Evaluierungsansätzen „bündeln":

(1) den Typ einer „seminarorientierten Erfolgskontrolle" (Typ I),
(2) den Typ einer „legitimationsorientierten Erfolgskontrolle" (Typ II),
(3) den Typ einer „transferorientierten Erfolgskontrolle" (Typ III) und
(4) den Typ einer „entwicklungsorientierten Erfolgskontrolle" (Typ IV)

Typen der Erfolgskontrolle

Typ I: Seminarorientierte Erfolgskontrolle	• Starkes Gewicht der fachlichen Weiterbildung (i.S. der Anpassungsweiterbildung) • kein Instrumentarium zur systematischen Bedarfsermittlung • Konzentration der Erfolgskontrolle auf die Teilnehmerbefragung (Zufriedenheitserfolg) • Kosten-Nutzen- und Transfer-Aspekte ansatzweise berücksichtigt, aber kaum systematisch für eine Erfolgskontrolle
Typ II: Legitimationsorientierte Erfolgskontrolle	• viele Gemeinsamkeiten mit Typ I • Zufriedenheit der Teilnehmer große Bedeutung • „Verdichten" der Einzelergebnisse zu Gesamtdurchschnittswerten • Erstellen von Berichten (Rechenschaftsberichte; Nachweise des Leistungserfolges gegenüber Dritten oder Marketinginstrument)
Typ III: Transferorientierte Erfolgskontrolle	• der „eigentliche Erfolg" einer Weiterbildung muss sich nicht im Lernfeld, sondern nur im Funktionsfeld, d.h. am Arbeitsplatz oder in der Fachabteilung einstellen

	• effizientes Umsetzen des Gelernten in die betriebliche Alltagspraxis steht im Vordergrund • in der Weiterbildung wird „von den Fachabteilungen her" gedacht • zentrale Verantwortung für die Planung, Durchführung und Kontrolle betrieblicher Weiterbildung liegt bei der zentralen WB-Abteilung • Bedarfsermittlung und Erfolgskontrolle werden auf die Ebene des Mitarbeitergesprächs verlagert • Weiterbildungsabteilung versteht sich als „Service-Einrichtung" (Entwicklung von Gesprächsleitfaden sowie Raster und Checklisten)
Typ IV: Entwicklungs-orientierte Erfolgskontrolle	• keine bzw. kaum noch Angebotskataloge (das Leistungsangebot der Weiterbildner wird beschrieben) • betriebliche Weiterbildung wird als strategischer Beitrag zur Unternehmensentwicklung verstanden und gelebt • „Tätigwerden auf Anfrage" steht im Vordergrund Weiterbildung als „Prozessbegleitung" • potenzielle Zielgruppen der Beratungs- und Weiterbildungsmaßnahmen werden als „Kunden" gesehen • Verantwortlichkeit für das Lernen, den Erfolg und die Erfolgssicherung liegt bei den Abteilungen bzw. auf den Vorgesetzten dieser Abteilungen und den Mitarbeitern • Erfolgssensibilisierung (Führungskräfte und Mitarbeiter) als Ziel • regelmäßige Mitarbeiter- sowie gelegentliche Teilnehmerbefragungen und Gesprächsrunden zur Orientierung

In der Praxis findet sich in der Regel eine Mischung der verschiedenen „Typen". Je nach Rahmenbedingungen und Zielen der Unternehmen bzw. Einrichtungen werden Transfer- und Erfolgskontrolle unterschiedlich „gewichtet" und mit verschiedenen Instrumenten überprüft.

Gründe, die für eine Wandlung bzw. eine Perspektivenöffnung von der zentralen, angebotsorientierten in eine entwicklungsorientierte oder strategische Weiterbildung sprechen, sind insbesondere die mangelnde Nähe zum Bedarf:

- Bildungsbedarfe wurden nicht systematisch erhoben,
- kurzfristige Bildungsmaßnahmen standen im Vordergrund,
- Wirtschaftlichkeitsanalysen der Bildungsarbeit wurden nicht – oder nur unter Rechtfertigungsdruck – durchgeführt.

Der Bildungsprozess sollte, um wirtschaftlich beurteilt werden zu können, eine systematische Erfolgskontrolle ermöglichen. Das heißt, die Informationen im Bildungsprozess müssen gezielt verarbeitet werden. Dabei betrifft systematisches Bildungscontrolling jedes Element des Weiterbildungs-Kreislaufs, dessen Ergebnis erfasst und bewertet wird, um daraus Schlüsse für die Weiterarbeit im Sinne der Zielsetzung zu ziehen.

Informationen im Bildungsprozess

Eingangsinformationen	Phasen	Ausgangsinformationen
Probleme, Bildungswünsche, Erhebungsergebnisse etc.	**Bildungsbedarf feststellen** Welche Anforderungen, Aufgaben, Probleme haben wir heue und in Zukunft zu bewältigen?	Ausformulierte Liste von Bildungsbedarfen
Ziele, Pläne, Investitionen, Budgetzahlen	**Bildungsbedarf bewerten** Welche Ziele verfolgen wir? Wie müssen die Mitarbeiter qualifiziert sein, um den Anforderungen zu entsprechen? Welche konkreten Ziele verfolgt diese Wettbewerbmaßnahme?	Prioritäten, Auswahl vorrangiger Ziele/ Projekte.
Marktinformationen, eigene Bildungskapazitäten	**Maßnahmen auswählen** Welche Kriterien sprechen für bzw. gegen die Durchführung der Maßnahme? Welche Kriterien sollen im Verlauf der Maßnahme evaluiert werden? Welche sachlichen, zeitlichen, personellen und finanziellen Ressourcen stehen zur Verfügung?	Konzepte zur Problemlösung (Wer? Was? Wie?), Kosten
Planungsinformationen	**Maßnahmen durchführen** Verläuft die Durchführung der Maßnahme nach Planung oder sind Korrekturen erforderlich?	Verlauf, Organisation, Akzeptanz
Berichte von Teilnehmern, Führungskräften, Trainern	**Erfolg überprüfen** Welchen Beitrag konnte die Maßnahme zur Zielerreichung leisten?	Zielerreichung, Verbesserungsvorschläge, Kosten

Erfolgskontrolle wird so zum integralen Bestandteil des Bildungsprozesses. Instrumente sind u.a.

- Seminarfragebogen mit Befragung der Teilnehmer zur Umsetzbarkeit des Gelernten (siehe Anhang Beurteilungsbögen, Kap. 19.6)
- Befragungen nach längerer Zeit (siehe Anhang Lehrgangsbewertung, Kap. 19.8)
- Beurteilung durch den Vorgesetzten
- Vor- und Nachbereitungsgespräche mit dem Vorgesetzten (siehe Seiten 205 ff.)
- Prüfungen, Zertifizierungen
- Definition messbarer Ziele mit anschließender Überprüfung (siehe auch Kap. 17.1 „Zielsetzung und Planung“)
- Befragung von Arbeitsgruppen, Gesprächspartnern, Kunden etc.
- Quantitative Verfahren: z.B. Anzahl der Kundenbeschwerden,
- Verbesserungsvorschläge
- Qualitative Verfahren: Befragungen zu Betriebsklima, Führungsqualität
- Verfahren, die den Transfer der Bildungsmaßnahme integrieren: mehrstufige Weiterbildungsmaßnahmen; Selbstbeurteilung; Zielvereinbarungsgespräche mit den Vorgesetzten (siehe auch Kap. 17.1 „Zielsetzung und Planung“)

Gegliedert nach folgenden vier Phasen finden Sie nun eine Zusammenstellung der Instrumente der Evaluierung und möglicher Vorgehensweisen:

- Problem-Analyse-Phase,
- Gestaltungsphase,
- Trainingsphase,
- Transferphase

Problemanalyse-Phase	Gestaltungsphase
Welche Anforderungen, Aufgaben, Probleme haben wir heute/ zukünftig zu bewältigen? Welche Ziele wollen wir erreichen?	Welche Kriterien sollen im Verlauf der Maßnahme evaluiert werden?
Input-Evaluierung und Zielerreichungs-Evaluierung (Programmplanung)	Festlegen der Verlaufs-, Zielerreichungs- und Transfer-Evaluierung (incl. Kosten-Evaluierung)
▸ Betriebsklima-Untersuchung ▸ Tests ▸ Organisationsanalyse ▸ Stellenanzeige ▸ Material-, Dokumentenanalyse ▸ Mitarbeitergespräch ▸ Fragebogen ▸ Beobachtung ▸ Bildungsbedarfsanalyse ▸ Ist-Soll-Abweichungsanalyse ▸ Diagnostische Sitzungen (Kraftfeldanalyse, P-Prozedur)	▸ Lernzielbestimmung ▸ Programm-Entwicklung ▸ Maßnahmenplanung / didaktischer Entwurf ▸ Kostenanalyse ▸ Evaluierungsplan ▸ Teilnehmerbezogene Vorbereitung (Zielgruppenanalyse) ▸ Veranstaltungsbezogene Vorbereitung ▸ Entwicklungsevaluation ▸ Kosten-Nutzen-Evaluation

▸ Personaldatenanalyse (Fluktuation, Krankenstand, Unfallstatistik) ▸ Planungsdaten-Analyse (Personalplanung, Umsatz-, Kosten-, Planungsdaten) ▸ Betriebliche Kennzifferanalyse (Unternehmenseffizienz, Kosten, Inputs, Outputs) ▸ Betriebsvergleiche ▸ Skill-Inventory (Inventar der benötigten Fähigkeiten; Skill-Defizite) ▸ Wertanalyse (Auffinden von Einsparungspotenzialen) ▸ Vorschlagswesen ▸ Neujahrsgespräch ▸ Problemübersicht ▸ Critical Incident Programm (kritische Beschreibung der Situation) ▸ Persönliche Beobachtungen ▸ Erfahrungsaustausch (z.B. Qualitätszirkel, institutionalisierte Treffen) ▸ Senior-Boards (Erfahrungen langjähriger Mitarbeiter) ▸ Vorgesetzten-Beurteilung ▸ Leistungsbeurteilung ▸ Potenzialbeurteilung ▸ Assessment-Center ▸ Beratungs- und Fördergespräche ▸ Führungsstilanalyse ▸ Ausbildungsbedarfsüberblick ▸ Delphi-Befragung (Befragung kompetenter Mitarbeiter)	
Aufgabe einer Evaluierungs-Projektgruppe bzw. eines Evaluierungs-Beauftragten: ▸ Ist-Soll-Analyse ▸ Bedarfs- und nachfrageorientierte Feinsteuerung der Seminarthemen	Aufgabe einer Evaluierungs-Projektgruppe bzw. eines Evaluierungs-Beauftragten: ▸ Zur Verfügung stellen von Evaluierungs-Instrumenten ▸ ggf. Qualifizierung der Dozenten

Trainingsphase	Transferphase
Verläuft die Maßnahme nach Planung oder sind Korrekturen erforderlich?	Können die erworbenen Kenntnisse, Fertigkeiten, Fähigkeiten in die Praxis umgesetzt werden? Wo muss ggf. nachgerüstet werden?
Verlaufs-Evaluierung / Durchführungs-Evaluierung und Output-, Ergebnis-Evaluierung	Transfer-, Anwendungs-Evaluierung
1. Prozessbezogene Evaluation ▸ Gespräche ▸ Stimmungsbarometer ▸ Feedback Einschätzung/Skalierung ▸ Soziogramm ▸ Tests ▸ Beobachtungen ▸ Interaktionsanalyse	1. Prozessbezogene Evaluation ▸ Unterstützungsgruppen ▸ Lerngruppen ▸ Problemprognose ▸ Selbstkontrakt ▸ Ergebnisbericht ▸ Übungsaufgabe ▸ Reviewsitzungen/Transfertag ▸ Auffrischungs-Folge-Kurse ▸ Coaching ▸ Aktionsplan ▸ Workshop

2. Ergebnisbezogene Evaluation ▸ Abfragen ▸ Fragebogen / Beurteilungsbogen / Kursbeurteilungsbogen ▸ Paarvergleiche (Vergleichsfragen, Bewertungsmatrix) ▸ qualitative Bewertung ▸ Moderationsmethode Thermometer/Stimmungsbarometer ▸ Leistungsbezogene Prüfung/Tests ▸ Breitenevaluation	2. Ergebnisbezogene Evaluation ▸ Fragebogen ▸ Beobachtung ▸ Test
Aufgabe einer Evaluierungs-Projektgruppe bzw. eines Evaluierungs-Beauftragten: ▸ Feedback zu Methode, Medien, Ablauf, Organisation, Trainer etc. ▸ Überprüfen der Lernergebnisse	Aufgabe einer Evaluierungs-Projektgruppe bzw. eines Evaluierungs-Beauftragten: ▸ Überprüfen der Transferfähigkeit

Wesentlicher Aspekt der Erfolgskontrolle oder Evaluation – gleich welcher „Typ" vorliegt – ist auf Dauer die Erfolgssensibilisierung aller Beteiligten auf allen Ebenen des Weiterbildungsprozesses, die Selbstbeobachtung und Selbstbewertung der Beteiligten (s. auch Kap. 17.5 „Bildungsbedarfsanalyse").

Wenn Weiterbildung als nicht-delegierbare Managementaufgabe verstanden wird, stellt dies (auch) an Vorgesetzte die Forderung, Weiterbildung zielgerichtet und transferorientiert zu unterstützen. Fragen, die im Vorfeld aufgestellt wurden, können eine Grundlage für die Erfolgskontrolle nach der Maßnahme dienen.

Mitarbeitergespräche bzw. Workshops zur Bedarfsanalyse und zur Vor- und Nachbereitung von Weiterbildungsmaßnahmen gewinnen an Bedeutung, um die Seminare oder Workshops selbst, als auch den Transfer so effektiv wie möglich zu gestalten. In dem Vorbereitungsgespräch geht es darum, zu klären, welche Bedarfe erkannt wurden, welche Ziele mit einer Maßnahme verbunden werden und welche Ergebnisse wichtig sind. In der folgenden Abbildung finden Sie ein Beispiel für einen „Leitfaden zur Transfersicherung von Weiterbildung – Vorbereitungsgespräch und Nachbereitungsgespräch".

Erfolgssteuerung in der Personalentwicklung –
Transfersicherung durch Mitarbeitergespräche

Leitfaden zur Transfersicherung von Weiterbildung

Vorbereitungsgespräch

Weiterbildung ist nur dann erfolgreich, wenn das gelernte Wissen und die geübten Fähigkeiten auch dauerhaft am Arbeitsplatz umgesetzt werden können (Lerntransfer). Die Vorbereitung zwischen Vorgesetztem und Mitarbeiter ist entscheidend, ob und wie Bildungsmaßnahmen den erwarteten Nutzen für Unternehmen und Mitarbeiter bringen.

Welche Ziele haben wir mit der geplanten Bildungsmaßnahme?	
• Erweiterung der Kenntnisse/ Fertigkeiten • Anwendung für konkrete Aufgaben • Notwendige Einarbeitung • Förderung der Verhaltenskompetenz	Erwartungen des Vorgesetzten: Erwartungen des Mitarbeiters:
Welche Vorbereitungen/Hilfen sind notwendig? • Ungestörte Teilnahme sichern (z.B. Vertretung, Termine verlegen) • Arbeitsplatzausstattung überprüfen (z.B. EDV-Ausstattung) • Zeit für Seminarvorbereitung geben (z.B. Fachliteratur, Praxisfragen erarbeiten, Lernbüro)	

Haben Sie noch Informationsbedarf zum Seminar? Gerne vermitteln wir auch Kontakte zu Mitarbeitern, die diese Weiterbildung schon einmal gemacht haben. Die Mitarbeiter der Abt. Weiterbildung/PE stehen Ihnen gerne zur Verfügung. Ansprechpartner ist ...

Leitfaden zur Transfersicherung von Weiterbildung

Nachbereitungsgespräch

Weiterbildung ist nur dann erfolgreich, wenn das gelernte Wissen und die geübten Fähigkeiten auch dauerhaft am Arbeitsplatz umgesetzt werden können (Lerntransfer). Die Nachbereitung zwischen Vorgesetztem und Mitarbeiter ist entscheidend, ob und wie Bildungsmaßnahmen den erwarteten Nutzen für Unternehmen und Mitarbeiter bringen.

Zeit max. nach 2 Wochen	**Auswertung der Bildungsmaßnahme** • Wie wurden die Erwartungen erfüllt? • Wie kann das Gelernte genutzt werden? • Für wen ist es im Betrieb noch nützlich? • Sind weiterführende Bildungsmaßnahmen notwendig (was, wann)?

Zeit max. nach 2 Wochen	**Umsetzung in die Praxis (Transfer)** • Wie konnte das Gelernte bereits eingesetzt werden? • Wo und welche Umsetzungsschwierigkeiten treten auf? • Wie können diese behoben werden?
dauerhaft	**Unterstützung des Mitarbeiters, z.B.** • Gemeinsame Transferüberprüfung • Hilfen anbieten (z.B. Coaching) • Transfersicherndes Umfeld schaffen
Bitte geben Sie Anregungen an die Abt. Weiterbildung	

(Meier/Schindler 1995, S. 956)

Im Nachbereitungsgespräch geht es zum einen darum, die Weiterbildungsmaßnahme zu reflektieren und zum anderen, die Umsetzung des Gelernten vorzubereiten bzw. Vereinbarungen für die Begleitung der Umsetzung zu treffen. Es muss deutlich werden, ob die mit der Maßnahme beabsichtigten Ziele erreicht wurden oder ob ggf. noch eine Qualifizierung erforderlich ist, und welche Rahmenbedingungen geschaffen werden müssen, damit eine Umsetzung auch tatsächlich erfolgen kann.

Reflektieren Sie Ihre Praxis der Erfolgskontrolle

Wie führen Sie derzeit die Erfolgskontrolle in Ihrer Bildungseinrichtung durch? Welche Bereiche werden dabei erfasst? Welche Bereiche finden (noch) keine Berücksichtigung? Mit welchen Daten sind Sie zufrieden? Wo hätten Sie gerne mehr Information?

17.7 Wie sollte die Information und Kommunikation gestaltet sein?

Effektive Kommunikation stellt sicher, dass die richtigen Informationen rechtzeitig allen Beteiligten zur Verfügung stehen. Insbesondere im Zusammenhang mit Teamarbeit, der Mitarbeit aller durch Mitverantwortung, ist ein offener Informationsfluss in unterschiedliche Richtungen Voraussetzung für effektive, zielgerichtete Arbeit. In gleichem Maße, in dem Mitarbeit, Mitverantwortung, Mitwissen und Mitdenken gefördert werden sollen, muss die Kommunikation in ihrer Effektivität gesteigert werden. Durch ein systematisches Kommunikationssystem können Informationsangebot und -bedarf in Einklang gebracht werden. Zu Beginn steht die Informationsbedarfsanalyse, für die von allen Seiten in einem Unternehmen folgende Fragen beantwortet werden:

1. Welche Informationen muss ich von wem bekommen, wann und in welcher Form?
2. Welche Informationen muss ich an wen geben, wann und in welcher Form?

Zielorientiertes Handeln erfordert für die Beteiligten Transparenz und umfassende Information der für sie wichtigen Fakten und Dokumente, die zugänglich sein sollten bzw. eingeholt werden können.

Je größer und umfassender ein Projekt ist, desto wichtiger und zweckmäßiger ist es, Informationen und Dokumente zu systematisieren. Dies hat den Vorteil, dass so wenig wie möglich vergessen oder unterlassen wird, und es entlastet zugleich.

Um systematische Information zu erreichen, ist die Erarbeitung eines Informationskonzepts bzw. einer Informationsstrategie wichtig (vgl. Pufahl 2010, S. 11).

Unter einem Informationskonzept kann z.B. verstanden werden:

- Das Transparentmachen und Systematisieren des Informationsflusses oder der Informationsbeziehungen,
- das Erstellen eines Unterlagenkonzepts,
- die Methoden und Vorgehensweisen für die Information.

Als Unterlagen kann man z.B. unterscheiden:

- Unterlagen, die den Planungsprozess nachvollziehen, Entscheidungen vorbereiten, bei denen also die Logik der Problemlösung im Vordergrund steht.
- Unterlagen, die erarbeitetes Wissen festhalten und an Bearbeiter der folgenden Phasen weitergeben, z.B. Projektdokumentationen, Gebrauchsanleitungen.

Dabei empfiehlt es sich, diese Unterlagen laufend und/oder zu vereinbarten „Meilensteinen“, z.B. jeweils am Ende der betreffenden Phasen, zu erstellen. Der Aufbau der Informationen sollte, wenn möglich, standardisiert sein.

Die Informationsbeziehungen lassen sich mittels einer Matrix darstellen. Mit dem Ergebnis dieser Informationsbedarfsermittlung kann in Form einer Informationsflussmatrix die Information so organisiert werden, dass eine reibungslose Kommunikation möglich ist. Zwei Beispiele für eine Informationsflussmatrix finden Sie in den beiden folgenden Abbildungen:

Beispiele für eine Informationsflussmatrix

Information	Termin	Form	Organisationseinheit								
			Geschäftsleitung	Datenverarbeitung	Vertrieb			Materialwirtschaft	Produktion		Finanz- und Rechnungswesen
					Marketing	Verkaufsleitung Ausland	Verkaufsleitung Inland		Produktionsleitung	Fertigungssteuerung	
A	täglich	Bericht		x	oø	o	o	ø			o+
B	am 3. jeden Monats	Bericht				o	o	x	o	o	
C	Quartalsende	Protokoll	x+			o	o		o		o+

x = erstellt o = erhält Kopie + = legt ab ø = bearbeitet

Informationsmatrix

Charakteristik / Informationsart	Verantwortlicher Berichterstatter	Verteiler/ Teilnehmer	Termin, Frequenz	Bemerkungen
Verbale Information				
Projektstandspräsentation	PL	LA/Fachbereich	nach Bedarf	Protokoll
Lenkungsausschusssitzung	PL	LA	monatlich/nach Bedarf	Protokoll
Reviews	PL/MA	LA/PL	nach Bedarf	Protokoll
Projektbesprechung	PL	Projektteam	wöchentlich	(Protokoll)
Schriftliche Information				
Projektstatusbericht	PL	LA	monatlich	
Zwischenbericht	PL	OA	Phasenende/ Teilprojektende	
Abschlussbericht	PL	LA/Fachbereich	Projektende	
Arbeitsbericht	Projektteam	PL	wöchentlich	

PL = Projektleiter, LA = Lenkungsausschuss, MA = Mitarbeiter

(Witschi 1996, S. 2.13)

Kommuniziert werden können neben Inhalten und Lösungen auch Prozesse. Ein Informationskonzept hält dazu an, frühzeitig und regelmäßig zu informieren. Das heißt nicht, dass alle Informationen zu jeder Zeit für alle bestimmt sind und zugänglich sein müssen. Projekte, Überlegungen, Aufgaben brauchen in bestimmten Phasen auch einen „Schonraum“. Die Informationsspielregeln sollten daher vereinbart und transparent gemacht werden.

Falsch aufbereitete Information kann mehr schaden als nutzen, daher ist Umfang und Form der Information empfängergerecht aufzubereiten. Wer sind die Leser, die Zielgruppe, der Benutzer, der Kunde?

Information ist zunächst eine Einwegbeziehung. Jemand informiert schriftlich über z.B. ein Organisationsentwicklungsprojekt. Er kann dabei nicht wissen, vielleicht erahnen, was diese Mitteilung bei dem oder den Empfänger/n auslöst: werden die Ausführungen zur Kenntnis genommen, richtig verstanden, lösen sie Angst oder falsche Erwartungen aus? In jedem Fall wäre eine mündliche Information der schriftlichen den Vorzug zu geben, da hier die Möglichkeit des Rückfragens eröffnet wird. Ein Dialog könnte aufgebaut werden, Auseinandersetzungen geführt, gemeinsames Verständnis erzeugt, Annäherungen möglich gemacht werden. Nachteilig in dieser Kommunikation sind Zeitaufwand und die Begrenzung der Zielgruppe. Abzuwägen sind (auch) in diesem Fall immer Aufwand und Nutzen.

Im Allgemeinen können kommunikative Beziehungen – je nach Ziel, Zielgruppe etc. – unterschiedlich gestaltet werden, z.B.:

- **Betriebszeitung,** um Prozesse, Inhalte, Lösungen zu beschreiben sowie Möglichkeiten der Stellungnahme und Anregungen zu bieten
- **Info-Telefon,** es steht ein Ansprechpartner zu bestimmten Zeiten zur Verfügung, der Fragen beantwortet bzw. Anregungen entgegennimmt
- **Info-Markt,** Informationstafeln und Stände mit Unterlagen etc., die Informationen ermöglichen
- Einbeziehung der Betroffenen und Interessierten in einem **Kreativ-Workshop,** an dem in Gruppen Ideen entwickelt werden können, die weiterverwertet werden

In diesem Zusammenhang ist der Begriff des **Wissensmanagements** von Bedeutung, also das Management von Daten und Informationen sowie das Management von Erfahrungen, Regeln, Techniken, Kenntnissen, Meinungen etc.

Wissensmanagement ist dann erfolgreich, wenn es die strategischen und operativen Prozesse im Unternehmen nachhaltig unterstützt und letztlich zur Wertsteigerung beiträgt. Dazu bedarf es Mitarbeiter, die in der Lage sind, (neues) Wissen zu generieren, zu (ver)teilen, zu dokumentieren und zu nutzen.

Ein Modell nach Kienbaum liefert hier Orientierungspunkte für die Frage: Wie können Unternehmen Wissen managen? (vgl. Bäumer 1999, S. 19 f.). Dazu müssen zunächst die einzelnen Phasen des Wissensflusses herausgearbeitet werden:

1. Neues Wissen wird identifiziert (z.B. Kundenbeschwerden, neue Marktinformationen, Internet-Recherchen)
2. Erworbenes Wissen wird im Unternehmen weitergegeben (z.B. Kundenbeschwerden werden an die Kundenberater weitergeleitet)
3. Wissen wird dokumentiert, damit es dauerhaft im Unternehmen verfügbar ist (z.B. Erfassen von Erfahrungsberichten der Kundenmanager in einer Kundendatenbank).
4. Wissen wird genutzt, indem z.B. auf „abgelegtes" Wissen zurückgegriffen und in neues Wissen aufgenommen wird bzw. dieses zu neuem Handeln führt.

Grundlegende Fragen, die sich für die Umsetzung eines professionellen Wissensmanagements im Bereich der Weiterbildung stellen, lauten u.a.:

- „Welche besonderen Anforderungen werden an Mitarbeiter im Rahmen eines systematischen Wissensmanagements gestellt?
- Wie können die Mitarbeiter im Hinblick auf diese Anforderungen beurteilt werden?
- Wie können die Mitarbeiter im Hinblick auf diese Anforderungen qualifiziert werden?
- Wie können die Mitarbeiter motiviert werden, Wissensmanagement in die Tat umzusetzen (Anreizinstrumente)?
- Wie lassen sich die damit verbundenen Anforderungen präzisieren?
- Wie lässt sich ein spezifisches Anforderungsprofil für das Wissensmanagement entwickeln?" (Bäumer 1999, S. 20).

Haben Sie Verbesserungsvorschläge zur Kommunikation Ihres Unternehmens?

Wie sieht Ihre Kommunikationspolitik in Ihrem Unternehmen aus? Welche Verbesserungsvorschläge hätten Sie? Wie würden Sie deren Umsetzung angehen?

18 Wie sieht die Zukunft des Weiterbildungsmanagements aus?

Der Blick der Weiterbildung und des Weiterbildungsmanagements richtet sich auf die Gesamtheit der Lernenden in einem Unternehmen, d.h. auf das Individuum, auf Teams und Funktionseinheiten bis zum Gesamtunternehmen als Ganzes. Das schließt auch den Blick auf die Personalenwicklungsstrategie mit ihren verschiedenen Lernformen, Lerninhalten, Lernprozessen mit ein.

Eine besondere Herausforderung für das Management von Weiterbildung durch die Weiterbildungsverantwortlichen ist dabei die Auflösung eines linearen Denkens, im Sinne einer Übertragung von Wissen und Kompetenz als Input-Ouput-Beziehung in Trainings und Weiterbildungsveranstaltungen. Denn Weiterbildung ist keine Vorbereitung auf eine unbestimmte Zukunft in einem bestimmten Weiterbildungsformat, sondern zunächst einmal eine Vorbereitung auf den Umgang mit der Zukunft. Aus diesem Grund ist in Anlehnung an die Studie „Weiterbildungstrends" (vgl. Personalmanager 2009) von einer Veränderung der Weiterbildungsformate auszugehen, die auch veränderte Methoden einschließt. Neben der reinen Qualifikation von Mitarbeitern zu fachlichen Themen, wird vielmehr auch die Selbstveränderung als Schritt zu Veränderungsprozessen in Unternehmen (vgl. Arnold 2011) eine zunehmende Bedeutung einnehmen.

Diese Selbstveränderung kann hier einen zentralen Stellenwert einnehmen, da klassische Weiterbildung aus Sicht der Unternehmen ein doppeltes Transferproblem zu lösen hat: Das Prognoseproblem, bei dem es darum geht, die zukünftigen Anforderungen an die Mitarbeiter vor einer Entscheidung für ein Weiterbildungsangebot zu bestimmen. Und ein Zurechnungsproblem, bei dem die Unternehmen permanent in der Unsicherheit agieren, ob die Mitarbeiter das Gelernte im Unternehmen auch tatsächlich anwenden (vgl. Arnold 2010a). Dieses Dilemma gilt es in einer nachhaltig konzipierten Weiterbildung aufzulösen, bei der es systematisch darum geht, Haltungen und Kompetenzen der Mitarbeiter zu entwickeln und reifen zu lassen, *„(...) welche diesen helfen, Gegebenes in seiner Vernetztheit und Abhängigkeit vom Ganzen zu erkennen, zu spüren und zu gestalten."* (Arnold 2010a, S. 134).

Besonders in Krisenzeiten, wie sie in den Jahren 2008 und 2009 eine durchschlagende Wirkung auf den Weiterbildungsmarkt hatten, weil Budgets gekürzt und gestrichen wurden, gilt es, Weiterbildung als eine am Markt ausgerichtete Grundfunktion des unternehmerischen Handelns zu bestimmen. Der Wuppertaler Kreis (2009) stellt hier in seiner Verbandsumfrage explizit die gegenseitige Verantwortung der Unternehmen und der Mitarbeiter in den Vordergrund, für die es Finanzierungs- und Entwicklungsmodelle zu konzipieren gilt, bei denen die individuelle

Employability durch Förderung einer Selbstkompetenz (vgl. Arnold 2010b) und der unternehmerische Wertschöpfungsprozess sich gegenseitig stärken.

Merkmale eines auf die Zukunft ausgerichteten Weiterbildungsmanagements sind u.a.:

- Strategiebildung verläuft als selbstorganisierter Lernprozess: Strategiebildung sowie deren Umsetzung, Bewertung und Verbesserung werden als Lernprozess strukturiert.
- „Betroffene" werden an der Planung und Festlegung von Weiterbildungsmaßnahmen beteiligt und unterstützen ihre Employability.
- Informationen müssen transparent(er) werden, damit selbstorganisiert gelernt und Wissenskompetenz gefördert werden kann.
- Zusammenarbeit muss effektiv/optimal gestaltet werden, Schnittstellen genutzt, Informationen zielgerichtet gestreut (interner Austausch) werden.
- Mitarbeiter gestalten das Rechnungs- und Kontrollwesen mit (Steuerung selbstorganisierender Prozesse mit Blick auf deren Umsetzung).
- Die Unternehmensstrukturen und die Kultur ermöglichen zum einen den für die Kompetenzförderung erforderlichen Spielraum, zum anderen kontinuierliche Qualifizierung (qualifizierende Strukturen).
- Weiterbildungsmaßnahmen, ihre Vorbereitung, Gestaltung und Durchführung sind kontinuierlich zu hinterfragen und zu reflektieren.
- Erforderlich werden Netzwerke zur strategischen „Frühaufklärung" und zum firmen- bzw. institutionsübergreifenden Lernen (kontinuierlicher Austausch von Informationen, Ideen, Maßnahmen und deren Reflexion erhöhen den Lerneffekt; Lernen auch durch z.B. gemeinsame Trainings mit anderen Firmen, Kunden, den Austausch von Mitarbeitern).
- Die Unternehmen sind von einem Lernklima mit dem Grundgedanken – ständige Verbesserung, kontinuierliches Lernen und Wachsen, d.h. Infragestellen, Suchen, Reflektieren, Fehler machen als Lern-Weg – geprägt.

Die Weiterbildung kann ihre „Dienstleistungsfunktion am Kunden" nur wahrnehmen, wenn sie auf das Engste mit dem (unternehmerischen) Strategie- und Leistungsprozess verknüpft ist. Denn nur so sind für die Verantwortlichen der Personalentwicklung stets die Informationen über den Weiterbildungsbedarf und die Wirkungen von Weiterbildungsmaßnahmen verfügbar, die für eine optimale Steuerung des Weiterbildungsprozesses erforderlich sind. Die Verknüpfung von betrieblichem Leistungsprozess und betrieblichem Bildungsprozess erfolgt mittels geeigneter organisatorischer Maßnahmen. Dafür ist die interne Sicherung der Qualität der Weiterbildung ein wichtiges Thema, um die Weiterbildungsbereitschaft nachhaltig aufrechtzuerhalten und zu fördern. Zwar ist die Qualität der Weiterbildung ein etabliertes Thema, aber es wird auch in Zukunft immer noch kontrovers hinsichtlich der Umsetzung in den Unternehmen diskutiert.

Ziel des Weiterbildungsmanagements ist es daher auch im Rahmen des Qualitätsmanagements, die Aufgaben und Funktionen der Weiterbildung in das Unternehmen bzw. die Bildungseinrichtung zu integrieren, strategisch auszurichten, sodass heutige und zukünftige Anforderungen bewältigt werden können. Dies erfordert vorausschauendes Denken und Planen sowie langfristige Investitionen. In allen Phasen des Weiterbildungsprozesses bestehen engste Verknüpfungen zwischen Bildungs- und Leistungsprozess, sodass die Beteiligung der Mitarbeiter in jeder Phase und die Praxisbezogenheit ebenso gewährleistet sind wie die lernpsychologisch und didaktisch optimale Gestaltung der Weiterbildungsmaßnahmen.

Für die enge Verknüpfung von Bildungs- und Leistungsprozess sorgen sowohl die internen Personalentwickler mit den Bildungseinrichtungen als auch Vorgesetzte der Fachabteilungen, Dozenten, Trainer, Berater etc. Sie stellen den Weiterbildungsbedarf fest, arbeiten an der Planung, Vorbereitung, Durchführung und Nachbereitung der Weiterbildungsmaßnahmen, sie unterstützen bei der Sicherung des Lerntransfers. Sie sorgen dafür, dass sich die Weiterbildungsmaßnahmen an den individuellen und betrieblichen Erfordernissen orientieren. Sie können Ansprechpartner in Weiterbildungsfragen sein, ihre Vorgesetzten unterstützen sie bei der Wahrnehmung ihrer Führungsaufgabe.

Je nach „Ausgangslage" des Unternehmens bzw. der Bildungsinstitution gilt es, die im nachstehenden Schema zusammengetragenen Überlegungen, die sich an die im Kapitel „Trends" beschriebenen Entwicklungen anlehnen und hinter dem Management von Weiterbildung stehen, aufzugreifen:

Aspekte des Weiterbildungsmanagements

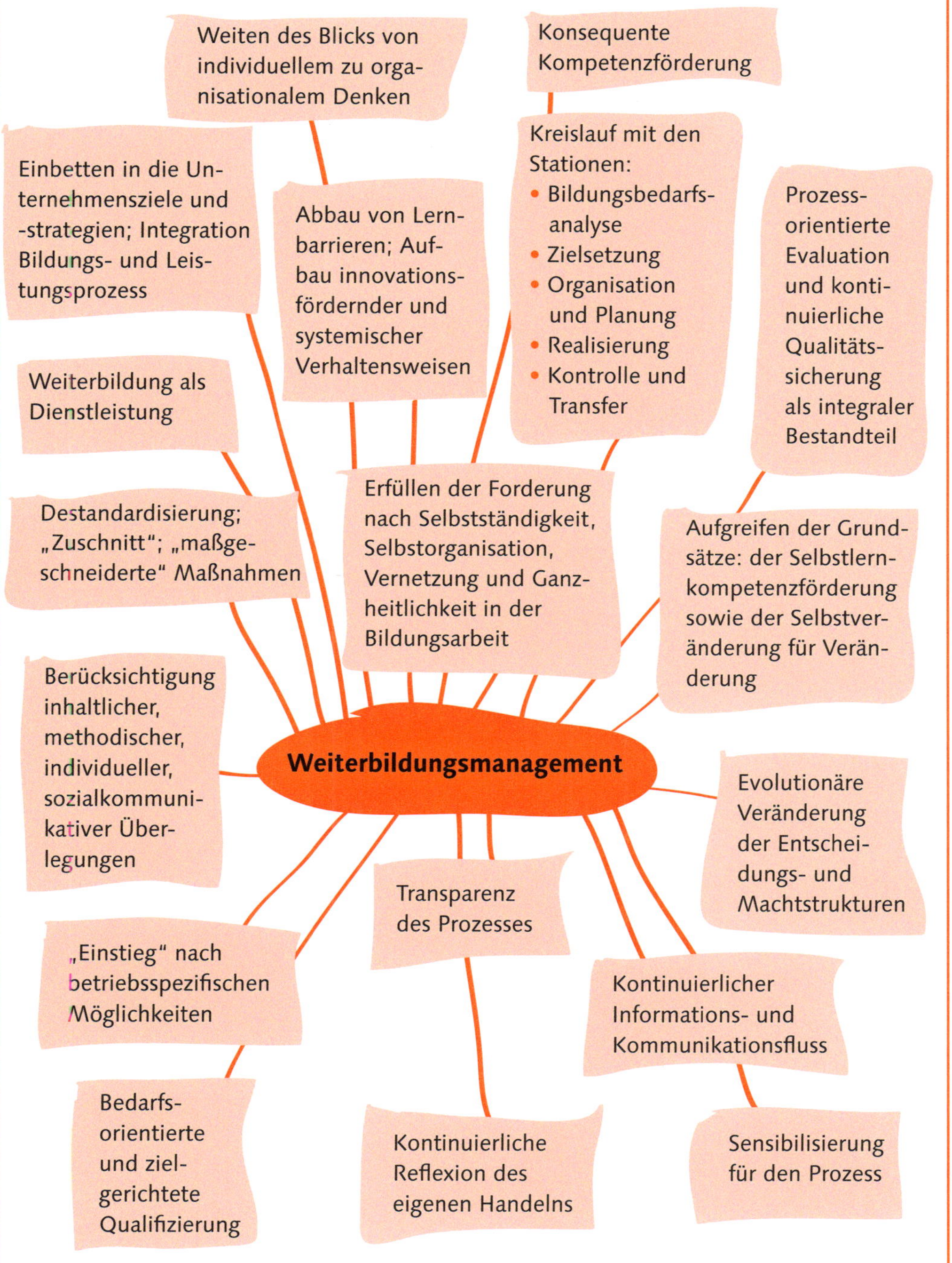

19 Anhang

19.1 Checkliste Seminarkonzept

1. **Ausgangslage, Situationsanalyse**
   - Informationen aus der Erhebung des Weiterbildungsbedarfs
   - Konkrete Aufträge von übergeordneten Instanzen
   - Budgetrahmen

2. **Zielsetzungen, Zielgruppen**
   - Richtziele: Allgemeine Zielsetzungen (z.B. Optimierung der Kundenorientierung)
   - Grobziele: Konkretisierte Zielsetzungen (z.B. wissen, wie man Reklamationen behandelt)
   - Feinziele: Detailziele (z.B. die vier Phasen einer Reklamationsbehandlung aufzählen können)
   - Zielgruppen

3. **Weiterbildungsstrategie/Vorhaben**
   - Aufbau des Seminars, Basis-Seminar, Vertiefungen
   - Seminarthemen, Themenschwerpunkte
   - Dauer der Weiterbildung
   - Intervalle der einzelnen Seminarsequenzen
   - Ablauf der Seminarsequenzen
   - Seminarmethodik: Praxisbezug, Teilnehmeraktivierung (= „Lebendiges Lernen“)
   - Seminarunterlagen
   - Seminarorte, Infrastruktur
   - Kommunikation für das Seminar (interne und externe Werbung usw.)
   - Interne und externe Ausbilder, Anforderungen an Ausbilder
   - Sprachen

4. **Detailplanung, Maßnahmenplanung**
   - Maßnahmenplan mit Aufgaben, Terminen und Verantwortlichen zur Umsetzung der Seminarstrategie
   - Detaillierte Tagesabläufe der einzelnen Sequenzen
   - Feinplanung der Seminarstrategie

5. **Budget**
   (In der Ausgangslage Budgetrahmen, hier Detail-Budget)
   - Detaillierte Kostenaufstellung der einzelnen internen und externen Kosten gem. Maßnahmenplan

- Kosten Seminarkonzept, Ausbilder, Vorbereitung, Infrastruktur, Druck Unterlagen, Erstellung Präsentationen, Verpflegung, Kommunikation der Weiterbildung

6. Erfolgskontrollen

- Teilnehmer- und Anmeldekontrollen
- Arbeit der Teilnehmenden während der Weiterbildung
- Tests, Rollenspiele, Präsentationen durch die Teilnehmenden
- Rückmeldung Teilnehmer
- Rückmeldung Ausbilder/Trainer
- Praxisumsetzung
- Erreichungsgrad der definierten Weiterbildungsziele

7. Weitere Elemente eines Seminarkonzepts

Muss das Seminarkonzept intern oder extern verkauft werden, so lohnt es sich, die folgenden Elemente zu integrieren:

7.1 Nutzen der Weiterbildung

Welchen quantitativen und qualitativen Nutzen bringt die Weiterbildung?

Beispiel für quantitativen Nutzen:

- Mehr Umsetz und Deckungsbeiträge
- Mehr Kunden
- Mehr Zusatzverkäufe

Beispiel für qualitativen Nutzen:

- Höhere Motivation der Mitarbeiter
- Förderung des Teamgeistes
- Förderung der Kundenbindung und Kundenzufriedenheit
- Erhöhung der Beratungskompetenz

7.2. Kritische Erfolgsfaktoren

Welches sind kritische Erfolgsfaktoren für die Weiterbildung?

- Motivation und Bereitschaft der Teilnehmer, sich aktiv an der Weiterbildung zu beteiligen und Neues aufzunehmen
- Erfolgskontrollen in der Praxis nach der Weiterbildung

7.3 Begegnung von Widerständen

Welche Widerstände könnten im Zusammenhang mit der geplanten Weiterbildung auftauchen und wie könnte man diesen begegnen?

Beispiele für mögliche Widerstände:

- Mitarbeitende melden sich nicht für die Weiterbildung an oder versuchen, darum herumzukommen
- Die Teilnehmenden sind nicht bereit, ihr Verhalten zu ändern
- Teilnehmende betrachten die Weiterbildung als Zusatzbelastung statt als Instrument zur Optimierung ihrer persönlichen Situation

(Schweizer Bildungsportal, 2008, S. 12)

19.2 Planungserläuterungen zur Kostenstellenplanung Aus- und Weiterbildung

Planungserläuterungen

Materialkosten	• Büromaterial und Fachliteratur • Material (Verbrauchsmaterial, Kleinwerkzeuge)
Personalkosten	• Hauptamtliches Bildungspersonal (einschl. Verwaltungspersonal) • Auszubildende • Gesetzliche Sozialkosten; freiwillige Leistungen
Verschiedene Kosten	• Provisionen und sonstige Kosten, z.B. Honorare für Lehrbeauftragte • Unter Umständen Energiekosten
Verrechnete kalkulatorische Kosten	• Planen der Nutzungsdauer und Abschreibungsmethoden (z.B. linear) • Planen der Zinsen auf den durchschnittlichen Sachanlagenbestand (Restbuchwert)
Kosten vor Weiterberechnungen	• Alle Kosten, die originär in der Kostenstelle anfallen
Anlastung von Kostenstellen	• Planen aller Anlastungen, z.B. für Umlagen von Dienstleistungen (z.B. Personalbetreuung, Post/Telefon, Arbeitssicherheit)
Gesamtkosten brutto	• Originär anfallende Kosten, einschl. der kalkulatorischen Kosten und Anlastungen
Abgegebene Weiterberechnungen	• Sofern die Bildungsleistungen verursachungsgerecht weiterverrechnet werden oder Leistungen für andere erbracht werden (z.B. Weiterbildungs-Netzwerke, Verbundsysteme)
Kostensaldo	• Vollständige Weiterverrechnung der erbrachten Bildungsleistungen
Sachlagenzugang und Software	• Geplante Investitionen
Personalplan	• Ausweisen der Personalzahlen nach Stichtag (Ende des Geschäftsjahres) und Durchschnitt für Mitarbeiter und Auszubildende getrennt; Planen der Teilzeitangestellten nach ihren Zeitanteilen
Planungsbericht	• Kommentiert die Planungen der Einzelpositionen für das laufende Geschäftsjahr und das folgende Planungsjahr; Begründung von Planungsabweichungen; Bewertung von Chancen und Risiken, die sich im Planungsjahr ergeben können
Auswirkungen auf die Bildungsarbeit	• Planung auf der Grundlage der Unternehmensziele bindet die Verantwortlichen für Bildung in die Gesamt-Unternehmensplanung ein und erfordert die Reflexion der Folgen für das Unternehmen und die Bildungsarbeit

(Cramer 1998a)

19.3 Planungserläuterungen „Operative Budgetplanung Weiterbildung – Erläuterungen zum Planungsbogen „Budget und Folgejahre"

- **Materialkosten**
  Angenommene Kostensteigerung von jeweils ca. vier Prozent p.a. überproportionale Steigerung durch verstärkte Weiterbildung.
- **Personalkosten**
  Steigerung der Gehälter (einschl. Tariferhöhungen) um max. vier Prozent p.a. Es wurde von einem durchschnittlichen Monatsgehalt von 4.200 Euro je GE ausgegangen. (Der Leiter Weiterbildung ist in Personalunion auch für die Aus- und Weiterbildung verantwortlich. Ebenso ist eine Bürokraft für die Aus- und Weiterbildung eingesetzt. Die Personalkosten wurden entsprechend gesplittet.)
- **Verschiedene Kosten**
  Sie sind nach Aufwand bzw. Erfahrungswerten geplant. Die Positionen „Provision und Sonstige Kosten" nehmen im Schwerpunkt die Honorare für interne und externe Lehrbeauftragte auf. Erhöhte Reisekosten können durch befristeten Einsatz externer Lehrbeauftragter „QVP" entstehen.
- **Kalkulatorische Kosten**
  Lineare Abschreibung auf Restbuchwert mit einem kalkulierten Zinssatz von acht Prozent
- **Anlastung von Kostenstellen**
  Für in Anspruch genommene Dienstleistungen, Raum und Raumnebenkosten (70 qm) sind die Anlastungen nach vorgegebenen Verrechnungswerten einzuplanen.
- **Abgegebene Weiterberechnungen**
  Die Weiterbildung der Mitarbeiter ist eine Dienstleistung der Abteilung Weiterbildung. Der entstehende Aufwand (direkte Kosten) soll weiterverrechnet werden. Da die Weiterbildungsmöglichkeiten allen Mitarbeitern in allen Funktionsbereichen zur Verfügung stehen, empfiehlt sich eine einfache Weiterverrechnung auf Löhne und Gehälter. Die vorliegende Modellrechnung würde die Kostenstellen des Unternehmens mit etwa 0,8 Prozent – 0,9 Prozent der Löhne und Gehälter belasten. Eine Weiterverrechnung nur nach Inanspruchnahme der Weiterbildungsmaßnahme ist eine denkbare Alternative. Die Praxis hat jedoch bewiesen, dass die von der Unternehmensleitung angestrebten Weiterbildungsziele damit häufig nicht erreicht werden können. Die Teilnahme der Mitarbeiter an Weiterbildungsmaßnahmen wird dann zu sehr unter falsch verstandenen Kostengesichtspunkten gesteuert, und der Abrechnungsaufwand ist unverhältnismäßig hoch.
- **Sachanlagenzugang**
  Die Investitionen sind als Anlage zur Planung einzubeziehen. Die Modellrechnung sieht Erweiterungsinvestitionen von Datenverarbeitungsanlagen vor, um den Verwaltungsaufwand und das Berichtswesen zu vereinfachen bzw. aussagefähiger zu gestalten.

(Cramer 1998b, S. 6/7)

19.4 Weiterbildungsplanung

Weiterbildungsbudget für das Jahr ____________________________

Kostenarten		Budget	Vorjahr
Externe Kosten			
Teilnehmerbeiträge	_____ TN x _____ Tage x _____ €/TN und Tag (Durchschnittspreis)		
Reise- und Unterkunftskosten für Teilnehmer an externen Veranstaltungen	_____ TN x _____ Tage x _____ €/TN und Tag (Erfahrungswert)		
Honorare, Nebenkostren für Trainer, Berater	_____ Veranstaltungstage x _____ € Honorarsatz incl. incl. NK (Erfahrungswert)		
Kosten für Lehr- und Lernmittel	Pauschale		
Hotelkosten etc. für extern veranstaltete, selbst organisierte Seminare	_____ Veranstaltungstage x _____ TN x _____ € Raummiete/TN und Tag		
Interne Kosten			
Arbeitsausfallkosten (durchschnittliche Lohnkosten der Teilnehmer incl. etc. Zusatzkosten)	_____ TN x _____ Tage x _____ €/TN		
Allgemeine Kosten der Weiterbildung			
Verwaltungskosten der Weiterbildungsaktivitäten (je nach Organisationsform)			
evtl. Raum- und Gerätekosten			
Summe			

(Wuppertaler Kreis e.V. 1996, S. 35)

19.5 Weitere Checklisten zur Weiterbildungsberatung (Möllenbeck, 1997)

Checkliste 1: Klären Sie Ihre Motive!

Beantworten Sie die Fragen. Sie dürfen mehrfach ankreuzen, aber versuchen Sie, sich auf Ihre Schwerpunkte zu konzentrieren. Wenn Sie das Gefühl haben, zu viele Fragen mit Ja beantwortet zu haben, bilden Sie eine Rangfolge! Lassen Sie sich nicht durch die genannten Beispiele einschränken und beschränken Sie sich auch nicht auf eine Zeile, sondern schreiben Sie auf ein getrenntes Blatt!

		Ja	Nein
1.	Geht es Ihnen vorwiegend darum, „Schritt zu halten"? Wenn ja, fragen Sie sich weiter:	○	○
1.1	Fordern neue Arbeitsmittel (Maschinen, Geräte, PCs ...) von Ihnen neue Kenntnisse und Fertigkeiten?	○	○
1.2	Prägen neue Inhalte Ihren Arbeitsplatz? Wenn ja, stellen Sie zusammen, welche: ____________________	○	○
1.3	Tauchen neue Methoden an Ihrem Arbeitsplatz auf? Denken Sie an fachliche Arbeitsverfahren, aber auch an Arbeitsformen oder einen veränderten Stil von Arbeit und Zusammenarbeit im Unternehmen. Wenn ja, stellen Sie zusammen, welche: ____________________	○	○
2.	Möchten Sie einen Abschluss erwerben?	○	○
2.1	Geht es Ihnen darum, eine erreichte Stellung nun auch auf dem Papier abzusichern?	○	○
2.2	Soll der Abschluss eher dazu dienen, mehr zu erreichen?	○	○
2.3	Sind Sie bereits über den für Ihr Ziel sinnvollen Abschluss informiert? Tragen Sie ihn mit kurzer Beschreibung ein: ____________________	○	○
3.	Streben Sie beruflichen Aufstieg an?	○	○
3.1	Haben Sie Trends Ihrer Branche ermittelt? Stellen Sie sie zusammen: ____________________	○	○
3.2	Sind Sie sich schon über die Entwicklungsmöglichkeiten bei Ihrem Arbeitgeber im Klaren? Legen Sie sich Rechenschaft darüber ab: ____________________	○	○

3.3 Kennen Sie die allgemeinen Anforderungen, die in der von Ihnen angestrebten Position verlangt werden (z.B. Führungsqualitäten, Arbeitstechniken)? ○ ○
Tragen Sie die wichtigsten zusammen:

---

4. Möchten Sie eine neue berufliche Richtung einschlagen? ○ ○
Wenn ja, überlegen Sie Ihre Gründe:

Und überlegen Sie, an welche Ihrer Fähigkeit und Interessen Sie anknüpfen möchten:

---

5. Möchten Sie zunächst ganz allgemein Ihren Wissenshorizont erweitern? ○ ○
Wenn Sie noch keine allzu konkreten Pläne haben und überhaupt einmal etwas für sich tun möchten – stellen Sie die Gebiete zusammen, für die Sie sich interessieren:

Sortieren Sie die Liste nach „beruflich verwertbar" und „persönlich interessant" und überlegen Sie, welches Interessenfeld überwiegt:

Checkliste 2: Überprüfen Sie Ihre Voraussetzungen!

Hauptvoraussetzung: Zeit

1. Schreiben Sie Ihre augenblickliche Zeitverteilung pro Woche, d.h. Ihren Wochenzeitplan, auf: Arbeitszeit, Fahrzeit, Zeit in der Familie, Sport, Verein, Freizeitaktivitäten, freie Zeit ... !

2. Überlegen Sie, wo Sie etwas straffen oder einsparen können, um Zeit für Weiterbildung zu gewinnen!

3. Überlegen Sie nicht im stillen Kämmerlein, sondern ziehen Betroffene mit ein! Das bringt Ideen und vermeidet Konflikte.

4. Planen Sie nicht sämtliche Freizeit einfach weg – die Zeit für Weiterbildung muss aus verschiedenen Positionen gewonnen werden, ein Stück Freizeit ist unabdingbar!

5. Überlegen Sie, welche Zeitform für Sie besonders günstig wäre und welcher zeitliche Gesamtaufwand:

- regelmäßige Kurse (um welche Tageszeit?)
- gebündelte Seminare (in der Woche/am Wochenende)
- langfristige gestreckte Maßnahmen
- Intensivkurse
- selbstgesteuerte Maßnahmen mit wenig festgelegten Zeitanteilen

Wenn das Angebot eine Auswahl zulässt, versuchen Sie, die passende Alternative zu finden!

Gestaltendes Element: Ihre persönliche Lernorganisation

6. Überlegen Sie, was Sie für ein Lerntyp sind:
- Welche Lernumgebung brauchen Sie?
- Können Sie nur in Ruhe zur gleichen Zeit am gleichen Ort lernen?
- Können Sie auch zu verschiedenen Zeiten an unterschiedlichen Orten, sozusagen in „Zeitlücken", lernen?

Ihr Lerntyp bestimmt natürlich die Planung Ihrer Zeitaufteilung!

7. Lernen Sie gerne und/oder erfolgreicher individuell:
- nachlesen, ungestört sein, einem eigenem Rhythmus folgen ...

oder lernen Sie lieber zusammen mit anderen:
- sich erklären lassen, Anstöße erhalten, sich in der Gruppe austauschen können ...

Davon hängt ab, welche Form von Lernangeboten Sie bevorzugen und wie Sie sich bei der Suche nach geeigneten Bildungsangeboten orientieren sollten:
- Kurse und Seminare
- Selbst-/Fernstudium
- Lernen mit Medien (Programme, Kassetten, Multimedia)

8. Wie ist Ihr bevorzugter Lernweg: eher hören, eher lesen, etwas selber tun? Auch das entscheidet über die Form der Lernangebote, die Sie in Erwägung ziehen können.

9. Weiterbildung ist nicht, wie Schule früher (vielleicht) war – Sie selbst bestimmen, wie Sie lernen möchten. Suchen Sie also möglichst das Angebot, das Ihnen entspricht!

10. Sie werden in der Weiterbildungslandschaft aber nicht allerorts genau das Angebot vorfinden, das Ihnen am besten entspricht. Das gilt umso mehr, je spezialisierter Ihre Interessen sind. Suchen Sie dann nicht nach dem (gar nicht erreichbaren) Maximum, sondern nach dem Optimum unter den gegebenen Bedingungen. Machen Sie aus einer solchen Situation das Beste für sich.

Nicht zu vergessen: Die Finanzierung

11. Klären Sie zuverlässig und realistisch ab, welche Mittel Sie für Weiterbildung ausgeben können (konkretes Ausgabenbudget aufstellen!). Fragen Sie sich dann, wie viel Geld Sie auszugeben bereit sind.

12. Holen Sie zu infrage kommenden Lernangeboten immer Informationen zur möglichen Finanzierung mit ein. Entscheidend ist, dass Sie den Eigenanteil bezahlen können und wollen.

Checkliste 3: Beurteilung von Bildungsmaßnahmen

1. Was will ich erreichen?
   - Wenn Sie sich entschieden haben, einen bestimmten Weiterbildungsweg zu beschreiten und nun einen entsprechenden Lehrgang suchen, dann machen Sie sich noch einmal klar, welche Ziele genau Sie damit verfolgen, welche Inhalte Sie bearbeiten möchten, welche Kenntnisse Sie erwerben wollen.
   - Nur wenn Sie sich Ihrer Ziele vorab klar sind, können Sie nachher auch feststellen, ob Sie Ihre Ziele erreicht haben; je genauer Sie Ihre Wünsche formulieren, umso deutlicher kann im Gespräch mit der Bildungseinrichtung geklärt werden, ob die Inhalte eines Lehrgangs diesen Wünschen Rechnung tragen werden.

2. Welchen Abschluss kann ich erreichen?
   Zwar ist es nicht bei jeder Gesamtzielsetzung von Weiterbildung gleichermaßen wichtig, aber in der Regel sind es durchaus bedeutsame Fragen:
   - Gibt es am Ende des Lehrgangs ein Zertifikat?
   - Wer ist die prüfende Stelle?
   - Wie aussagekräftig werden Zeugnis oder Zertifikat?
   - Was wird in meiner Bescheinigung oder in meinem Zeugnis aufgelistet stehen?
   - Welchen Grad von Anerkennung genießt die Zertifizierung?
   - Wenn eine Abschlussprüfung absolviert wird, handelt es sich um eine staatlich anerkannte Prüfung?
     Legen Sie Wert darauf, möglichst eine staatliche Prüfung oder eine Kammerprüfung abzulegen. Interne Zertifikate haben bei Weitem kein vergleichbares Ansehen. Bei sehr neu entwickelten Lehrgängen gibt es nur selten bereits offizielle Prüfungen; dann sollte die Ausbildung aber zumindest Bausteine beinhalten, die größere Anerkennung genießen.

3. Welche Chancen eröffnen sich mir nach dem Lehrgang?
   - Fragen Sie ruhig auch danach, wo ehemalige Teilnehmerinnen und Teilnehmer verblieben sind. Wenn ein Bildungsangebot die Chancen sehr vergrößert, beruflich

davon zu profitieren, dann wird man in der Bildungseinrichtung über positive Beispiele berichten können.

4. Welches Renommee hat der Träger?
Von der Beantwortung dieser Frage hängt es häufig ab, welche Chancen sich für Sie nach einem Lehrgang eröffnen.
Das Renommee resultiert aus Faktoren wie:
- Wie ist die Qualität der Lehrenden?
- Sind sie fachlich auf dem neuesten Stand?
- Ist die Bildungseinrichtung nah mit der Wirtschaft verbunden?
- Vermag sie, aus solchen Verbindungen heraus, Praxisnähe sicherzustellen?

5. Wie läuft das Bildungsangebot ab?
- Wie lange dauert es insgesamt?
- Wie viel Zeiteinheiten umfasst es und zu welchen Terminen genau findet es statt?
- Mit wie viel Arbeitsaufwand muss ich rechnen, wie viel Zeit benötige ich, realistisch betrachtet, für meine Vor- und Nachbereitung?
- Finden regelmäßige Erfolgskontrollen statt?

6. Wie wird gelehrt?
- Welche Lehr- und Lernmittel werden eingesetzt?
- Werden diese zur Verfügung gestellt oder müssen sie zusätzlich gekauft werden?
- Welche Lehrmethoden werden genutzt?
- Wie ist die Ausstattung der Unterrichtsräume?
- Wie groß sind die Lerngruppen?
- Sieht der inhaltliche Ablaufplan Wiederholungs- und Festigungsphasen vor?
- Gibt es evtl. zusätzliche Unterstützungsangebote?

7. An welche Zielgruppe wendet sich das Angebot?
- An wen wendet sich das Seminar?
- Welche Vorkenntnisse in der Sache werden vorausgesetzt und wie geübt muss ich sein im Lernen?
- Welche Verwertungsabsichten haben die anderen Teilnehmerinnen und Teilnehmer?
Wenn Sie selbst übrigens gar nicht nach Ihren Vorkenntnissen und Zielen gefragt werden, dann ist davon auszugehen, dass es bei den anderen auch nicht geschehen ist, sodass sehr unterschiedliche Interessenslagen zusammenkommen können.

8. Was kostet die Weiterbildung?
- Wie hoch ist der Gesamtpreis und wann und in welcher Form ist er zu entrichten?
- Was schließt dieser Preis ein, was schließt er aus? Welche Anschaffungen kommen, realistisch betrachtet, auch für die Vor- und Nachbereitung auf mich zu?

- Welcher Preis ergibt sich daraus für eine Unterrichtseinheit (durch das Ausrechnen des Preises pro Unterrichtsstunde lassen sich die Preise der unterschiedlichen Anbieter leichter vergleichen)?

9. Wie sind die vertraglichen Bedingungen?

- Welche Möglichkeiten habe ich, den Vertrag wieder zu lösen?
- Gibt es Regelungen, ob und wie bei Krankheitsfällen oder wegen eines anderen begründeten Fehlens das Ziel des Lehrgangs und die Zertifizierung erreicht werden können?
- Gibt es Regelungen bezüglich der Zahlungspflicht bei Krankheit und Kursabbruch?
- Sind Prüfungen, Zertifikate und Bescheinigungen zum Lehrgang dazugehörig oder davon unabhängig?

19.6 Beurteilungsbögen (Hölterhoff/Becker, 1986, S. 214 – 217)

Bogen 1: Abschlussbeurteilung

Name des Teilnehmers	Abteilung

Nach jedem unserer Seminare werten wir Anregungen für ihre künftige Gestaltung aus. Bitte helfen Sie uns dabei, indem Sie ein wenig Zeit opfern, diesen Fragebogen auszufüllen und an uns zurückzuschicken: Vielen Dank!

1. Kreuzen Sie bitte bei den beiden folgenden Beurteilungsskalen das Kästchen an, dessen Position Ihrer Meinung nach das Seminar am treffendsten charakterisiert. (Bei Seminaren mit mehreren Referenten dient diese Seite zur Gesamtbeurteilung.)

zu viel Stoff	○	○	○	○	○	○	zu wenig Stoff
zu kurz	○	○	○	○	○	○	zu lang
zu viel Diskussion	○	○	○	○	○	○	zu wenig Diskussion

Beachten Sie bitte, dass die ideale Bewertung ab hier nicht mehr in der Mitte liegt

interessante Aufbereitung	○	○	○	○	○	○	trocken
überschaubar (inhaltliche Gliederung)	○	○	○	○	○	○	unübersichtlich
prägnant	○	○	○	○	○	○	weitschweifig
Teilnehmerkreis: Zusammensetzung ist gut	○	○	○	○	○	○	Zusammensetzung unvorteilhaft
gut organisiert	○	○	○	○	○	○	schlecht organisiert
für die Praxis brauchbar	○	○	○	○	○	○	für die Praxis unbrauchbar
lohnend	○	○	○	○	○	○	nicht lohnend

Erläuterungen und Hinweise zu einzelnen Referaten/Themen können Sie unter den Punkten 2 und 3 geben

2. Welche Themen sollten
   a) ausführlicher
   b) kürzer
   c) zusätzlich behandelt werden?
3. Welche Wünsche zur Darstellung hätten Sie an den/die Referenten?
4. Welche Seminarinhalte beabsichtigen Sie in Ihrer betrieblichen Arbeit anzuwenden?

Inhalte	Anwendungsgebiete

Bogen 2: Fragebogen zum Erfahrungsaustausch

Für das Seminar „Problemlösung im Team – systematische Methoden der Entscheidungsfindung

1. Was war – nachträglich festgestellt – der stärkste Eindruck des Seminars?
2. War das Seminar für Ihre konkrete betriebliche Arbeit

sehr nützlich	O
nützlich	O
brauchbar	O
weniger nützlich	O
ohne Nutzen	O

3. War das Seminar für Sie persönlich sehr nützlich?

nützlich	O
brauchbar	O
weniger nützlich	O
ohne Nutzen	O

4. Hat das Seminar Ihren persönlichen Arbeitsstil beeinflusst?

nein	O
eher unbewusst	O
teilweise	O
deutlich	O
intensiv	O

5. Wie oft haben Sie die im Seminar vermittelten Erkenntnisse in der Zwischenzeit angewandt?

nie	O
selten	O
gelegentlich	O
öfter	O
häufig	O

6. Bei welcher Gelegenheit haben Sie die Methoden angewandt?

___

7. Erfolge der Anwendung

individuell	O
in Gruppen	O

8. Welche positiven Erfahrungen haben Sie gemacht?

____

____

9. Welche negativen Erfahrungen haben Sie gemacht?

____

____

10. Wo lagen möglicherweise Schwierigkeiten bei der Umsetzung in die Praxis?

an der Methode	○
an den zu lösenden Problemen	○
an Kollegen	○
an Mitarbeitern	○
an Vorgesetzten	○
an Ihnen selbst	○
an Zeitmangel	○

11. Wie haben Sie Vorgesetzte, Kollegen bzw. Mitarbeiter über die Seminarkenntnisse informiert?

____

Wie waren die Reaktionen darauf?

____

12. Welche Maßnahmen schlagen Sie vor, um die Anwendung zu erleichtern?

____

13. Wie kann die Weiterbildungsabteilung bei der Anwendung behilflich sein?

____

14. Wenn Sie heute in die Seminarunterlagen wieder Einblick nehmen, fällt Ihnen der Einstieg schwer oder finden Sie auf Anhieb, was Sie suchen, und können Sie es verwerten?

keine Schwierigkeiten	○
bedarf der längeren Einarbeitung	○

15. Wie kann man die Unterlagen noch besser als Anwendungshilfe für die Praxis gestalten?

____

16. Was sollte ggf. am Seminarstoff geändert werden, um ihn noch anwendungsorientierter zu gestalten?

____

17. Welche weiteren thematischen Aspekte schlagen Sie zum bestehenden Seminar bei gleicher Dauer vor?

___

18. Wie beurteilen Sie jetzt die verschiedenen Seminarabschnitte nach ihrer Nützlichkeit für die Praxis?

Ursachenanalyse ○

Entscheidungsanalyse ○

Plananalyse ○

Detaillierte Einzelabschnitte zu den Analysen ○

Fragetechniken ○

Teamarbeit (Sozialtechniken) ○

Ideenfindung ○

19. Können Sie ein mögliches Thema für ein Projektseminar nennen?

___

19.7 Erfassungsblätter Lehrgangsbewertung

(Bardeleben, Grolus u.a., 1995, S. 217-277 © BIBB)

Nachfolgend sind drei Erfassungsblätter zur Lehrgangsbewertung enthalten:

- **Erfassungsblatt „Erstbefragung Teilnehmer/in“**
  Hiermit sind die Mitarbeiter/innen unmittelbar nach Beendigung ihrer Weiterbildungsmaßnahme zu befragen.
- **Erfassungsblatt „Zweitbefragung Teilnehmer/in“**
  Dieses dient zu einer Nachbefragung der Teilnehmer/innen ca. zwei bis acht Wochen nach Abschluss der Maßnahme.
- **Erfassungsblatt „Befragung Vorgesetzte“**
  Dieser Bogen ist ca. zwei bis acht Wochen nach Maßnahmenende von dem/der Vorgesetzten der Weiterbildungsteilnehmer/innen zu beantworten.

Bewertungsbögen in ähnlicher Form werden bereits in verschiedenen Betrieben eingesetzt. Die hier aufgezeigten Grundmuster sind dabei betriebsspezifisch variiert. Die Bewertungsbögen können als Entscheidungsgrundlagen für zukünftige Weiterbildungsaufträge genutzt werden.

Erfassungsblatt Lehrgangsbewertung – Erstbefragung Teilnehmer/innen

(Von dem Teilnehmer / der Teilnehmerin unmittelbar nach Beendigung des Lehrgangs auszufüllen und an die weiterbildungs-/Personalabteilung weiterzuleiten)

1. Lehrgangstitel

____

____

Beginn _______ Ende _______ (Datum)

Unterrichtsstunden gesamt _______ Unterrichtstage x UStd/Tag

2. Anbieter

Name _______________________________

Ort _______________________________

ggf. Lehrkraft _______________________________

3. Teilnehmer/in

3.1 Name _______________________________

3.2 betriebliche Funktion

3.3 unmittelbare/r Vorgesetzte/r

3.4 Alter

4. Bewertung des Lehrgangs (++ = sehr gut ... -- = sehr schlecht)

		++	+	+/-	-	--
4.1	Wie beurteilen Sie die sächliche/technische Ausstattung?					
	Anzahl von Arbeits-/Übungsplätzen	O	O	O	O	O
	Qualität/Eignung der Arbeits-/Übungsplätze	O	O	O	O	O
	Räumlichkeiten	O	O	O	O	O
	Sonstiges	O	O	O	O	O
4.2	Wie beurteilen Sie die schriftlichen Lehrgangsunterlagen des Veranstalters?					
	keine Unterlagen erhalten O weiter mit 4.3					
	schriftliche Lehrgangsunterlagen	O	O	O	O	O
4.3	Wie beurteilen Sie die Qualifikation des Dozenten/der Dozentin?					
	Fachliche Qualifikation (Verfügte der Dozent / die Dozentin nach Ihrer Einschätzung über gute Fachkenntnisse?	O	O	O	O	O
	Didaktisch-methodische Qualifikation (Wurde der Stoff verständlich erklärt, wurden Fragen ausreichend beantwortet etc.)	O	O	O	O	O
4.4	Wie beurteilen Sie den Lehrgang hinsichtlich der folgenden Punkte?					
	Verständlichkeit	O	O	O	O	O
	(berufliche bzw. fachliche) Verwertbarkeit	O	O	O	O	O
	Zeitlicher Umfang (zu kurz – zu lang)	O	O	O	O	O
4.5	Haben Sie an einer Prüfung zu diesem Lehrgang teilgenommen? Wenn ja:					
	Haben Sie die Prüfung bestanden? O nein O ja					
	Schwierigkeit der Prüfung (zu schwer – zu leicht)	O	O	O	O	O

4.6 Sonstige Anmerkungen

Erfassungsblatt Lehrgangsbewertung – Zweitbefragung Teilnehmer/innen –

(Von dem Teilnehmer / der Teilnehmerin ca. zwei bis acht Wochen nach Beendigung des Lehrgangs auszufüllen und an die Weiterbildungs-/Personalabteilung weiterzuleiten)

1. Lehrgangstitel

____

____

Beginn Ende (Datum)

2. Name

____

3. Teilnehmer/in

3.1 Name

____

3.2 betriebliche Funktion/Abteilung (nur bei Änderung angeben)

____

3.3 unmittelbare/r Vorgesetzte/r (nur bei Änderung angeben)

____

4. Bewertung des Lehrgangs/Konsequenzen

4.1 Wie beurteilen Sie den Lehrgang hinsichtlich der beruflichen (bzw. fachlichen) Verwertbarkeit?

- In welchem Umfang konnten die gelernten Inhalte in der täglichen Arbeit umsetzt werden? (Bitte in kurzen Stichworten darstellen.)

____

- War der Lehrgang für die Verbesserung der betrieblichen Arbeit sinnvoll?

____

4.2 Konsequenzen

- Was sollte bei der Auswahl und Teilnahme an ähnlichen Lehrgängen anders gemacht werden?

____

- Welche Weiterbildungsbedarfe gibt es zurzeit bei Ihnen, die mittels Lehrgangsteilnahme abgedeckt werden können? (Ggf. Vorschläge für Lehrgänge machen).

____

Erfassungsblatt Lehrgangsbewertung – Befragung Vorgesetzte/r –

(Von dem/der Vorgesetzten ca. zwei bis acht Wochen nach Beendigung des Lehrgangs auszufüllen und an die Weiterbildungs-/Personalabteilung weiterzuleiten)

1. Lehrgangstitel

____

____

Beginn Ende (Datum)

2. Anbieter

Name

____

3. Teilnehmer/in

3.1 Name

____

3.2 betriebliche Funktion/Abteilung (nur bei Änderung angeben)

____

3.3 unmittelbare/r Vorgesetzte/r (nur bei Änderung angeben)

____

4. Bewertung des Lehrgangs/Konsequenzen

4.1 Wie beurteilen Sie den Lehrgang hinsichtlich der beruflichen (bzw. fachlichen) Verwertbarkeit?

- In welchem Umfang konnten die gelernten Inhalte in der täglichen Arbeit umsetzt werden? (Bitte in kurzen Stichworten darstellen.)

____

- War der Lehrgang für die Verbesserung der betrieblichen Arbeit sinnvoll?

____

4.2 Konsequenzen

- Was sollte bei der Auswahl und Teilnahme an ähnlichen Lehrgängen anders gemacht werden?

____

- Welche Weiterbildungsbedarfe gibt es zurzeit bei Ihnen, die mittels Lehrgangsteilnahme abgedeckt werden können? (Ggf. Vorschläge für Lehrgänge machen).

____

19.8 Umsetzung im Betrieb (Wuppertaler Kreis e.V., 1996, S. 27 – 28)

Fragebogen für ein Interview bzw. eine Befragung mit Mitarbeitern nach Abschluss einer externen Bildungsmaßnahme (z.B. eines Seminars)

Bewertung von Weiterbildungsmaßnahmen

Wir bitten Sie, uns nach der Veranstaltung eine Rückmeldung zu geben, wie Sie das Seminar und seinen Erfolg einschätzen. (Bitte ausfüllen bzw. ankreuzen und Ihrem Vorgesetzten überreichen oder direkt an die Personalabteilung senden.)

Titel der Veranstaltung

Datum | Anzahl der Teilnehmer (ggf. geschätzt)

Veranstalter | Ort

Lernatmosphäre	sehr gut				schlecht
	○	○	○	○	○
Organisation und Räume	sehr gut				schlecht
	○	○	○	○	○
Teilnehmerkreis	passend				inhomogen
	○	○	○	○	○
Fachliche Kompetenz des Dozenten	sehr gut				schlecht
	○	○	○	○	○
Didaktisch-methodische Qualität der Veranstaltung	sehr gut				schlecht
	○	○	○	○	○
Stoffmenge und Lehrtempo	interessant und verständlich				unpassend
	○	○	○	○	○
War das Seminar für Ihre Arbeit hilfreich?	Sehr hilfreich				überflüssig
	○	○	○	○	○
Gesamturteil zum Seminar	sehr gut				schlecht
	○	○	○	○	○

Name, Abteilung, Datum

Fragebogen für ein Interview bzw. eine Befragung mit Mitarbeitern ungefähr sechs Monate nach Beendigung einer externen Bildungsmaßnahme (z.B. eines Seminars)

Bewertung von Weiterbildungsmaßnahmen

Sie haben vor einem halben Jahr an einer Weiterbildungsmaßnahme teilgenommen. Wir möchten Sie bitten, uns im Rückblick Ihre Meinung über die Veranstaltung mitzuteilen. (Bitte ausfüllen bzw. ankreuzen und Ihrem Vorgesetzten überreichen oder direkt an die Personalabteilung senden.)

Thema der Veranstaltung:

Hat sich der Besuch des Seminars auf Ihre Arbeit positiv ausgewirkt?	○ Ja	○ Nein
Würden Sie die Teilnahme am Seminar empfehlen?	○ Ja	○ Nein

wenn ja, für wen?

Konnten Sie das Gelernte anwenden?	○ Ja	○ Nein
Waren Ihnen dabei die Lehrunterlagen nach dem Seminar noch hilfreich?	○ Ja	○ Nein
Haben Sie auf diesem Gebiet nach dem Seminar noch Weiteres gelernt?	○ Ja	○ Nein

Welches Ergebnis hat das Seminar für Sie gebracht? (bitte ankreuzen)

Zeitersparnis / schnellere Erledigung von Aufgaben	○
größere Sicherheit bei der Erfüllung der Aufgaben	○
Erlernen neuer Tätigkeiten/Kenntnisse	○
andere:	○

Gesamturteil zum Seminar	sehr gut				schlecht
	○	○	○	○	○

Name, Abteilung, Datum

Zu den Autoren

Prof. Dr. Rolf Arnold ist Professor an der Universität Kaiserslautern und seit 1992 Leiter des Distance and Independent Studies Center. Zu seinen Arbeitsschwerpunkten gehören u.a. Bildungspolitik, Erwachsenenbildung und Betriebspädagogik.

Dr. Antje Krämer-Stürzl hat sich nach Tätigkeiten als angestellte Personalentwicklerin und wissenschaftliche Mitarbeiterin selbstständig gemacht. Sie ist als Beraterin, Trainerin, Coach und Mediatorin für verschiedene Unternehmen im Profit- und Non-profit-Bereich tätig.

Prof. (em) Dr. Horst Siebert ist Professor am Institut für Erwachsenenbildung der Universität Hannover und durch zahlreiche Veröffentlichungen zur Erwachsenenbildung umfassend bekannt.

Literaturverzeichnis

Das Literaturverzeichnis bezieht sich auf alle drei Teile des Buches und ist zugleich ein Quellenverzeichnis. Der jeweilige Buchteil, von dem aus Bezug auf eine Literaturangabe genommen wird, ist in spitzen Klammern angefügt.

Alt, C./ Sauter, E./ Tillmann, H.: Berufliche Weiterbildung in Deutschland. Strukturen und Entwicklungen. Hrsg. v. Bundesinstitut für Berufsbildung. Bielefeld 1994. <Teil II>

Armutat, S. et al. (Hrsg.): Lebensereignisorientiertes Personalmanagement. Eine Antwort auf die demografische Herausforderung. Grundlagen – Handlungshilfen – Praxisbeispiele. Bielefeld 2009. <Teil II>

Arnold, R.: Berufspädagogik. Lehren und Lernen in der beruflichen Bildung. Aarau 1990. <Teil II>

Arnold, R.: Neue Methoden betrieblicher Bildungsarbeit. In: Arnold, Rolf / Lipsmeier, Antonius (Hrsg.): Handbuch Berufsbildung. Opladen 1995, S. 294-307. <Teil II>

Arnold, R.: Weiterbildung. Ermöglichungsdidaktische Grundlagen. München 1996. <Teil II>

Arnold, R. /Krämer-Stürzl, A.: Explorative Studie zur Erfolgskontrolle betrieblicher Weiterbildung. Forum Betriebliche Weiterbildung Nr. 2, hrsg. v. Arbeitsgemeinschaft Betriebliche Weiterbildungsforschung e.V. Bochum 1992. <Teil III>

Arnold, R. / Krämer-Stürzl, A.: Berufs- und Arbeitspädagogik. Leitfaden der Ausbildungspraxis in Produktions- und Dienstleistungsberufen. 2., überarbeitete Auflage. Berlin 1999. <Teil I> <Teil III>

Arnold, R. / Münch, J.: Fragen und Antworten zum Dualen System der deutschen Berufsausbildung. Bonn 1995. <Teil II>

Arnold, R.: Systemische Berufsbildung. Hohengehren 2010a. <Teil III>

Arnold, R.: Selbstbildung. Hohengehren 2010b. <Teil III>

Arnold, R. (Hrsg.): Veränderung durch Selbstveränderung. Hohengehren 2011. <Teil III>

Arnold, R. / Schüßler, J.: Wandel der Lernkulturen. Wissenschaftliche Buchgesellschaft Darmstadt 1998. <Teil I>

Bardeleben, R.v. /Gnahs, D. u.a.: Weiterbildungsqualität. Konzepte, Instrumente, Kriterien. Bielefeld 1995. <Teil III>

Bartscher, Th. / Huber, A.: Personalmanagement für Mitarbeiter 50+. In: Schwuchow, K. / Gutmann, J. (Hrsg.): Jahrbuch Personalentwicklung, Ausbildung, Weiterbildung, Management Development. München 2006, S. 217-228. <Teil II>

Bäumer, J.: Wissensmanagement und Human Resources Management. In: Schwuchow/ Gutmann (Hrsg.): Jahrbuch der Personalentwicklung und Weiterbildung 1999/2000. Neuwied u.a. 1999, S. 19-23. <Teil III>

Becker, F.G.: Evaluation der Personalentwicklung, Funktionen und Gestaltung. In: Schwuchow/Gutmann (Hrsg.): Jahrbuch der Personalentwicklung und Weiterbildung 1999/2000. Neuwied u.a. 1999, S. 198-203. <Teil III>

Bergmann, B. u.a. : Kompetenzentwicklung 96. Strukturwandel und Trends in der betrieblichen Weiterbildung. Münster u.a. 1996. <Teil II>

Bergmann, B.: Lernen im Prozeß der Arbeit. In: dsbn. u.a. 1996, S. 153-262. <Teil II>

Berndt, Ch. / Bengel, C. / Bittner, B.: Tools in Problemlösungsprozessen. Leitfaden und Toolbox für Moderatoren. Bonn 2007. <Teil II>

BIBB: Checkliste Qualität beruflicher Weiterbildung. Bundesinstitut für berufliche Bildung. 2008. URL/AVL: http://www.bibb.de/dokumente/pdf/checkliste_berufliche_weiterbildung.pdf, Stand: 01.02.2011.

Bockelbrink, K.-H.: Leittextmethode in der betrieblichen Berufsausbildung. In: Betriebliche Ausbildungspraxis, 30 (1984), 173, S. 52-53. <Teil II>

Brassard, W. / Helling, K. u.a.: Wege zur beruflichen Mündigkeit: Didaktische Materialien zur integrierten Vermittlung und Förderung von fachlichen Inhalten und Schlüsselqualifikationen in der betrieblichen Ausbildung. Weinheim 1994. <Teil II>

Brokmann-Nooren, C. u.a.: Studieneinheit >Lehr- und Lernziele<. In: diess. U.a. (Hrsg.): NQ-Materialien. Handbuch Erwachsenenbildung. Weinheim/ Basel 1995, S. 9-66. <Teil II>

Brüning, U. / Müller, H.-J. / Schüßler, I.: Skript zur Veranstaltung „Allgemeine Didaktik". Interne Veröffentlichung. Kaiserslautern 1995. <Teil II>

Brünner, A. / Huss, S. / Kölbl, K.: Alters- und gendersensible Didaktik in der betrieblichen Weiterbildung. (Hrsg.: g-p-s / generationen.potenziale.stärken, Entwicklungspartnerschaft der Gemeinschaftsinitiative EQUAL, gefördert aus Mitteln des Bundesministeriums für Wirtschaft und Arbeit und des Europäischen Sozialfonds) Klagenfurt 2006. <Teil II>

Bundesministerium für Bildung und Forschung (Hg.): Berichtssystem Weiterbildung VI. Bonn 1996. <Teil I>

Bundesministerium für Bildung, Wissenschaft, Forschung und Technologie (Hrsg.): Berufsbildungsbericht 1996. Bonn 1996. <Teil II>

Bundesministerium für Bildung, Wissenschaft, Forschung und Technologie (Hrsg.): Berufsbildungsbericht 1997. Bonn 1997. <Teil II>

Bundesministerium für Bildung und Forschung (Hg.): Delphi-Befragung 1996/1998, München 1998. <Teil I>

Bunk, G. / Zedler, R.: Neue Methoden und Konzepte beruflicher Bildung. Beiträge zur Gesellschafts- und Bildungspolitik. Heft 114. Hrsg. vom Institut der Deutschen Wirtschaft. Köln 1986. <Teil II>

Capgemini Consulting: HR Baromenter 2007. Bedeutungen, Strategien, Trends in der Personalarbeit. Berlin 2007. (www.capgemini/presse/pressemitteilungen/hr-barometer-2007) <Teil II>

Ciompi, L.: Die emotionalen Grundlagen des Denkens, Göttingen 1997. <Teil I>

Cramer, G.: Budgetierung der betrieblichen Bildungsarbeit. In: Cramer/Schmidt/Wittwer: Ausbilder-Handbuch. 21. Erg.-Lfg., Januar 1998. Köln 1998a, S. 1-13. <Teil III>

Cramer, G.: Operative Budgetplanung: Fallstudie Weiterbildung. In: Cramer/ Schmidt/ Wittwer: Ausbilder-Handbuch. 22. Erg.-Lfg., März 1998. 5.3.5.2 Köln 1998b, S. 1-8. <Teil III>

Cramer / Schmidt / Wittwer: Ausbilderhandbuch. Deutscher Wirtschaftsdienst, Köln

Das Schweizer Bildungsportal, Lernwerkstatt: Seminare erfolgreich planen und Organisieren. 2008, S. 12: URL/AVL: www.ausbildung-weiterbildung.ch (Stand: 20.04.2011) <Teil II>

Decker, F.: Bildungsmanagement für eine neue Praxis. Lernprozesse erfolgreich gestalten, pädagogisch und betriebswirtschaftlich führen, budgetieren und finanzieren. München 1995. <Teil III>

Dehnbostel, P.: Bedeutungszuwachs des Lernen im Arbeitsprozeß. Regulierungsbedarf oder Deregulierungsnotwendigkeit beruflicher Weiterbildung. In: Dobischat/ Husemann 1995, S. 191-109. <Teil II>

Dittmann-Kohli, F. u.a.: Beruf und Alltag – Leistungsprobleme und Lernaufgaben im mittleren und höheren Erwachsenenalter. In: Weinert/Mandl a.a.0. 1997, S. 179 ff. <Teil I>

Dobischat, R. / Husemann, R. (Hrsg.): Berufliche Weiterbildung als freier Markt? Regulationsanforderungen der beruflichen Weiterbildung in der Diskussion. Berlin 1995. <Teil II>

Dohmen, G.: Das lebenslange Lernen. Leitlinien einer modernen Bildungspolitik. Hrsg. vom Bundesministerium für Bildung, Wissenschaft, Forschung und Technologie. Bonn 1996. <Teil II>

Dohmen, G.: Zur Zukunft der Weiterbildung in Europa. Lebenslanges Lernen für alle in veränderten Lernumwelten. Hrsg. vom Bundesministerium für Bildung und Forschung. Bonn 1998. <Teil II>

Dörner, D.: Die Logik des Mißlingens. Reinbek 1993. <Teil I>

Eggert, M.: Gesichtspunkte zur schriftlichen Planung von Unterricht und Fördermaßnahmen. Staatliches Studienseminar für das Lehramt an Förderschulen Neuwied. Neuwied 2007, URL:AVL: http://studsem-nhw.bildung-rp.de/sos/download/allgemein/uplanung.pdf (Stand: 12.01.2010). <Teil II>

Epping, R.: Pädagogische Aspekte der Professionalisierung in der beruflichen Weiterbildung. In: Klein, R. a.a.0. 1998, S. 6 ff . <Teil I>

Ernst, H.: Droht der Mediengesellschaft der „Infoinfarkt" ? In: Personalführung 1998, SAff.. <Teil I>

Falk, R.: Bildungsmarketing. In: Handbuch für Personalentwicklung und Training. 5.3.1.0.31. Erg.-Lfg. Februar 1996. Köln 1996, S. 1-39. <Teil III>

Frank, K. / Ende, V.: Erfahrene Leistungsträger im Fokus der Personalentwicklung. In: Schwuchow, Karlheinz / Gutmann, Joachim (Hrsg.): Jahrbuch Personalentwicklung und Weiterbildung 2004. München 2003, S. 264-271. <Teil II>

Foerster, H. von: Kybernethik, Berlin 1993. <Teil I>

Frey, K.: Die Projektmethode. 4., unveränderte Auflage. Weinheim 1991. <Teil II>

Friedrich Ebert Stiftung (Hg.): Lernen für Demokratie. 4 Bände. Bonn 1993. <Teil I>

Friedrich, H.F.: Selbstgesteuertes Lernen – sechs Fragen, sechs Antworten, o.J., URL/AVL: http://netzwerk.lo-net2.de/lfvt/Fortbildung/Paedagogik/Selbstgesteuertes%20lernen.pdf (Stand: 24.04.2011) <Teil II>

Fuchs, J. : Arbeitsmarkteffekte des demographischen Wandels. In: Marie-L. und Ernst Becker-Stiftung (Hrsg.):Generation 60plus – tauglich für die Arbeitswelt 2020? Dokumentation zur Tagung am 14./15.2.2006 in Bad Arolsen. <Teil II>

Geldermann, B. / Severing, E. / Stahl, T.: Perspektiven des selbst gesteuerten Lernens in der betrieblichen Bildung. In: Euler, D. / Lang, M. / Pätzold, G. (Hrsg.): Selbstgesteuertes Lernen in der beruflichen Bildung. Stuttgart, 2006, S. 109-120. <Teil III>

Geldermann, B.: Ältere lernen anders. Vortrag im Rahmen der bfz Bildungsforschung, 6.8.2005. <Teil II>

Georg, W.: Lernen im Prozeß der Arbeit. In: Dedering, H. (Hrsg.): Handbuch zur arbeitsorientierten Bildung. München/ Wien 1996, S. 637-659, 650-654. <Teil II>

Gieseke, W. / Siebers, R.: Zur Relativität von Methoden in erfahrungsverarbeitenden Lernkontexten. In: Arnold, R. (Hrsg.): Lebendiges Lernen. Baltmannsweiler 1996, S. 184-207. <Teil II>

Goleman, D.: Emotionale Intelligenz. München 1997. <Teil I>

Götz, K. / Häfner, P.: Didaktische Organisation von Lehr-Lernprozessen. Ein Lehrbuch für Schule und Erwachsenenbildung. 3., durchgesehene Auflage. Weinheim 1994. <Teil II>

Große Boes, S. / Kaseric, T.: Trainer-Kit. Die wichtigsten Trainings-Theorien, ihre Anwendung im Seminar und Übungen für den Praxistransfer. Bonn 2006. <Teil II>

Grotlüschen, A.: Die didaktische Lücke bei der "didaktischen Selbstwahl". In: Report 3/2005 Didaktik, DIE Bonn, 2005. S. 37-45. <Teil II>

Händschke, E.: Helfer im Hintergrund. ManagerSeminare, Heft 26, 5/99, S. 80-91. <Teil III>

Hölterhoff, H. / Becker, M.: Aufgaben und Organisation der betrieblichen Weiterbildung. München/Wien 1986. <Teil III>

Horster, D. (Hg.): Weibliche Moral – ein Mythos? Frankfurt 1998. <Teil I>

Jäger, W. / Buck, D.: Aspekte der Personalentwicklung in der öffentlichen Verwaltung. Wiesbaden 1997. <Teil III>

Jank, W. & Meyer, H.: Didaktische Modelle. 5. Auflage. Berlin: Cornelsen Verlag. 2008. <Teil II>

Kade, S.: Rezension. In: Literatur- und Forschungsreport Weiterbildung 42/1998, S.156 f. <Teil 1>

Kejcz, Y. u.a. : Lernen an Erfahrungen? Frankfurt 1979. <Teil I>

Keuper, R. u.a. : Qualität in der beruflichen Bildung. Tips aus der Praxis für eine Qualitätsverbesserung in der beruflichen Weiterbildung (erschienen in der Schriftenreihe des Landesarbeitskreises für berufliche Fortbildung des Landes Baden-Württemberg). o.J. <Teil III>

Klebert, K. / Schrader, E. / Straub, W.G.: Die Moderations-Methode: Das Standardwerk. Hamburg 2006. <Teil II>

Klebert, K. / Schrader, E. / Straub, W.G.: Kurz-Moderation: Anwendung der Moderations-Methode in Betrieb, Schule, Hochschule, Kirche, Politik, Sozialbereichen und Familie, bei Besprechungen und Präsentationen. Hamburg 2011 <Teil>

Klein, R.; Reuter, Gerhard (Hg.): Lehren ohne Zukunft ? Hohengehren 1998. <Teil 1>

Knoll, J.: Kurs- und Seminarmethoden. Ein Trainingsbuch zur Gestaltung von Kursen und Seminaren, Arbeits- und Gesprächskreisen. 11. Auflage, Weinheim und Basel 2007. <Teil II>

Kolmerer, H. / Kuhn-Krainick, S.: Bildungsbedarfsanalyse und Mitarbeitergespräch. In: Schwuchow/Gutmann (Hrsg.): Jahrbuch der Personalentwicklung und Weiterbildung 1998/1999. Neuwied u.a. 1998, S. 139-142. <Teil III>

Krämer-Stürzl, A.: Personalentwicklung. Grundlagen und Einführung. Studienbrief 2 des Fernstudiums „Personalentwicklung im Lernenden Unternehmen". Kaiserslautern 1997 <Teil II>

Krämer-Stürzl, A.: Handlungsorientierte Ausbilderqualifizierung - ein integriertes Konzept. Baltmannsweiler 1998a. <Teil III>

Krämer-Stürzl, A.: Weiterbildung und Management. Studienbrief im Rahmen des Fernstudiums „Personalentwicklung" der Universität Kaiserslautern und des Zentrums für Fernstudien und Universitäre Weiterbildung. Kaiserslautern 1998b <Teil III>

Krämer-Stürzl, A.: Personalentwicklung – Ausgewählte Fragestellungen, Konzepte und Herausforderungen. (Studienbrief im Rahmen des Fernstudiums Personalentwicklung), Kaiserslautern 2008. <Teil II>

Kruse, A. / Rudinger, G.: Lernen und Leistung im Erwachsenenalter. In: Weinert/Mandl a.a.0. 1997, S. 46 ff. <Teil I>

Kunert, K.: Lernorganisation. Planung - Integration - Öffnung des Unterrichts. Ein Arbeitsbuch. München 1977. <Teil II>

Leiter, R.: Der Weiterbildungsbedarf im Unternehmen. Methoden der Ermittlung. München/ Wien 1982. <Teil III>

Liebetrau, P.: Planung von gutem Unterricht. Manuskript im Rahmen der Ringvorlesung „Unterricht, der Schülerinnen und Schüler herausfordert". An der Universität Kassel WS 2004/2005; URL/AVL: http://www.uni-kassel.de/~refsps/Ringvorlesung/vorlesung%20 Liebetrau.pdf (Stand 10.04.2011) <Teil II>

Loebe, H. / Severing, E. (Hrsg.): Bildungsträger werden Bildungsdienstleister. Konzepte, Erfahrungen und Perspektiven, Reihe Wirtschaft und Weiterbildung Band 37, Bielefeld 2005. <Teil II>

Luhman, N. / Schorr, K. E.: Reflexionsprobleme im Erziehungssystem. Frankfurt 1988. <Teil I>

Mager, R.F.: Lernziele und Unterricht. Weinheim und Basel 1973. <Teil II>

Mandl, H. / Huber, G. (Hg.): Emotion und Kognition. München 1983. <Teil I>

Mausolf, W. / Pätzold, G.: Planung und Durchführung beruflichen Unterrichts. Eine praxisorientierte Handreichung. Essen 1982. <Teil II>

Meier, H.: Handwörterbuch der Aus- und Weiterbildung. 425 Methoden und Konzepte des betrieblichen Lernens mit Praxisbeispielen und Checklisten. Neuwied/Kriftel/Berlin 1995. <Teil II>

Meler, H. und Schindler, U.: Erfolgssteuerung in der Personalentwicklung. Transfersicherung durch Mitarbeitergespräche. In: Deutsche Gesellschaft für Personalführung (Hrsg.): Personalführung 11/1995 <Teil III>

Mentzel, W.: Unternehmenssicherung durch Personalentwicklung. Mitarbeiter motivieren, fördern und weiterbilden. Freiburg i.Br. 1985. <Teil II>

Merk, R.: Weiterbildungsmanagement: Bildung innovativ und erfolgreich managen. Neuwied/Kriftel/Berlin 2005. <Teil III>

Meyer, H.: Unterrichtsmethoden. Teil 1. 4 Auflage. Frankfurt a.M.: Cornelsen Verlag 1987. <Teil II>

Möllenbeck, R.: Weiterbildung zum Erfolg. Kompass für die Bildungslandschaft. Berlin 1997. <Teil III>

Müller, H.-J.: Erlebnispädagogik mit Selbsterfahrung - eine Form betrieblicher Weiterbildung. In: Arnold, R. / Lipsmeier, A. (Hrsg.): Betriebspädagogik in nationaler und internationaler Perspektive. Baden-Baden 1989, S. 281-298. <Teil II>

Müller, H.-J. / Stürzl, W.: Dialogische Bildungsbedarfsanalyse – eine zentrale Aufgabe des Weiterbildners. In: Geißler, H. (Hrsg.): Aufbruch zu neuen Qualitäten betrieblicher Bildung. Band 3 der Reihe Betriebliche Bildung – Erfahrungen und Visionen. Frankfurt a. M./Bern/New York/Paris 1992, S. 103 - 146. <Teil III>

Ott, B.; Grundlagen des beruflichen Lernens und Lehrens. Ganzheitliches Lernen in der beruflichen Bildung. Berlin 1997. <Teil II>

Personalmanager: Weiterbildungstrends 2010. Wie Arbeitgeber ihre Mitarbeiter fit für die Zukunft machen. In. Personalmanager. Zeitschrift für Human Ressources. S. 1-5 <Teil III>

Pössnecker, F.: Potenzialanalyse als Grundlage der Weiterbildung. In: Schwuchow u.a. (Hrsg.): Jahrbuch Weiterbildung 1993, Düsseldorf 1993, S. 193-197. <Teil III>

Pufahl, M.: Vertriebscontrolling: So steuern Sie Absatz, Umsatz und Gewinn. Wiesbaden. 2010 <Teil III>

Reinmann-Rothmeier, G./ Mandl, H.: Lernen auf der Basis des Konstruktivismus. Wie Lernen aktiver und anwendungsorientierter wird. In: Computer und Unterricht, 23/1996, S.41-44. <Teil II>

Reupold, A. / Strobel, C. / Kuwan, H. / Tippelt, R.: Bildungsmarketing. In: Tippelt, R. / Reupold, A. / Strobel, C. / Kuwan, H. (Hrsg.): Lernende Regionen – Netzwerke gestalten. Wbv Verlag, Bielefeld, 2009. <Teil III>

Robinsohn, S.B.: Bildungsreform als Revision des Curriculum. Darmstadt 1975. <Teil II>

Rogers, C.R.: Lernen in Freiheit. 3. Auflage. Stuttgart 1979. <Teil II>

Rosenbladt, B. von / Bilger, F.: Weiterbildungsverhalten in Deutschland. Band 1: Berichtssystem Weiterbildung und Adult Education Survey 2007. Bielefeld 2008

Rump, J.: Die demographische Entwicklung und ihr Einfluss auf die Weiterbildung. Zortrag. Berlin 2006a. <Teil II>

Schaper, R.-H. / Schreiber, R. / Seyd, W.: Der Berufsausbilder: die berufs- und arbeitspädagogischen Kenntnisse des Ausbilders. Hamburg 1995. <Teil III>

Schrader, J.: Lerntypen bei Erwachsenen. Weinheim 1994. <Teil I>

Schulentwicklung und Lernkulturwandel (o.V., o.J.): URL/AVL: http://www.svs.hamburg.de/index.php/file/download/3022; (Stand: 20.04.2011) <Teil II>

Severing, E.: Arbeitsplatznahe Weiterbildung. Betriebspädagogische Konzepte und betriebliche Umsetzungsstrategien. Neuwied 1994. <Teil II>

Siebert, H.: Curricula für die Erwachsenenbildung. Braunschweig 1974. <Teil II>

Siebert, H.: Lernzielformulierung und Lernzielkontrolle. SESTMAI-Studieneinheit. Frankfurt 1976. <Teil II>

Siebert, H.: Didaktisches Handeln in der Erwachsenenbildung. Didaktik aus konstruktivistischer Sicht. Neuwied 1996. <Teil II>

Sloane, F.E.: Situationen gestalten. Von der Planung des Lehrens zur Ermöglichung des Lernens. Markt Schwaben 1999. <Teil II>

Stabsstelle für Gleichstellung und Sozialplanung der Stadt Jülich – Projekt „Senioren ins Netz": Mit Herz & Verstand – Lebensweltorientierte Bildungsarbeit (gefördert mit Mitteln des Ministeriums für Gesundheit, Soziales, Frauen und Familie des Landes NRW). Februar 2004 <Teil II>

Stern 4/1999: Der Bildungstest. S. 52 ff. <Teil I>

Strzelewicz, W., u.a.: Bildung und gesellschaftliches Bewußtsein. Stuttgart 1966. <Teil 1>

Tietgens, H.; Weinberg, J.: Erwachsene im Feld des Lehrens und Lernens. Braunschweig 1971. <Teil I>

Tietgens, H.: Die Erwachsenenbildung. München 1981. <Teil II>

Tietgens, H.: Reflexionen zur Erwachsenendidaktik. Bad Heilbrunn/OBB 1992. <Teil II>

Trapp, Ernst-Chr.: Versuch einer Pädagogik (Berlin 1780). Leipzig 1913. <Teil I>

Tietze, K.-O. hrsg. von Schulz von Thun, F.: Kollegiale Beratung: Problemlösungen gemeinsam entwickeln. Miteinander reden: Praxis Reinbek b. Hamburg 2003. <Teil II>

Tietze, K.-O. : Wirkprozesse und personenbezogene Wirkungen von kollegialer Beratung: Theoretische Entwürfe und empirische Forschung (Dissertation), Wiesbaden 2010. <Teil II>

Ueltzhöffer, J. / Kandel, J.: Milieustruktur und politische Bildung. In: Friedrich Ebert Stiftung (Hg.): Jahrbuch 1993. Bonn 1993. S. 78ff.. <Teil I>

Weidenmann, B.: Erfolgreiche Kurse und Seminare. Professionelles Lernen mit Erwachsenen. 8. Auflage, Weinheim/Basel 2011. <Teil II>

Weinert, Franz / Mandl, Heinz (Hg.): Psychologie der Erwachsenenbildung. Göttingen 1997. <Teil I>

Wendorff, J.A.: Das LEHRbuch. Trainerwissen auf den Punkt gebracht. Bonn 2009. <Teil II>

Wiater, W.: Didaktische Theoriemodelle und Unterrichtsplanung. In: Arnold, K.-H. & Sandfuchs, U. & Wiechmann, J.: Handbuch Unterricht. Bad Heilbrunn: Julius Klinkhardt 2006. S. 675-709. <Teil II>

Witschi, U.: Projekt-Management: der BWI-Leitfaden zu Teamführung und Methodik/ Stiftung für Forschung und Beratung am Betriebswirtschaftlichen Institut (BWI) der ETH Zürich. 4. Aufl. Zürich 1996. <Teil III>

Wuppertaler Kreis: Trends in der Weiterbildung. Verbandsumfrage 2009 bei den Mitgliedsinstituten des Wuppertaler Kreises. URL/AVL: http://www.wkr-ev.de/trends09/ trends2009.pdf (Stand: 25.09.2010) <Teil III>

Broschüren des Wuppertaler Kreises 4: Weiterbildung in mittelständischen Unternehmen – Eine Arbeitshilfe zur qualitätsbewussten Auswahl von Weiterbildungsmaßnahmen, Wuppertaler Kreis e.V. Deutsche Vereinigung zur Förderung der Weiterbildung von Führungskräften, Köln 1996. <Teil III>

Stichwortverzeichnis